生命视角下的

师生成长

赖海虹◎著

暨南大學出版社
JINAN UNIVERSITY PRESS
中国·广州

图书在版编目（CIP）数据

生命视角下的师生成长／赖海虹著.—广州：暨南大学出版社，2013.6
ISBN 978-7-5668-0692-5

Ⅰ.①生…　Ⅱ.①赖…　Ⅲ.①小学教育—教学改革—研究　Ⅳ.①G622.0

中国版本图书馆 CIP 数据核字（2013）第 178441 号

出版发行：暨南大学出版社

地　址：中国广州暨南大学
电　话：总编室（8620）85221601
　　　　营销部（8620）85225284　85228291　85228292（邮购）
传　真：（8620）85221583（办公室）　85223774（营销部）
邮　编：510630
网　址：http：//www.jnupress.com　http：//press.jnu.edu.cn

排　版：广州市铧建商务服务有限公司
印　刷：广州市怡升印刷有限公司

开　本：787mm×1092mm　1/16
印　张：14.5
字　数：298 千
版　次：2013 年 6 月第 1 版
印　次：2013 年 6 月第 1 次

定　价：36.00 元

自序：我在成长，与学校共同成长

1971年，我出生在一个普通的军人家庭，妈妈是一名优秀的人民教师，爸爸是一位可敬的军人、建筑工程师。受家庭教育的环境熏陶，我自幼就有成为一名光荣教师的梦想。1990年，19岁的我，从广州市师范学校毕业后，怀着成为未来教育家的梦想，走进了陌生而充满挑战的海珠区云桂大街小学（后来与万松园小学合并）的大课堂。

23年的教育生涯，不管是在哪一所学校，在哪一个工作岗位，我一直像夸父一样，从未敢停下"追日"的脚步，从未放弃过自己的追求。与师生共同成长，与学校共同进步是我最大的快乐和幸福。

2000年，海珠区教育局党委委我以重任，让我担任梅园西路小学副校长，负责育人的工作，就这样，年仅29岁的我很幸运地走上了学校的领导岗位。担当如此重任，在感到压力与挑战的同时，我更多的是因受到重视、信任而产生的学习欲望和干好工作的冲动。上任之时，我立志要把梅园西路小学建成师生共同的精神家园。在学习他人、把自己融入梅园西路小学大集体的过程中，我发现了这所学校许多人性美好的东西，那些兢兢业业、一心扑在教育教学事业上的教师们，各位行政人员的通力合作以及大家与学校荣辱共存的精神，都令我从心里为之感动。从那时候，我就在心底默默地承诺：我愿用整个的心做好实事，只为每一个师生将来无论走到哪儿，都愿意自豪地说一声："我曾是梅园人!"很快，在宽松、活跃、和谐、进取的氛围下，我带领全体师生成功申报了区一级学校。

2002年8月，我依依不舍地离开梅园西路小学，踏上了江南新村第二小学（简称江南二小）的教育新征途，在我内心充满激动的同时，惶恐也随之而来。激动的是，我将有幸与一所非常有潜质、有特色的学校一起成长；惶恐的是，社会对教育的期待和要求越来越高，经验不足的我与学校成长的路必定会充满艰辛。所幸的是，该校的历任校长以及我的恩师林绍安校长给了我不少建议和信心，区教育局领导也给予我亲切关怀和大力支持，使我信心百倍。我暗下决心，力求做一名有思想、有作为、有智慧、懂教师、懂学生、懂教育的校长，善待每一位教师、学生，竭尽全力为师生的成长创造最大的发展空间，让他们走向成功。

校长的领导首先是教育思想的领导。来到江南二小后，我的首要工作是继承学校的优良传统，因为我认识到稳定是学校发展的第一要素，传承学校文化是校长开展工作、创新工作的前提，诊断学校未来发展是校长改变思维方式、再利用学校资源、拓展发展思路、促进学校发展的有效方法。因此，我通过召开师生座谈、个别访谈、听课调研、发放问卷调查、学习思考等多种途径研究学校的发展历史，尤其是研究学校积淀下来的优势以及办学特色、师资状况，从而探索学校发展的新思路，精心设计学校的发展蓝图，确定“以师生自主发展为本”的办学理念，并制定青年教学骨干培养目标，激励全体师生为之奋斗，从而提升师生凝聚力。其次，我重视创建和发展“和谐校园文化”，用科研实验促进团队学习，用团队学习促进个人成长。我先后亲自主持国家电教馆、市区教育行政部门共四个科研课题。开展教育科研，让我懂得如何成为一位负责任的校长，不仅让自己，更让更多的老师自觉学习丰厚的教育理论知识，学会教学研究的正确方法，养成思考问题的良好习惯；让老师们意识到要实现学校美好远景，必须走向研究、体验研究，才能与学生一起分享学习的幸福，与学校共同进步。走在研究的幸福道路上，我与老师们共同成长，我撰写的教育论文获得海珠区第三届教学成果二等奖，主持的市教育科研“十五”规划课题“对体育生‘一辈子’负责”成果集荣获广州市第八届教学成果三等奖。

教学质量是立校之本，是学校的生命所在，而形成、巩固和发展办学特色是学校获得持续发展的关键。对此，我丝毫不会模糊，我很明确地告诉全体教职员工：“质量和特色”两手都要硬。为此，我关注课堂教学，除了亲自任教英语课，还主抓英语教学，对各个学科的课堂教学坚持全程督导和跟进，对每次的教学质量分析，我必定亲自点评与鼓励，明确学校发展的目标与方向，引领每一位教师勇当新课程改革的领跑人。为了与教师们共同分享学习收获，更新观念，我定期从《半月谈》、《人民教育》、《中国教育报》等报章杂志上提取有价值的教育教学资料印发给教师，还定期亲自开设主题教育讲座。此外，为了深化体育办学特色，我和主管行政、体育科组的老师们经常反思特色建设工作，学习现代教育理论，不断对体育特色建设作理性的分析和概括，积极开展体育科研工作，以实际行动不断传承、不断丰富、不断建设、不断发展学校的体育特色，使学校体育特色真正成为体育文化品牌。

和谐不能简单地理解为一团和气，没有规矩，不成方圆。经过一番调研和修订，学校健全了管理制度，使教师的教育行为有章可循。譬如，我校在师德方面的纪律是非常严格的，教师一旦违反师德条例，学校处理起来是毫不留情的，不管这个老师平时表现多么出色，为学校争取过多么大的荣誉，一旦被发现有体罚或变相体罚学生的行为，学校就会作出严肃处理，这是一个不可逾越的警戒线。当然，我也向老师明确：违规当罚，但改掉错误，就既往不咎，也不会歧视，再有成绩，学校照样表彰。实践表明，一套符合教育规律、行之有效的规章制度的建立和完善，不仅规范了师生的行为，还有效激励了教职工的上进心，调动了教职工的积极性。为了促进教师的可持续发展，我力求在管理的每个层面上都考虑到教师们的需求，在行政班子成员之间做到宽容、理解、支持、协作八个字，对待教师做到信任、尊重、欣赏、支持八个字，与教师建立平等、民主、友善的工作伙伴关系。一方面，鼓励教师勤于阅读与写作，提升专业水准；另一方面，鼓励教师积极参与学生培竞工作，让更多的学生有展示才华的机会。作为管理者，我不但看重比赛结果，而且关注师生主动发展的过程，不断激励教师保持工作的激情和自信，主动实践，发挥潜能，超越自我。我经常向老师们传达这样的信息：理解是做好工作的基础，交流是做好工作的需要，宽容是做好工作的深化。

学校内的校园建筑、校园环境是学校文化的重要载体和学校文化精神的外在反映。为此，在创建依法治校示范校园和安全文明校园的过程中，我带领全体行政人员充分抓住契机，以超前的发展意识和现代化的整体观念进行了校园建设。一方面，建设安全文明、健康舒适的校园环境，加强对设施、设备的标准化建设，精心规划植树园林区，让师生课余又多了一个赏心悦目、休闲的好地方，带给师生一份人文的关怀。另一方面，营造特色文化氛围，结合学校的办学特色，发动全体师生和家长积极参与学校特色文化的信息收集，征集教育教学文明语，共同建设"德育长廊"、"奥林匹克体育文化知识廊"、"体育明星长廊"、"英语天地"、"读书园地"等文化阵地，将教育性、知识性、艺术性、人文性融为一体，把学校每一块墙壁、每一个角落装扮得更加美丽，更富有文化品位。

教育的过程就是师生享受生命的过程，办好人民满意的教育就是让学生的生命个体得到更充分的尊重与发展，让教师的生命价值得到更充分的体现与提升，并与学生一道收获成长的幸福。因此，我很清楚我要从生命的视角出发去关注师生的发展，这样师生才能有更大的发展空间，学校才能健康和谐地持续发展。在我任职江南二小的11年多来，学校的生命因师生的和谐共生而美丽，因师生的自主发展而绽放新的辉煌：学校荣获全国学校体育场馆向公众开放先进学校、中国足球重点中小学、广东省现代教育技术实验学校、广东省一级学校、省特级档案综合管理单位、广州市依法治校示范学校、广州市安全文明校园、广州市优秀家长学校、广州市群众体育先进单位、广州市体育传统项目先进单位、广州市爱国卫生运动模范单位、广州市学校民主管理工作三星级单位、广州市岭南民间美术特色（剪纸）学校、广州市动漫创作特色学校、广州市德育特色学校、广州市首届语文学科优秀科组、广州市首届体育学科优秀科组、广州市《岭南少年报》优秀小记者站、广州市南方少儿频道最活跃DV小记者站、区先进单位、区德育绩效评估示范学校、区"十一五"教育科研工作先进单位、区爱国卫生运动先进单位、区语言文字工作先进单位、区校本培训先进单位、区教育系统青少年科普教育工作先进集体、海珠区教育局关心下一代先进集体、区教育系统先进基层党组织、区教育系统离退休工作先进集体、区教育系统先进教职工之家、区艺术教育工作先进单位、区体育工作先进单位等多项荣誉称号。学校足球队于2004、2005年连续两年代表中国少年足球队出征法国参加"达能少年国际杯"全球总决赛，并获得较好的成绩。我连续两年担任体操队领队，带领学校体操队代表海珠区参加广州市第十四、十五届运动会。体操队两次位居市金牌榜第一，荣获"体育道德风尚运动队"称号。近年来，学校为师生营造了更大的发展空间，使孩子们变得活泼、欢快、充满生机和富有创造力，也使一批批才华横溢的学生、优秀教师不断崛起：副校长雷婷光荣当选广东省特级教师、广东省名教师；许广玲老师被广州市教育局邀请担任“广东省对口支援广西壮族自治区农村教师专项培训”的科学主讲教师；4名教师被聘为广州市城市与农村学校教师结对子活动的帮扶教师；13位教师分别被聘任为市特约教研员、市学科研究会理事、区级教育学会专业委员会会长、理事和学科教研中心组成员等，成为学校学科或教育科研的带头人；1名教师被聘为广州市中级人民法院特邀陪审员和区人民法院人民陪审员；1名教师被中国足协聘为中国足球超级联赛国家级裁判。

苏霍姆林斯基说过：“如果没有丰富的文化底蕴，就谈不上教育素养。”实践让我越发感到自己文化底蕴的不足，让我渴望提高自身素养，尤其是理论素养。学海无涯，我知道要做一名和时代同步的专业化校长，就必须不断学习，不断实践，不断进取，立足当下，着眼一生，无论如何也要“挤”时间阅读，并用笔促进自己的思考，促进自己的成长。因此，我从来没有间断过学习和写作。近几年，我有幸参加了北京师范大学举办的“成功校长研修班”，赴香港学校考察学习，做影子校长并跟岗学习一周，感悟颇深。2012年，我很荣幸地参加了广州市小学校长高级研修班培训，也光荣地成为广州市基础教育系统新一轮“百千万培养项目工程人才”名校长的培养对象，并参与市区的教育督导评估工作。与专家的思想激情共舞，让我再一次感到学习与生命同在，也不断激励自己坚持实践、勤于阅读、深入反思。相信，这将会使我的内心变得更加温暖、丰富、细腻、鲜活和磊落，更好地为师生的持续发展竭尽全力！

日子一天天地过去，我觉得自己有时跟不上现时的工作节奏，管理对策上也黔驴技穷，有时也会有点抱怨，真的有点像作家池莉所说的“进入了人生的第二境界：看山不是山，看水不是水”。但我还是坚信她所说的：“其实，有时压力与不愉快来自自己，而不是别人，我们超越的是自己，而不是别人。”我相信，当我热爱自己的事业一如热爱自己的生命，热爱自己的学生一如热爱自己的孩子，一切不去强求，不急功近利，不小肚鸡肠，快乐地学习，快乐地工作，乐观自信地面对工作，不断地完善自我，那么，我一定能敲开“看山还是山，看水还是水”的第三境界的大门。

曾经有位校长问我：“你担心你手下比你强吗?”我不假思索地说：“他们比我强，很好啊！他们强，我岂不是如虎添翼，学校力量不就更强吗?”我想：一个真正成功的校长，是一个能带出成功教师的校长；一个真正成功的校长，是一个能让教师不断超越自己的校长；一个真正的校长，是一个能挺起胸膛为挚爱的师生与学校教育事业而上下求索的勇士。我愿当这名勇士，竭尽全力，为师生营造最大的发展空间！为每一个师生走向成功而引路！

海珠区江南新村第二小学
赖海虹
2013年5月13日

目 录

CONTENTS

第三辑　丰富的实践活动，是孩子们美丽的生命之旅

第四辑　丰富的学习生活，记录着教育生命一次次花开的轨迹

第一辑

校长的生命成长，在学校管理实践中展开

谈班主任工作的管理

班主任是班集体的组织者和领导者。学校的育人工作很大一部分通过班主任的工作来实现，因此，加强班主任队伍建设是学校教育管理的重要任务。

一、建立副班主任制度，让每一位教师都有担任班主任的机会

建立副班主任制度，让所有教师熟悉班主任的业务工作，了解班主任的甘苦。在研究学生、热爱学生、搞好师生关系的基础上，从更高层次去认知学生，把教育、教学工作做好，从而提高自身的组织管理能力。

过去，我们思想比较保守，总认为建立副班主任制度作用不大。但是个别专科教师不端正的教育思想引起我们的高度重视。极个别老师只管教书，认为做学生的思想教育工作是班主任的分内事，这些错误的思想也影响了他们的工作责任心。例如，学校组织学生外出旅行参观，一个班除了安排班主任管理外，我们还安排了一个任课的专科教师随班配合班主任的组织工作。但是，个别专科教师只是作为旁观者，并没有发挥组织管理工作的作用。在带队过程中，竟有两名专科教师光顾聊天、看风景，连班主任带队离开也不知道。这个笑话使我们下定决心建立副班主任制度，让专科教师都来当副班主任。我们向老师宣传当一名合格的班主任是评聘高级教师必备的条件，推行副班主任制度在一定程度上减轻了班主任的工作量，有利发挥了专科教师的主动作用，使他们从不自觉到自觉配合班主任工作，更提高了个人素质。在本学期，我校有三名班主任因病、事假没有上班，三位副班主任自觉履行班主任职责，出色地完成了工作。

二、抓好师德教育，提倡建立民主平等的师生关系

建立民主平等的师生关系是顺利进行教育教学工作的保证。我们不但教育学生尊敬师长，而且提倡师长多爱护学生，尊师爱生、教学相长。班主任与学生“朝夕相处”，交往最多，对学生的教育、影响无时不在，无处不在。因此，我们要求班主任要遵守《教师职业道德规范》，关心、尊重、信任、严格要求学生，个别教育要做到耐心细致，针对学生问题动之以情，晓之以理，启发诱导，使学生心服口服。在实际工作中，班主任对后进生和优等生的关注会多一些。因而，“抓两头带中间”成为很多班主任治班的经验之谈。但是，我们认为不能忽视班集体中的中等生，我们提倡班主任要善于发现这些学生的内心世界和非智力因素，使他们发挥自己的主动性，力争上游，成为优等生，以形成健康、平等、互助的集体舆论及良好的班风、学风。

三、为班主任创造学习机会

为了使班主任学习一些经验理论，及时了解各方面的信息，我们为班主任组织讲座。每年召开一次经验交流会，定期组织班主任学习及交流（每学期期初、期中各一次学习，期末交流），争取名额送班主任参加进修学校的班主任培训，这学期我们让班主任着重学习和交流与家长交往的艺术，我们还提倡班主任在与家长交往的过程中要尊重他人，尊重自己，并且要注意以下几点：

第一，真诚。要争取家长的配合教育，班主任就要与家长坦诚相待，善于听取家长的意见。我们班主任在家长来访时，要请家长坐下并递上一杯热茶，在教师办公室不要随意斥责家长和数落其子女。只有家长感受到班主任的真诚，才会在情感上与班主任亲近，乐于沟通，主动配合。

第二，学会在家长会上“亮相”。举办家长会是老师与家长沟通的重要途径。班主任是家长会的主持人，因此，我们要求班主任开好家长会，在开家长会之前，要有充分的准备，要仔细分析班内学生情况，掌握学生的特点和全班学生带有倾向性的问题，对家长有可能提出的疑问做到心中有数。家长会形式要灵活多样，这学期的家长会，各班都邀请了个别家长作家庭教育经验介绍。

第三，注意家访的技巧。家访的目的是与家长进行有效沟通，建立和谐的关系，共同实现教育。家访要形式经常化、制度化。我们要求新接班的教师在一个学期内普访全部学生家庭。家访前要有具体而周详的准备，对学生的情况要有全面的了解和正确的态度，不要“无事不登三宝殿”，更不能“一曝十寒”。家访时要向家长汇报其子女好的一方面，以鼓励学生。另外，家访要做好记录，以便及时掌握反馈情况，评估家访的效果。

第四，写好学生评语。写评语，其目的是让学生更好地了解自己、受到鼓励和感染，指导学生朝着教师期望的方向发展。评语起导向作用，因此指导班主任写评语是必要的。我们提出，首先评语要写得亲切感人，要让学生想看、爱看。其次要注意克服千篇一律、千人一面的现象，要恰如其分地描述学生的表现并进行适度的评价，注意写出学生的个性，又要注意写出学生可塑的一面（即发展轨迹）。带有鼓励语气的评语往往能使学生燃起希望之火，树立自信心，成为他们进步的动力。

四、倾听班主任的意见

善于听取群众的意见，是行政领导应有的民主作风，也是科学管理的一个渠道。班主任工作是辛苦的、创造性的劳动。作为学校领导，既要让班主任有学习的机会，也要让班主任有施展才能的机会，因而更要认真倾听班主任的意见。这学期，我们召开部分班主任的座谈会，老师反应热烈，既谈到学校好的地方，也谈到了存在的问题，如现在新校舍落成，教师办公室分散，学生管理有难度；老师的拖堂现象影响学生到专用教室上课等。根据以上反映的问题，我们分别采取措施，以保证教学工作的正常进行。

五、做好班务档案的检查工作

班务档案一般有班主任工作手册、学生登记册、好人好事登记册、学生完成及缴交作业登记册等。定时检查各班的班务档案，有利于行政人员了解各班主任开展班务管理工作的情况。我们要求班主任充分发挥册子的作用，定期检查、指导、小结，使老师在工作中不断完善填册工作。如在《班主任工作手册》每周安排中有“工作小结”一栏，过去班主任只写一句“按时完成计划”，现在能具体进行小结，以便更好地剖析工作，发现班内存在的问题，有针对性地开展今后的工作。

班主任工作是育人的科学，理解、支持、关心班主任工作是我们行政人员的责任。同时，我们要善于调动全体班主任的积极性，提高他们的素质，共同开拓学校教育、教学工作的新局面。

1997 年 7 月

谈教师的爱

教育家夏丏尊说过一句话：“没有爱就没有教育。”是的，爱是教育的基石，是师德的核心，只有对学生充满了热爱之情，悉心地引导学生，学生的品格和智慧才能得到健康自由的发展。

一、教师的爱是实施素质教育的内在动力

素质教育是为了塑造德、智、体、美、劳全面发展的新世纪人才。有这样一句教育格言：热爱一个学生就等于塑造一个学生；厌弃一个学生，无异于毁坏一个学生。因此，热爱学生是教师实施素质教育的基础和内在动力。只有热爱学生，耐心栽培，才能发挥学生的积极因素，促使他们好好学习，天天向上。教师的爱，第一，应体现于尊重、信任学生，给学生创造一个“海阔凭鱼跃，天高任鸟飞”的良好学习环境，在课堂教学上进行创造性地以学生为主体的教与学活动；第二，教师的爱应体现于像伯乐一样善于捕捉每一个学生的“闪光点”，发现人才，塑造人才；第三，教师的爱还应体现在与学生交朋友上，要深入了解学生，亲近学生，从学生的实际出发，准确地把握学生的情感脉搏，因材施教，对症下药。

《学记》有云：“亲其师，信其道。”只有学生和教师之间产生了亲密深厚的

感情，学生才会对教师的教诲深信不疑，教师实施素质教育才会得心应手，教育效果才会更好。学生是有思想、有感情的人，他们以自己敏感的童心，时时刻刻体察教师对他们是否爱护、是否关心、是否尊重，并对此作出相应的评价或反应。如果学生感觉到老师是真心实意地关心、爱护他们，尊重和信任他们，就会对老师产生肯定、认同的情感，并表现出积极的态度，亲近、信赖、尊重老师，虚心地听取老师的教诲，乐于接受老师的帮助、指导，自觉听从老师的管理；反之，如果学生体验不到老师的爱，他们就会产生否定、排斥的感情，表现出消极的态度，即冷漠、疏远、猜疑，甚至敌视老师，拒绝接受老师的正确教导。尤其是后进生，如果得不到到老师的关心和爱护，很有可能放任自我、随波逐流，以此作为对老师不爱的“报复”。因此，没有爱，就谈不上教育，离开了老师的爱，素质教育就成了无本之木，变得枯萎；成了无源之水，变得干涸。

二、教师的爱要面向全体，温暖每个学生的心

叶澜教授曾说过：要相信每一个学生都是天生的学习者。是的，“人之初，性本善”，任何一个学生都会有向真、向善、向上、向美的愿望。虽然学生之间会有差异，但我们必须树立面向全体学生的教育观，让每个学生都能抬起头走路。

现实中，老师爱积极上进、聪明伶俐、勤奋好学、遵守纪律的学生并不难，因为这样的学生优点突出，让人爱心油然而生，喜爱之情溢于言表。即便他们犯了错误，也容易得到原谅。但更为重要的是，教师也要懂得爱那些缺点毛病多的学生。这些学生由于缺点毛病多，因而受到的批评训斥一定多，得到的肯定表扬一定少，他们对爱的渴望比其他同学更为深切、迫切，他们更需要老师的爱护和帮助。因此，教师对学生的爱，不能仅仅是一束光柱，只照在个别尖子学生身上，而要像洒满大地的阳光，毫不吝啬地给每一个学生以温暖。

三、教师的爱是为了塑造学生健康的身心

一切成功的教育，究其根源，都出于爱心。教师有了爱心，做事、说话就会考虑如何保护学生的自尊心，激发其上进心，树立其自信心。基于这点，我们在教育工作中要遵循这样一条原则：尊重人格，引导人性，塑造人品。尊重人格是前提，引导人性是手段，塑造人品是目的。

我曾经碰到这样一个学生：只要是她喜欢的东西，千方百计都要弄到手，结果她养成了爱拿别人东西的坏习惯。当时，由于班里经常丢东西，家长意见很大，加之听孩子回家说可能是谁谁干的（指这个学生），所以群情激奋。在一次家长会上，一些家长要求学校给这个学生处分，公开批评。还有的家长向我建议，可派一个学生每天跟她在一起，要“形影不离”，连上厕所也要跟着她，让她没有任何动手的机会。而这个拿别人东西的学生的家长也恨铁不成钢，天天骂

她，甚至拿皮带抽她，结果那位学生不但没有改正，反而更加猖狂，胆子更大。

面对这种情况，怎么办？我陷入了深思。的确，她的问题是严重的，影响也比较大，但她也是一棵小树，只不过是一棵有严重病虫害的小树，更需要园丁加倍地关怀与精心地救治。于是，在教育该学生的过程中，我从以下两方面入手：

（1）激发学生的羞耻心，使她认识到自己的缺点。

认识缺点是改正缺点的前提，我有意识地安排她“旁听”每一次我和丢钱同学的谈话，让她知道别人丢失了钱所受到的“委屈”，使她的情动了，心愧了。然后再给她讲一些未成年人犯罪的案例，将动情与明理结合起来，使她认识到：拿别人东西，发展下去害人害己，危害社会。

（2）建立信心，锻炼意志，改正缺点。

小学生从认识缺点到改正缺点，仍有一个反复过程，认识了不一定马上就能改正，这就要求我们教师注意帮助他们扫清障碍，做法有几点。一是躲避诱惑，要求她课间不到同学座位上动东西，放学后马上回家，途中不到店铺围观买零食。二是兴趣转移，了解她的兴趣爱好，帮她创造学习的条件。她的精神充实了，思想开阔了，注意力就不总是盯在钱和吃喝上了。三是锻炼意志，与家长一齐配合督促她用好零用钱，督促她努力放弃贪的欲望。四是奖励促进，捕捉其身上的闪光点，以精神奖励为主、适当的物质奖励为辅，激励其上进。五是巩固进步，创造时机，让她有机会在出外集体活动中照看同学的行李，并适时表扬，使其优良行为得以巩固发展。在教育的过程中，老师的爱心、仁慈和关怀，也带动了集体的力量，大家一起去温暖和感化她那颗曾误入歧途的心，促使她从“坏”变“好”。

四、教师的爱要做到宽严有度

爱是有尺度、有分寸的，古人说：“木可雕，而病于越度；金可铸，而病于越冶；木越度，金越度，虽有良工巧匠安施？”同样，教育是一项塑造人的灵魂的系统工程，爱的教育也需要把握一定的“度”，即把握好“严”和“宽”的问题。“严”，不是和学生过不去，也不是针锋相对，寸步不让，而是严在科学尺度上，说理要入情入理；“宽”，不是“高抬贵手”，凡事不予追究，放松放任，甚至放弃教育，而是留有余地，留给学生反省的时间和改正的机会。很多事实证明，当学生犯了错误，教师严肃批评的同时又能宽容大度地给予学生以期望和信任，往往是能促使学生悔过自新，将功补过的。

爱本身就是教育，它不仅具有感化、示范的功能，并且还有潜在的效应。当教师全身心地爱学生，学生在感受爱、接受爱的同时，也一定能逐步学会怎样去爱。愿教师的爱成为永恒的爱，一直伴随着孩子们健康、快乐地成长。

2001 年 9 月

参考资料

1. ［美］巴士卡力著．爱，被爱．徐鹿玲，林亚屏，江葵展译．台北：远流出版事业股份有限公司，2003.

2. ［美］卡内基管理群著．优质的领导．詹丽茹译．北京：中国友谊出版公司，1998.

爱从沟通开始

沟通是现代化、民主化社会不可或缺的人际交往工具。教师掌握良好的沟通技巧有助于爱的升华，有助于建立和谐的师生关系，更能使学生在认知及情意发展上获得较好的学习。接新班的老师要尽快与学生建立良好的师生关系，就要真心实意地爱每一位学生，爱在于沟通，只有通过沟通，才能使学生感受教师的爱，才能亲近教师。如何在短期内建立良好的师生关系，我想要把握以下四点。

一、抓好“第一次”

常言道：先入为主。师生的第一次见面，第一个印象容易产生永久性偏见的倾向。因此，师生的第一次沟通非常重要，接新班的或新的教师应根据这一规律，注意事事处处把头开好。首先，新教师要注意自己的容装打扮是否大方得体。其次，开学时应把各方面的准备工作安排得井井有条，例如，布置好开学第一天的环境：打扫卫生，美化教室，出好墙报，使环境整洁、优美，让学生有新奇感，精神为之一振；作好第一次讲话，富有鼓动性，提出明确的要求和目标，以激发学生向上的劲头；上好第一节课；开好第一次班会；搞好第一次作业讲评；记好第一天《班务日志》等等。这若干个“第一”留给学生一个深刻的印象，使新学期的工作有良好的开端，同时为今后建立良好的亲师关系奠定坚实的基础。

二、以时间、空间换取学生信任

人和人的关系是靠“时空”建立起来的，要时间长、空间距离小，才能营造良好的关系。与新的学生沟通，更要以时间和空间去换取学生的信任与亲近。接新班的教师要多下功夫，多花时间做好扎根工作，宁愿辛苦 3 个月，在开学时建立好亲师关系，3 个月后工作上了轨道，就会事半功倍，否则开头没下苦功，往后可能就得辛苦 3 年。因此，教师应主动挪出时间，如比上班时间提早一些到班上和学生打招呼，了解班务工作开展的情况；下课多在课室逗留和学生谈心，认识学生家庭背景等，让学生亲近老师，喜欢老师；课间观察学生活动，批阅作业及建立与家长联系的联络簿等。教师投入时间越多，收获越大。通过观察、谈话等方式，新接班的教师对学生认识更深入，有利于教育教学工作的开展。与此同时，新接班的老师能很快地获得学生的信任和喜爱。

三、用心、用笔接纳学生

每个班都会有学习困难或有行为偏差的学生，因此，新教师必须要有充足的心理准备，用心、用笔接纳他们。

（1）接纳每一个学生。

接纳每一个学生就是尊重每一个学生，这是生本教育的本质和基本原则。要相信学生天性是好动的、富有创造力的，是天生的学习者。因此，我们要容许学生有不同的看法，不要事事以自己的标准去衡量学生，批评学生。反过来，当教师的要多发现、多欣赏学生的优点，同时接纳和包容与自己持不同意见的学生。对后进生更要付出关心，设身处地体谅他，有了体谅才能得到真诚的友谊，从而拉近师生之间的距离。新教师一定要谨记：把偏差的学生导正，为有困惑的学生解惑去疑，将可能失足的学生救上岸，这才是做老师的最大成就。

（2）随身记事帮助记忆。

为了与学生建立良好的师生关系，为了积累丰富的经验，新教师可以随身准备一本记录本。一方面可将个人阅读或听闻所得记录下来，作为与学生分享的资料；另一方面可将个人或学生的重要之事记录下来，加深对学生的了解。人的记忆力有限，墨水虽有褪色的可能性，但总比记忆力强。

四、"联络簿"上见真诚

学生作业登记簿既是学生登记"今日作业"的备忘录，也是教师与家长互通信息的"联络簿"。老师们应充分发挥学生作业登记簿的作用，使之成为亲师沟通的"桥梁"。

用"联络簿"沟通，我觉得要以"真诚"为最高原则。一是多鼓励、少责备。对学生的优缺点应多给予正面肯定，少作负面批评；对学生的"闪光点"要及时捕捉，及时在簿上记录表扬；对学生的偏差行为应客观陈述并加上鼓励性的指导，如此一来，学生、家长都能感受到老师的真诚与理性。二是重视"有来有往"。将学生的行为表现或其他信息传达给家长之后，老师要期待家长有所反映，以达双向沟通，若家长未有反映，那老师要主动出击，了解家长是否已看到老师的留言；反过来，如果家长在联络簿上作了建议或反映或询问，老师应及时答复，不能怠慢。"有来有往"促使家长与教师保持教育的一致性，并重视与教师的沟通，家校合作将进一步提高教育实效。三是不能忽略某些学生与家长。身为老师，很容易对表现特优与后进的学生多付出关心，自然与其家长的沟通次数比较频繁，相对的，中等生或沉默的一部分学生就可能被忽视。因此，老师应尽可能做到对全班一视同仁，每个同学的"联络簿"一个学期内要有三五次联系记录才好。老师的这一份真诚，不仅顺利传达了善意、诚意，还顺利地与学生、家长建立了稳定的亲师关系。

总而言之，爱在沟通，只要打开亲师沟通的大门，积极地与学生、家长取得联系，那么不仅能在短期内与学生建立良好的亲师关系，还能促进教育教学的顺利开展。

2001 年 12 月

参考资料

郭思乐．教育走向生本．北京：人民教育出版社，2001.

如何正确对待“闲言碎语”

新上任的年轻校长，往往是人们背后议论较多的人物。其一言一行，一举一动，每一项新决策的出台，必然会在群众中产生议论，甚至发展为流言飞语。为此，作为校长，必须要正确对待。

首先要弄清为什么会出现这种现象，其原因有多方面。一是在知识分子较集中的教师队伍里，人们思想解放，思维活跃，不迷信，不唯书，不唯上，敢于发表自己的见解。由于每个人的个性、爱好、特长、知识、修养、经历等各不相同，看问题的立场、观点、方法也因人而异，因此对同一件事往往会产生不同的甚至截然相反的看法。二是一些人对新任的校长不了解或缺乏信任，关系自然疏远，如果新校长又不主动接近和关心群众，就更容易产生误解和隔阂，一些人当面不说，但背后议论。三是要管理好学校，校长必须要出台一些改革措施，这必然会触犯一些人的个人利益，因此校长也必然会成为教师们的议论中心。四是年轻校长容易成为某些人嫉妒的对象。五是校长决策不当，不得民心，也容易引起各类矛盾，招惹流言飞语。

作为一位年轻新任的校长，工作中肯定存在较多的困难、矛盾和阻力，所以对于他人的闲言碎语，甚至造谣中伤的流言飞语，一定要沉住气，不必惊慌，更不能大动肝火而因此耽误了自己的工作，而要坚持不懈地努力工作。马克思在《资本论》序言中说过：“任何科学批评的意见我都是欢迎的，而对于我从来就不让步所谓舆论的偏见，我仍然遵守伟大的佛罗伦萨诗人的格言：走自己的路，让别人说去吧！”如何正确对待“闲言碎语”，减少“闲言碎语”，使自己在处理各类矛盾时处于主动地位，从而顺利开展工作，我觉得这是现代科学领导的其中一门艺术，应做好以下几方面工作。

一、深入教学一线，拉近与教师之间的心理距离

校长如果盛气凌人，高高在上，只会令教师敬而远之。因此，校长要经常深入教学一线，到教师中间去。通过与教师共同探讨教学思想和方法，征求教师对学校各项工作的意见。通过和教师谈心、唠家常等方式，放下架子，主动与教师沟通，拉近与教师之间的心理距离，平等相处、坦诚待人，就能够听到"浮"在上面时很难听到的实话、真话，从而掌握真实情况，以便正确决策。每次新的工作决策出台前，应深入教师中间调查研究，听取各方面意见，这样既增强了大家的主人翁意识，也能减少决策失误。

二、要宽容大度，以消除隔阂

在管理工作中，校长与个别教师产生隔阂在所难免。这需要校长有广阔的胸襟，能容得下不同政见和持有相反意见的教师。与教师有隔阂，校长就要在坚持原则的前提下，主动与教师沟通，力求达成共识，以消除隔阂。而不应心胸狭隘，打击报复，这样只会激化矛盾，不利于问题的解决。

三、充分尊重教师，满足教师合理需要

校长要正确对待教师的自尊需要。首先要善于运用领导艺术，哪怕是批评，也要让对方易于接受，给教师留点"面子"。否则，教师容易产生"挫折感"进而丧失进取心，甚至产生逆反心理。其次要满足教师的成就需要，当教师在工作中取得成绩时，校长要及时予以肯定与表扬，使其产生成就感，从而激发出工作热忱。再次要满足教师的物质需要，对教师在生活中遇到的诸如住房、子女上学、看病等实际困难，校长要看在眼里，记在心上，想方设法帮助解决，使教师能安居乐业，无后顾之忧。

四、善于做人的思想政治工作，以理服人

俗话说："一种米养百种人。"做校长最难在于做人的思想政治工作。一所学校里那些爱提意见的人往往是关心爱护学校的人，这些人也有这样那样的缺点，有时喜欢讲"闲话"，引起是非。做校长的要看清他们的本质和主流，对各种议论宜"疏"不宜"堵"。既要鼓励教师积极为学校出谋划策，也要实事求是，客观分析，摸准教师的个性和存在的问题，进行有效地个别谈心，晓之以理，动之以情。

五、增强师表意识，不断学习提高自己

校长是一校之魂，校长的言行举止将成为全校师生的一面镜子，这特殊的角色地位要求校长凡事都要身体力行、表里如一、言行一致、政治思想觉悟高，成

为师生的表率和模范。同时，年轻的校长要戒骄戒躁，严于律己，淡化权力意识，不断学习教育教学的政策法规、教育教学管理的理论和信息等，更新和充实自己的现代科学领导知识，使自己跟上时代的步伐，提高个人的领导水平。只有这样，在管理学校的实践中才能有理、有利、有节、有度，使人信服，从而提高自己的威信。否则，校长讲一套做一套，理论水平和管理水平低，教师只会不服，甚至反感。

当然，从各方面的议论中，校长可以找到自己的不足和失误，这是件好事，关键是校长能否变坏事为好事，勇于坚持真理，修正错误，年轻的校长更要在此过程中好好锤炼自己，让自己在管理中经得住严峻的考验，积累丰富的经验，不断改进今后的工作。“路遥知马力，日久见人心。”相信，能正确对待“闲言碎语”的校长经过与教师们的相处和了解，背后议论的人会日益减少。

2005 年 7 月

以生命视角促进教师的可持续发展

面对经济全球化、教育国际化的趋势，学校教育也正面临着一场深刻的变革。我校作为一所市一级学校，要在未来竞争中生存，并持续、超前地发展，其关键是教师的发展和进步。没有教师的发展，学生的发展就成了无源之水，无本之木；没有教师的进步，学校的腾飞就成了空中楼阁。学校应当不仅是学生发展的摇篮，还是教师发展的摇篮。从这个意义上说，能促进教师发展的学校才是“真正能持续发展的学校”。为此，我校关注教师人生价值的生成与实现，以生命视角促进教师的可持续发展。

一、教师是特殊的生命体

北京第二实验小学校长李烈曾经说过：“教师工作，不仅是一种职业，也不仅是一种事业，更是生命的一种历程。”作为校长，应当从生命视角去审视教师，分析教师职业的特点，确立与时俱进的管理理念。

（一）教师是活生生的人

教师是有思想、有感情、有独立人格的人。他们期望得到他人的尊重，期望获得他人的关爱，期望得到他人的认可。马斯洛的需要层次论告诉我们，人的需要分为生理的需求、安全的需求、社交的需求、尊重的需求、自我实现的需求，其中自我实现的需求是最高层次的需求。成功的欲望是人的生命本能之一，没有谁会去追求失败，教师更是如此。作为生命体，教师都有较强的事业心和责任感。可以说，每位教师都希望自己的教育教学水平得到提高，希望自己的发展更加美好，更希望得到领导、同行、学生、家长的认可和尊重。

（二）教师扮演着多种角色

作为生命体，教师同其他人一样，扮演着一定的重要角色。过去，“传道、授业、解惑”是传统意义上的教师角色，随着时代的变迁，教师的角色发生了变化，教师是教学的组织者、实施者，是学生学习的促进者，也是管理者。每一个教师在教学过程中绝非简单的教学计划的执行者，还要肩负策划、创造、组织、研究等多种复杂劳动。在学生心目中，教师是他们最受尊敬的导师，是最可亲、可信的朋友。学生可能不一定听校长的话，但对自己班主任、自己的任课教师却言听计从，甚至毕业了还一直会记挂着他们。因此，教师与其他职业相比，更富有自尊性。

（三）教师是最富有个性、特长的群体

教师是学生人生的导游，其职责就是要教会学生如何辨别美、发现美、创造美，因此，教师本身就应该是美的使者、美的化身，有着多种兴趣爱好，充满活力和时代的个性。学校要发展，学生要进步，关键在于教师首先要发展。为此，我校不仅确立“生本意识”，更确立“以教师的自主发展为本”的管理理念，把教师视为涌动着活力的特殊生命体，以生命视角建设教师队伍。

二、明确教师是学校可持续发展的第一资源和再生资源

学校是传播知识、弘扬文化、实施教育的育人场所，它的核心是做人的工作。教师素质的高低、能力的大小、创造性的有无都直接决定着学校的生存和发展水平。缺少名师支撑的学校必然是一所没有特色、没有潜力的学校。随着教育产业的不断发展，校长必须具备“教育经营”的理念，将教师资源的开发放在优先发展的地位。

发展性督导评估告诉我们：评价一所学校的发展，要面向学校和全体师生，除了对学校的办学条件、管理效益、办学质量等进行全面评估之外，更关注学校在全面发展的同时，是否促进师生的持续发展，如果这所学校每年培养出来的学生在知识水平、能力水平等方面和过去相比是同一个层次，那就意味着学校在退步。究其原因就是教师没有发展，校长没有充分挖掘教师这一可再生资源。如今，教育已成为一种投资，教师这一人力资源的投入回报效益最大。为此，我们深信：只有站在生命的视角锻造教师队伍，为促进教师的成长启之动力、掘之潜能、励之进德，那么教师源源不断的可再生潜能将是我校可持续发展的不竭资源；只有教师和学生共同进步、共同发展，学校才能获得双赢，学校才能不断进步。

三、把办学理念内化为教师的教育行为

我们认为，学校要实施一种先进的教育模式，绝不是校长一个人的事情，必

须把校长的办学理念转化为全体教师的共识，内化为大家的自觉行动。我校的办学理念是“以师生的自主发展为本”，办学特色是体育文化教育。要把这些教育理念内化为教师们的教育行为是学校工作的重中之重。我们从提出到最后全员达成共识，主要经历了这样三个过程，“服从——认同——内化”，就像把一个三角形分成上中下三部分：“服从”是三角形的底座，“认同”是中间部分，“内化”是顶端部分。教师们只是做到了“服从”还远远不够，因为服从是被动的，低层次、低标准的；“认同”表示教师已经认识到了教育理念的重要性，但还缺乏自觉性和创造性 ；当把教育理念“内化”为一种教育行为来实施的时候，教师就会在自己工作的时时刻刻，事事处处充分发挥自己的主观能动性，科学而富有创造性地进行工作，就会自觉规范自己的教育行为，力求使教育教学工作达到一个崭新的状态。

四、坚持铁的制度、活的机制、柔的方法

我校以制度建设和人文关怀为基本思路，建设了一套能充分调动教师积极性的动力机制——铁的制度、活的机制、柔的方法。

（一）铁的制度

和谐不是简单的一团和气，“没有规矩，不成方圆”，学校应有严格的管理制度，使教师的教育行为有章可循。我校制定的《广州市海珠区江南新村第二小学管理条例》记载着各个岗位的职责，各专用场室的管理与使用制度，师生学习、工作和奖惩制度等。譬如，我校在师德方面的纪律是非常严格的。教师一旦违反师德条例，学校处理起来毫不留情，不管这个老师平时表现多么出色，为学校争取过多么辉煌的荣誉，如果被发现有体罚或变相体罚学生的行为，学校就会针对情况作出扣除奖金等相应处理，这是一个不可逾越的警戒线。当然，我们也向老师明确：违规当罚，但改掉错误，就既往不咎，也不会歧视，再有成绩，学校照样表彰。实践表明，一套符合教育规律、行之有效的规章制度的建立和完善，不仅规范了师生的行为，还有效激励了教职工的上进心，调动了教职工的积极性。但依靠铁的制度并不是管理教师队伍的唯一途径，必须伴之以活的机制和柔的方法。

（二）活的机制

学校管理首先是人的管理，要能激发人的潜能。因此，校长应学习先进的教育理论，从调动教师积极性和主动性着手，建立活的激励机制。

1. 运用“鲶鱼效应”激活教师队伍

为了促进教师的可持续发展，一方面，我们建设“学习型组织”，创造各种条件，加强在岗教师的校本培训和学习进修，促进教师有效学习和主动发展。另一方面，我们在教师队伍管理上科学地运用“鲶鱼效应”的管理方法。“鲶鱼效应”是指在长途运输沙丁鱼的过程中，要把鲶鱼放入装沙丁鱼的水槽里，给沙丁

鱼创造一个紧张的环境，使沙丁鱼不停地游动，从而增强其活力，提高其存活率。“鲶鱼效应”给我们最大的启示就是要在安定的环境中创设竞争与合作机制。高素质的教师好比鲶鱼，只有发挥他们的积极作用，才能让大集体充满活力，充满竞争。如让他们与平庸者结对子，与散漫者结对子，把评先、评优、评职、奖金奖励以及福利等与教师的实绩挂钩，但要注意做好教师的思想政治教育工作。我们常对教师说，要把学校布置的每一项任务看作机遇，机遇与挑战并存，学校给了你机遇，你不把握，就错失了发展的机会。与此同时，我们还注意引导教师开展良性竞争，使教师把握好发展自我的机遇，在吸取别人好的教育教学经验的同时，发挥各自的潜能，主动迎接挑战。

2. 发挥马斯洛需要论在管理中的作用

我们力求在管理的每个层面上都考虑到教师们的需求，尤其关注教师高层次的心理需求，如渴望赢得尊重和自我实现的需求。因此，我们尊重每一位教师，在行政班子成员之间做到宽容、理解、支持、协作八个字，对待教师做到信任、尊重、欣赏、支持八个字，与教师建立平等、民主、友善的工作伙伴关系。我们鼓励教师积极撰写论文和参与学生培竞工作，每次都把老师们获得的奖项在全校教师大会和家长会上宣布，学校还把教师论文和案例编辑出版。老师们在市、区上了公开课，我们也会立即在全校师生面前表扬。作为管理者，我们不是只下命令，只看重比赛结果，而是更关注教师主动发展的过程，不断激励教师主动实践，自我超越。例如，我校是一所足球特色学校，每年都有多个市区赛事，体育老师必然承担着沉重的压力。但每一次比赛，体育组都能胜利完成任务，取得优异的成绩。这是因为我们从来不下死命令，而是热情鼓励、用心关注和给予真诚的帮助，这样不仅激发了教师们自我实现的需求心态，还激发了大家对工作的热忱和进取之心，使老师们保持着工作的激情和自信。正是体育教师的这种自信和激情，我校学生男子足球队在参加2005年少年国际杯足球赛中国区总决赛发挥了最佳水平，获得了全国冠军，再次实现了代表中国少年队远赴法国参加全球总决赛的梦想。

（三）柔的方法

现代学校管理既需要用“制度”来管理，也需要用“心”来管理，达到“润物细无声”的境界。学校为教师们创设一个宽松、愉悦、民主的工作环境，让大家在一种和谐的氛围中生活，在融洽的人际关系中工作。校长经常向老师们传达这样一个信息：理解是做好工作的基础，交流是做好工作的需要，宽容是做好工作的深化。

根据系统论的原理，如果系统的每一部分在最优的位置上发挥着最优的效益，那么这个系统就是最优的。一所学校也是这样，我们努力做到“知人善任”，进行最佳组合。例如，我校老教师经历了“文革”时期的磨难，文化底蕴浅，延续了传统的教育观、陈旧的教学方法，但他们有从教的责任心，有丰富的教育经验；年轻教师在改革中完成学业，其人生观、事业观有着明显的新时代特征，他们有一定的知识功底，思想比较敏锐，重视个人的发展前途，但缺少艰苦奋斗的敬业精神。在骨干教师中，有的精于教学，但有高傲之气；有的左右逢源，但机智敏锐，性格活泼；有的不善于言辞，但工作踏实，让人放心。针对教师的这些特点，我们给老师们以正确的评价，见其所长，用其所专，并帮助他们扬长避短，使他们各展其能。对老师们付出的劳动和取得的成绩，哪怕是一点一滴，我们也及时鼓励和表扬，让他们感受自己在学校的价值，感受在学校有发展的空间。工作一旦有了“奔头”，教师们工作起来自然会表现出极大的积极性和创造性。

五、充分发挥信息动力的作用

信息是学校教育改革和促进教师发展的动力。过去我们比较重视物质动力和精神动力，现在越来越清醒地认识到信息动力在学校管理与锻造教师队伍中的作用。信息的传递和反馈对于提升教师的综合素质，激发和挖掘教师的热情有着重要的作用。

（一）让各种有用的教育信息成为鞭策教师积极进取的源泉

我们经常把最新的教育动态和信息告诉老师们，以开阔大家的视野，拓展大家的思路。主抓教学的行政人员每次外出学习回来，总会通过开设校本培训讲座、教育教学研讨会、教研活动等各种渠道组织大家学习。我们还有计划地定期组织各学科教师外出听课、培训，并要求回校后向全校老师汇报，让大家吸纳更多的教改信息。为了让教师们掌握更多的知识与信息，学校建立了教师阅览室，订购了全国各地的教育教学杂志，并为每位教师配备一台液晶电脑，教师可以进行网上学习和交流。除了请专家开设专题学习讲座以外，学校还强调建立平等民主的对话模式，在每周的教师学习时间中尽可能为教师开设“精彩五分钟”，鼓励教师“自由发言”，并经常组织全体教师就某一专题“即兴论谈”或“深度会谈”，开展“校长聊天室”、“学校教育网上论坛”活动，为教师提供各种学习交流的机会，面对面地和校长、专家、同行说说心里话。

（二）让教育科研成为教师不断进步的动力

“引导每一位教师走上从事一些研究这条幸福的道路”是教育家苏霍姆林斯基对校长们的谆谆教导。教师工作的特殊性决定了教师应该成为教育科研的主力，而且教育科研是教师成长的必由之路。我校以科研带动教研，加速学校课程改革的步伐，做到人人有课题，人人搞科研。学校目前有区级课题“小学信息素养教育实验与研究”、市级个人科研课题“新课程标准下小学生语文学法指导”以及校级课题“小学课余训练与学习协调发展的研究”，教师们将教育信息化的思想和理念渗透教育教学的全过程，延伸到课余、校外活动中培养学生的信息素养，扎实有效地推动教学向纵深发展。教育科研不仅能有效提升教师们的专业水准，增强教师的凝聚力，调动教师的积极性，还成为教师不断进步的动力，促进教师可持续发展。

（三）挖掘教师的自身信息资源，让其焕发生命的光彩

“以生命视角促进教师可持续发展”的理念要求我们：要为每一个教师的成功建造舞台，要让每一个教师都成为德才兼备的人生导师，要让每一个教师的生命释放辉煌。为此，学校重视发挥教师的爱好、特长，尊重教师的志趣和才华。当两位美术老师应邀参加国家教育部美术课程改革实验工作，承担“人美版”美术课部分教材的编写工作，拿到自己参与编写的教材，看到里面印着自己亲自辅导的学生作品时，他们开心极了。学校不仅大力表扬，还把他们的照片以及作品放在网上，成为激励他们努力工作的动力。我们对每一个教师取得的成绩一一公开表扬，写进校史。每年我们都组织教师开展丰富多彩的活动：参与区“东方红”的文艺汇演、区“青年教师形象”大赛、教工篮球赛以及“我为海珠教育可持续发展献一计”征稿比赛等活动；组织教师进行登山和体育游园户外活动，开展水果拼盘、文娱等比赛，展示教师们教学以外的才华，让老师们感悟到教师的工作充满生机，充满挑战，充满乐趣，是极富有创造性、灵活性和艺术性的工作，从而更热爱自己的工作。

我们坚信：教师群体是一个巨大的宝库，他们蕴藏着无穷的智慧和力量。每一个教师都是一颗金子，就看校长有没有胸怀去接纳百川，有没有驾驭这个群体的能力和艺术，能不能把学校建成令教师向往、能实现其生命价值的精神家园。愿我们所有的校长都能如热爱生命般地热爱学校，关心教师的成长，促进教师的发展，使教师的生命焰火焕发出动人的光彩！

2005 年 8 月

参考资料

1. 陈圣．一位校长的管理艺术．北京：北京教育出版社，1999.

2. 王铁军，周在人．给校长的建议．江苏：南京师范大学出版社，1999.

3. 王铁军．中小学教育科学研究与应用．江苏：南京师范大学出版社，2002.

4. 中华人民共和国教育部《素质教育观念学习提要》编写组．素质教育观念学习提要．北京：生活·读书·新知三联书店，2001.

以师生发展为本，创建和谐共生的学校文化

好的学校是人才的摇篮，是教师成功的精神家园。作为校长，都希望自己的学校成为有特色、有品位的好学校。在我看来，任何好学校本身应蕴含这样一种特质，那就是以师生发展为本、创建和谐共生的学校文化。

江南新村第二小学是一所全日制公立小学，同时也是海珠区体育局、教育局为适应海珠区体育事业发展的需要而特批成立的唯一一所体育运动实验学校。学校占地面积9 900平方米，建筑面积7 185平方米，别致新颖的教学楼、优雅洁净的校园环境无不显示着现代开放的理念，宽敞的运动场、一流的运动设施为师生的健康发展提供了充分的保障。学校自1988年建校以来，以先进的教育理念和开放的办学思想，很快赢得教育部门的肯定，特别是在培养竞技体育人才方面取得了不俗的成绩。

但是，由于体育生天性好动、个性张扬，老师们在学习、思想教育等方面都要付出比普通学校多几倍的心思和精力。由于思维定势的影响，人们总认为开展体育特色的学校只重体育而轻智育，因此，这类型的学校往往难以获得大多数人的认同。面对这些“偏见”，我们意识到只有快速发展学校的特色文化，创建和谐共生的学校文化，才能使学校获得持久的发展动力。

2002年年底，我们结合学校的发展状况，分析社会和教育发展趋势，研究学校以及师生自身的发展需求，认真学习当前“新课改”的基本思想和核心理念，提出了“以师生自主发展为本”的办学理念。因为，我们明白，什么都可以等待，唯有师生的发展不能等待。校长应该尽最大努力精心营造出民主、开放、和谐、愉悦，能促进师生共同发展的校园文化，使学校成为教师专业成长的助推器和学生德智体全面和谐发展的大舞台。

一、建立共同远景，激发众人智慧

一个目标能凝聚众人首先源于大家对它的认知。为此，我们以“我为江南二小发展献计献策”为主题，先后召开了师生论坛、学校与社区互动的研讨会，其目的是让教师们了解社会对学校发展提出的新要求，用更宽阔的视角共同规划学校的发展目标，用每一个人的智慧来共同打造学校的未来。

（一）举办学校发展规划论坛

促进学校未来与发展不仅仅是校长的责任，也是所有师生的共同心愿、共同追求。在校长的引领下，老师们兴致勃勃地参与了共商学校发展大计的论坛活动，从学校的优势、劣势、机遇、挑战四个方面分析学校的现状和发展前景，初

步制定了近期目标和远期目标。在整个活动中，大家畅所欲言，积极为学校发展出谋划策。活动结束后，老师们还是非常兴奋，议论纷纷，这样的论坛形式新颖，内容充实而不枯燥。大家一致认为：论坛上老师们发言的机会多了，笑声多了，收获也多了；它让学校的老师们彼此走得更近，便于良好人际关系的形成，更加有利于形成和谐、平等、沟通、分享的文化氛围。在老师们的引领下，同学们也开展了“心目中的好老师”、“我为校园添光彩”、“假如我是校长”的征文征画、演讲活动。这些丰富多彩的活动，激发了师生的爱校情感，培养了师生的人文情怀，使学校形成了良好的校风、教风和学风，从而拥有昂扬向上的校园文化精神。我们感悟到：学校的特色是由学校的文化来体现的，只有在“以师生发展为本”的大文化培育下的校园精神，才是学校生存和发展的原动力，才能产生强有力的凝聚力和向心力。

（二）举办教师成长教育论坛

要赢得社会、家长对学校的肯定，首先要打造一支高素质、会发展的教师队伍。没有教师的发展，学生的发展就成了无源之水，无本之木；没有教师的发展，学校的发展也失去了有形的发挥，成了空中楼阁。面对学校发展的新形势，我们清楚地认识到教师的发展迫在眉睫，老师们应该是学习与发展的共同体，应该学会从学习中反思，从反思中实践，从实践中提升。在教师成长教育论坛讨论交流中，老师们逐步达成了共识：教师的发展直接影响着学生的成长，直接影响着学校的发展；要为每个学生的发展提供良好的学习环境、丰富的教育资源以及和谐的学习氛围；只有在不断学习、反思、沟通、协商、共享的文化氛围中，师生才能健康快速地成长，学校才能实现可持续发展。

二、加强团队建设，增进沟通与合作

团队意识是人们成就事业必不可少的一种优秀品质，教师只有具备这种品质，才有可能去培养发展学生的合作意识。“用团队的成长促进教师的个人成长”是我们学校创建和发展“和谐校园”的一种组织文化。

（一）“扁平化管理”赋予学校管理新的内涵

实施扁平化管理使学校决策层与操作层之间的间隔层级减少，横向联系与沟通增多，更具管理的自主性和灵活性。为了发挥教师主人翁的精神，我们在专家的引领下，尝试开展团队的破冰训练。在每一次的对话交流、座谈和分享中，老师们慢慢地冲破心理的障碍，大胆地展示自我，把自己的故事、困惑和反思与同事分享。为了保证这种良好氛围的持续和深入，我们尝试实施新一代管理大师们的管理组织形式——“扁平化管理”，将老师组成了不同的工作团队，这些发展团队有：学科教研组（以教导处为组织平台的团队）、年级活动组（以德育研究会为组织平台的团队）、互动发展组（以工会为组织平台的团队）、课题研究组（以科研研究组为组织平台的团队）共四支团队。扁平化管理不仅加强了教师团队建设，更促进了教师与同伴间的交流与合作，形成良性互动，共同发展。

（二）团队走向研究、走向成功

团队学习让老师们意识到要实现学校的美好远景，必须培养全新、前瞻而开阔的思考方式，走向研究，体验研究，与学生一起分享学习的幸福，才能与学校共同发展。“学科教研组”注重引导教师对课堂教学实施进行反思，提倡多种形式的课堂教学研讨。例如，两位老师分别在两个班，执教同一篇课文，作为大家研究的对象；在教研活动中，四位老师同上一篇课文，让听课者在一个课上领悟多位老师不同的教学魅力和个性风采；此外，由老师们来当学生，一个老师来上课、说课，专家主持人随时打断，然后即场评课，台上台下互动研讨，踊跃发言。互动式的教研活动改变老师单门独户的教学行为，畅通交流的渠道，让教师在合作的教研中学会创造与发展，使课堂教学焕发生命与活力。“课题研究组”是以教师研究的科研课题为主线而形成的，由有着相同或相似研究方向的教师组合在一起，共同进行科研实践。区级课题“小学信息素养教育实验与研究”的研讨，促使教师们将教育信息化的思想和理念融入到教学中，引导学生自主性学习，培养学生良好的信息素养。市级课题“小学课余训练与学习协调发展的研究”的实验，以体启智，同时塑造学生的健康文明形象，促进学生德智体全面发展，使学校的体育特色真正成为品牌。此外，我们与中山大学心理系的教授和研究生们一起合作开展“小学生情绪调节能力与同伴接纳的关系”和“学龄儿童愤怒情绪调节”的心理课题实验，初显成效。

团队建设为学校的组织建设注入了新的活力，我们还开展了丰富多彩的活动。如“青年教师形象”大赛、“我为海珠教育可持续发展献一计”征稿比赛、体育游戏、外出参观学习等活动，让老师们在学校的大家庭中充分地交流互动，感受真诚的舒畅以及包容的乐趣。

三、提供专业服务，促进教师成长

教育的过程是享受生命的过程，我们倡导“领导就是服务”的理念，力图读懂教师的心，为课改的推进、教师的成长提供有效的服务。首先，学校为教师提供信息资源服务。如订购报刊书籍，充实教师阅览室；建设校园网，创建教育教学资源库，鼓励教师上网查阅信息，制作与积累优秀课件设计、优秀教学案例等；尽量满足教师外出参观听课、参加学术活动和培训的需求。其次，为教师的课改研究提供理论与实践的指导。我们邀请特级教师、市区教研室的专家来校讲学，与教师直接对话，使教师确立正确的优化教学的价值取向，提高教学技能。最后，行政人员勇当课程改革的领跑人。我们认为，课改的成效体现在课堂教学中，只有深入课堂，才能获得教研的发言权、课改的领跑权。因此，我们行政人员不管校务工作有多忙，始终扮演着教学改革的参与者、研究者的角色，校长、副校长和教导主任都分别兼任英语、语文、数学三个主科的教学工作。副校长亲自为教师上研究课、示范课，多次在市区进行公开教学及被市教研室邀请到番禺、花都、清远、从化等地“送课下乡”，充分发挥“名师”的带头示范和辐射作用。

四、挖掘潜能，为师生营造最大的发展空间

实践告诉我们，唯有读懂教师的心，给予教师发展自我的空间，挖掘教师最大的潜能，才能使学校获得持续发展的不竭源泉。在这个思想指导下，我们做到尊重、理解、信任和爱护教师，放权让他们在自己的岗位上大显身手，大胆创新，最大限度地发挥他们的才能；对其付出的劳动，取得的成绩，哪怕是一点一滴，也及时地鼓励和表扬，让他们感受到自己在学校的价值。此外，我们立足本校，不断挖掘和培养青年骨干，让他们在教育教学中，发挥各自的优势，培养他们成为学科的带头人，加快学校人才资源开发工程。我们还注意引导教师开展良性竞争，校长常对老师说：“学校的发展就是你个人成长的轨迹，我们要敢于冒尖，敢于拼搏，把握任何学习的机会，要把学校布置的每一项任务都看作是机遇，学校给了你机遇，你不好好珍惜和挑战自我，那你就错失了发展的机会。”在正确的引导下，教师们虽然压力大，但是工作热情保持高涨，老师们更是主动争取学习的机会，主动承担重任；尽心尽责，敞开心扉地为学生搭建一个展示才华的舞台，开发学生更多的潜能，培养学生的兴趣和爱好，促进其个性发展。他们发现，自己的聪明才智在宽松、愉悦、和谐的工作环境中得到张扬，自己创造性的劳动、充满睿智的教育灵感也不断促使自己和学生、学校共同进步，共同发展。

五、弘扬办学特色，促进体育、文化与教育和谐发展

学校没有特色，教育就没有生气，学校就难以持续发展。创建特色学校，就要善于吐纳、善于扬弃、开阔视野、创出品牌，才能使学校的生命力得到持续的焕发。

一直以来，我校坚持“全面发展、体育见长”的办学特色，不断丰富体育文化的内涵，促进全校师生全面健康发展。我们体会到：体育不应只是少数运动队员的活动和任务，而应是全体师生领会的文化，体育活动不仅给人强健的体魄，还能帮助所有人体会人生。为了深化办学特色，推进学校的全面工作，我们组织老师们学习和研究世界民族先进的体育思想，让每一位老师深入开掘体育中蕴含的丰富的人文价值与思想价值，自觉地在教育教学改革中渗透体育的互助友爱、包容和谐、刻苦耐劳、自强不息、诚信礼让等文化思想。同时，通过多方调研，我们转变了思维方式和角度，用新的视野和新的理念对学校的办学特色给予正确定位，探索出一条创建体育特色学校的新思路：“建设校园体育文化，培育奥林匹克体育精神，促进体育、文化和教育和谐发展。”我们大力开展科研实践，着

力培养全面发展的人、有特长的人。我们要求非体育教师和非体育班的学生发展一项以上的体育爱好，以坚实体育特色的群众基础，通过开展形象、生动、“面向全体”的体育文化活动，塑造师生美好的心灵，促进师生身心的全面发展。我们还把体育特色工作深入到每一个师生家庭，向社区开放宽敞的体育场地，与社区携手开展体育文化活动，引领众人都来积极响应国家的“全民健身计划”，推进学校体育特色向纵深发展。

建设校园体育文化，培育奥林匹克体育精神，能促使学校站在师生共同发展的高度，为师生提供绚丽多彩的运动方式，使“团结、拼搏、健康、向上”的体育精神深入人心，使全体师生学会合作与竞争，在分享快乐的同时感受体育的魅力，发展自己，超越自己，为学校提升办学质量而注入新的活力与动力。

三年来，我们以生命的视角关注师生的发展，建设和谐共生的学校文化，使学校的生命释放新的辉煌：学校于2003年5月晋升为广州市一级学校，2005年12月晋升为广东省一级学校；学校“五环”中队被中国少年队全国工作委员会授予“童趣杯”全国少先队特色中队光荣称号；学校少先队大队部连续三年荣获区“红旗大队”称号，鼓号队参加区星级评定获三星级的最高奖励和区精神风貌奖；思想品德科参加“我的成长记录袋”学习评价优秀成果展示活动被评为广州市“优秀组织奖”；学校艺术科获2005年区艺术节比赛优秀组织奖，合唱队分别获市第九届合唱节校际二等奖、班际一等奖的优异成绩，舞蹈队参加2005年舞蹈节比赛获一等奖；学生美术剪纸作品荣获市“美术展板和现场比赛”双项一等奖，学校被广州市教育局命名为广州市岭南民间美术特色项目学校；学校“大眼睛”小记者站连续七年被评为《岭南少年报》“优秀小记者站”，被南方电视台评为“最活跃小记者站”；科技组获“海珠区航空模型竞赛团体一等奖”、“第八届海珠区中小学四驱车模型竞赛团体一等奖”；有的体育生还获得广州市“华罗庚”杯数学竞赛一等奖、二等奖，获海珠区语文能力竞赛一等奖……与此同时，学校的体育特色工作也不断升华，足球特色更享誉全市乃至全国。学校连年被评为区体育工作先进单位，历届参加广州市中小学广播操、自编操评比都获得一等奖，学校被广州市体育局授予“足球摇篮、缔育英才”的牌匾，学校足球队多次获区、市的冠军，2004年获得“达能少年国际杯”（中国区）足球赛第三名，2005年获得“达能少年国际杯”（中国区）足球赛第一名，连续两年代表中国出征法国参加全球总决赛，取得了不俗的成绩。学校先后接待了来校参观指导的世界球王贝利先生、法国里昂教练、日本女子足球俱乐部教练以及香港、外国友人和兄弟省市的教育专家团。

今天的江南新村第二小学已是焕然一新：老师把学校当作自主发展、实现超越的精神家园，把教书育人当作幸福的享受；孩子们则把学校当作探求新知、体验成功的快乐家园，学会学习，学会生活，学会做人，学会发展。事实证明，以师生发展为本，创建和谐共生的学校文化，不仅为师生的成长启之动力、掘之潜能、励之进德，更不断促进学校在继承中发展，在发展中创新，在创新中提升，使学校获得长足的、可持续性的进步和发展，成为师生共同发展、实现自我、感受欢乐和成功的幸福乐园。

2006 年 3 月

参考资料

1. ［英］戴维·伯姆．论对话．王松涛译．北京：教育科学出版社，2004.
2. 陈圣．一位校长的管理艺术．北京：北京教育出版社，1999.
3. 王铁军，周在人．给校长的建议．南京：南京师范大学出版社，1999.

加强党员青年教师党性教育，为学校教育发展注入新动力

党员青年教师是我国教育事业在21 世纪持续发展的宝贵人才资源。随着新世纪的到来，在我国教师队伍中，一支极富生机与希望的党员青年教师队伍正在脱颖而出，他们已经挑起重担，他们是教育事业的希望。当前，我们社会正面临着全方位的转型，社会经济、政治文化、生活方式等各方面正在发生前所未有的变化。这些变化为党员青年教师提供了更多的发展空间、宽松环境、机会选择和经济回报，同时也提出了挑战。他们能否健康成长，不仅关系到我国教育的成败，更影响着我国教育的未来。因此，了解、分析和把握他们的思想政治素质特点，关心他们的健康成长，能站在新世纪的历史高度，深入细致地做好党员青年教师的思想政治工作，加强对他们的党性教育，培养和造就一支既有较强的党性修养，又有较强的教学、科研和管理能力的优秀党员青年教师队伍，是学校党支部一项紧迫、长期而又重要的战略任务。

一、党员青年教师思想政治素质的基本情况

为了了解当前党员青年教师的思想政治素质特点，我们分别进行了问卷调查、召开座谈会和个别访谈三种形式的调查。调查结果显示，当前党员青年教师思想政治素质总体上是健康向上的。

（一）拥护党的改革开放政策，对有中国特色的社会主义前途充满信心

经过20 多年的改革开放，我国取得了举世瞩目的成就。这些成就使党员青年教师对改革开放成果的满意度和对国家领导集体的信任度持续上升。据调查显示，100% 的党员青年教师认为当前整个国家的政治经济形势是新中国成立以来最好的。他们对邓小平理论和以胡锦涛总书记为首的党中央近年来制订的大政方针的理解力不断增强，认同度相当高。100% 的党员青年教师认为邓小平理论是

当代中国的马克思主义，是指导中国社会主义现代化建设事业的系统理论，是我们的旗帜。100%的党员青年教师对坚持中国共产党的领导，走有中国特色社会主义道路的信心和决心不断增强。

（二）思想解放、求真务实，有较强的创新意识和开拓精神

党员青年教师思想解放、富有改革和创新精神，一方面体现在对党的改革开放政策的拥护和支持上，另一方面也表现在对学校改革的关心和参与上。他们不仅提出增加教育投入、改善教师待遇等问题，而且还就学校人事制度改革和学科建设、课程设置等问题提出了不少具体意见和建议。他们不再把自己的政治观点和政治态度建立在一般政治原则和政治信仰的基础上，更多的是结合社会现实发展的客观过程和效果来考虑。他们对社会问题的空谈已大大减少，务实倾向更加突出。

（三）事业心强，富有进取精神和竞争意识

党员青年教师伴随改革开放一同成长，他们的主体意识较强，渴望建功立业，为社会作贡献；他们拥有较高的学历和职称，外语和计算机能力突出，迫切希望找到适合自身发展的机会和途径，以充分实现自己的人生价值；他们不仅把教学当作一份职业，更把教学当作一项事业，善于策划和经营，让自己的未来更精彩。98%的党员青年教师希望学校“给担子，给压力，给责任，给方向”，从而有所作为。在实际工作中，93.3%的党员青年教师对自己充满信心，热爱小学教育事业，注重学习探究和专业发展的锻炼，对未来充满渴望。

（四）推崇民主、平等、公正、自由、守信的基本道德追求

市场经济竞争机制的建立促使党员青年教师新的价值观念形成。随着人才市场、信息市场等的建立以及人事制度改革的不断完善，党员青年教师拥有比过去更广阔的发展空间。同时，也促使党员青年教师自主观念、公正观念、时效观念和民主、平等意识等新的价值道德观念逐步形成。

我们在充分肯定党员青年教师积极向上的精神面貌的同时，也看到他们当中一些值得注意的问题，如马克思主义理论基础不扎实，部分党员青年教师在重大理论问题和一些大是大非问题的认识上存在一定的模糊观点。有的党员青年教师在价值取向上呈现出明显的个人主义和功利主义的倾向，组织观念、群众意识和团队精神较淡薄。

二、当前加强党员青年教师党性教育的必要性和紧迫性

近年来，我校党组织不断加强党员队伍建设，健全、完善制度规范，在局党委的指导下进行了“三讲”、“保持党员先进性活动”、“党员纪律月教育”及“教育系统政风行风评议”等教育活动，有效地提高了党员青年教师队伍的整体素质。但是从当前党员青年教师党性修养上暴露出的一些问题，不难看出党员青年教师党性教育工作在内容与方式方法上仍然存在一些不足。

针对党员青年教师思想政治素质特点和学校党性教育现状，我们认为，在当前有必要进一步加强党员青年教师的党性教育和党性锻炼，为学校教育的持续发展注入新的动力，带来无限的生机。

（一）加强党员青年教师党性教育，是贯彻“三个代表”重要思想的要求

江泽民同志提出的“三个代表”重要思想，从经济、文化、政治三个方面，科学阐述、概括了中国共产党的工人阶级先锋队性质和党的先进性标准。“三个代表”思想不仅要求我们党作为一个整体始终走在时代的前列，也要求各级党组织、每一个党员具有先进性。因此，学校贯彻“三个代表”的重要思想，就是要落实好科教兴国战略，努力做好育人工作，同时也要求党员教师按照“三个代表”的要求，不断提高自己的党性修养，在具体实践“三个代表”中充分发挥先锋模范作用。党员青年教师既是“教书育人”阵地的排头兵，也是科学研究领域的重要耕耘者，应以最好的精神状态，跟上时代步伐，充分体现共产党人的先进性和时代精神，从思想上到行动上体现“三个代表”的要求，真正做到始终走在时代的前列。

（二）加强党员青年教师党性教育，是由党员青年教师自身的特点和所肩负的历史使命决定的

当前我校正处于师资队伍整体性新老交替的关键时期，老教师基本上都到了退休年龄。未来五年之内，目前的青年教师队伍将逐渐全面承担起学校的学科建设、人才培养、科学研究等各方面的重任。此外，当前学校还处在人事制度改革的关键时期，党员青年教师的思想观念、价值取向、生活态度和行为选择正以前所未有的速度发生着转换、改变与震荡。在这些变化中，有迷失方向、理想信念退化、宗旨观念淡化和先锋模范作用弱化等不良变化。党员青年教师的党性教育状况如何，将直接影响他们的思想政治倾向，影响到他们对教育事业的追求，影响到他们是否能肩负起党和人民赋予的历史使命等问题。

（三）加强党员青年教师的党性教育，是当今的国际环境和国际政治斗争所要求的

当今世界两极格局已经终结，各种力量重新分化组合，世界正朝着多极化方向发展。世界政治格局多极化、经济全球化和科学技术加速发展趋势，必将在世界思想文化领域引起这样或那样的反应。在这种情况下，各种思潮相互交错、相互激荡，西方的价值观念、政治思想和生活方式必然会对人们的思想意识产生影响。党员青年教师处在国内外思想文化交汇的前沿，如果没有坚定的马克思主义信仰和理想信念，就难免会有一些人自觉或不自觉地接受西方那一套理论，成为西方对我们实行“西化”、“分化”的工具。因此，从巩固党性的执政地位、牢牢占领思想阵地的高度方面来说，我们也有必要通过各种载体，采取多种办法，加强党员青年教师的党性教育。

三、加强党员青年教师党性教育着力于创新

面对国内外发展的新形势以及党员青年教师的思想政治素质特点，学校党员青年教师党性教育工作，既要坚持和发扬过去行之有效的内容和方法，也要对一些不适用于当代的观念、内容和方法加以转变、拓宽和更新。要在继承以往好的做法的基础上着力于创新，使之适应并服务于21世纪教育事业发展的要求。

（一）党性教育观念上的创新

1. 党性教育要遵循市场经济发展规律

党性教育要把市场经济原则同坚持党性修养和锻炼统一起来。要帮助党员青年教师弄清市场经济等价交换与共产党人无私奉献、市场竞争意识与发扬团队精神的关系。引导党员青年教师把为人民服务的宗旨置于等价交换原则之上，在竞争开放的环境中，增强对祖国对集体的向心力；把个人利益与国家、社会发展结合起来，把社会对个人的尊重和回报同个人对社会的责任和贡献结合起来。

2. 党性教育要坚持以人为本

我们在调研中发现，一些党员青年教师的思想问题的产生，部分是由于我们工作不到位，一些实际问题得不到妥善解决而引起。我们认为不能把本来应当解决的实际问题，简单地当作思想问题来对待，那样会失去党员青年教师对党组织的信赖。在观念上要把教育人与关心人结合起来。既要启发、教育党员青年教师牢记全心全意为人民服务的宗旨，服从全局利益，树立正确的利益观，也要重视党员青年教师个人价值的实现，帮助他们解决生活上的实际困难，帮助他们规划人生，创建自己的人生舞台。

3. 党性教育要坚持联系实际的原则

党性教育要联系国内外形势发展的实际，联系学校改革与发展的实际，联系党员青年教师的思想实际。只有把握了党员青年教师的思想脉搏，才能把握形势变化，对党员青年教师的心态作好预测，及时加以疏导、引导，做到未雨绸缪，防微杜渐。

（二）党性教育内容上的创新

我校党支部针对党员青年教师党性观念不够强的实际深入进行党性教育，在教育内容上侧重加强了以下几方面的工作。

1. 坚持不懈地对党员青年教师进行马克思主义理论教育

在改革开放形势下，如果党员青年教师放松对马克思主义理论的学习，就会动摇对马克思主义的信仰，落后腐朽的思想就会乘虚而入。因此，在党员青年教师中一刻也不能放松对马克思主义理论的学习，要充分发挥理论在党性教育中的基础作用和导向作用。党员青年教师学习理论，武装头脑，要努力在掌握理论的科学体系上下功夫，在掌握基本原理及其精神实质上下功夫。当前要组织党员教师学习贯彻省第十次党代会精神，要继续开展江泽民同志关于“三个代表”重要

思想和“保持党员先进性”问题的学习，结合近期开展的学校政风行风评议活动，对亟须进行理论指导的突出问题，作出科学的、有说服力的解释和说明。在学习中引导党员青年教师克服轻视理论、不自觉钻研理论的难题，认真处理好业务工作与理论学习的关系，防止重理论概念、轻主观世界改造的倾向。理论学习要与树立正确的世界观、人生观、价值观相结合，正确对待“名”与“利”的关系，摆正个人与群众、组织的关系，处理好个人利益与集体利益、国家利益的关系，在思想观念上防止市场经济负面影响，能迎接各种社会思潮的挑战与冲击，树立起牢固的马克思主义信仰和社会主义理想信念。

2. 树立先进典型，发挥榜样示范作用

青年人好胜心、自尊心强，看到一些感人的先进事迹，总会有所触动、有所激励。学校党支部应十分重视在党员青年教师中培养和宣传先进典型。要充分发挥学校名教师的示范作用，运用新闻和宣传媒介，大力宣传校内外老、中、青党员教师的突出业绩和精神风貌，大力表彰他们的模范事迹，以激励党员青年教师不断追求进步。第一，要认真选好典型。典型应该具有先进性、导向性和代表性，能够被党员青年教师认可。第二，要精心培养典型。先进典型需要保护和扶持，学校应给予必要的关心和支持，不能使其自生自灭。第三，要大力宣传典型。扶正才能祛邪，先进的典型需要广泛的宣传才能起到示范作用。同时，要注意及时挖掘本校内党员青年教师中的典型，真正起到“点亮一盏灯，明亮一大片”的作用。

3. 实践锻炼

加强党性锻炼的一条根本途径是实践，树立正确的世界观、人生观、价值观也必须依靠实践。党员青年教师不同程度地存在着对国情、民情了解不详，对改革开放的伟大实践了解不够，识别错误思潮的能力不强的特点，因而急需引导他们走与社会实践相结合的道路，创造条件让他们广泛接触社会、了解国情、熟悉民情。一是要建立党性教育实践基地，我校从 2005 学年开始与琶洲小学开展“手拉手”教育活动，把琶洲小学作为青年教师的教育实践基地，经常派青年教师易地教学，通过“互访、互教、互学、互帮”，使两校优势互补、资源共享、相互促进、共同发展。此外，吃苦耐劳、不计报酬的师德风范、奉献精神和强烈的开拓进取意识也成为本校青年教师学习的品质。二是结合多种主题教育活动，开展各种形式的实践活动，如到广东、广西落后地区开展智力扶贫等。三是挂职锻炼、轮岗锻炼，让党员青年教师在不同岗位上经受锻炼，在实践中不断成长。

4. 加强党的优良传统教育

党的优良传统始终是我们的“传家宝”，党员青年教师更要从中汲取营养。要使党员青年教师时刻牢记，不论形势和任务发生怎样的变化，党的光荣传统和优良作风永远不能改变。具体做法上，一是在经济条件允许下，组织党员青年教师到革命老区参观革命遗址，接受党的优良传统教育，体验老区人民生活。二是请参加革命多年的老同志作革命传统教育报告，请劳模、老一代优秀知识分子上党课现身说法。三是组织有效的团体辅导，为学校的组织建设注入新的活力。我们开展了丰富多彩的活动，如“青年教师形象展示”大赛、“我为海珠教育可持续发展献一计”征稿比赛、体育游戏、外出参观学习等活动，让青年党员教师在学校的大家庭中充分地交流互动，感受真诚的舒畅以及包容的乐趣。

5. 提高组织生活质量，定期开展党性分析

学校党组织生活是加强党员青年教师党性教育的重要载体。基层组织生活不能仅仅念文件读报纸就万事大吉，也不能仅仅谈谈业务和工作小结，甚至是开一通“无轨电车”了事，要形成一个新的有效机制来规范和约束，使组织生活真正成为思想上交流沟通，并能触及灵魂深处的真正意义上的党员教育的有效载体。根据党员青年教师的思想特点，有必要在组织生活中定期开展党性分析活动。在党性分析活动中，要求党员青年教师着重围绕理想信念、全心全意为人民服务的宗旨和群众观念等，结合自身的思想工作实际，自觉对照检查自己，广泛开展谈心活动，认真开展批评与自我批评，深入查找不足与原因，明确今后努力方向，切实制定整改措施。例如，在前阶段的“保持中共党员先进性教育活动”的民主生活会中，青年党员教师对新时期党的先进性的科学内涵有了进一步的认识，对自己在岗位上如何更好地表现出与时俱进的先进性，如何争当有理想、有责任、有能力、形象好的时代先锋有了新的理解，更以新的视角、新的思想、新的理念来重新审视和从事教育这个“太阳底下最光辉的职业”。

6. 开展防腐倡廉教育

学校虽然清贫，但也不是一方净土。党内腐败现象会给党员青年教师思想带来一些消极影响。因此，在党性教育中，保持党员青年教师思想道德上的纯洁性将是一项十分重要的任务。要加强党员青年教师廉政建设，学校应该通过校务公开、群众监督、民主评议等活动，使党员青年教师自重、自省、自警、自励，防止拜金主义、极端个人主义和享乐主义的侵蚀。开展防腐倡廉的教育工作是学校科学、健康、持续发展的有力思想武器，作为党政一把手责无旁贷且任重而道远。

（三）党性教育方法上的创新

1. 传统方法和现代方法结合起来

要充分利用各种先进的大众传媒和多媒体等物质手段，使党性教育声情并茂、形象生动。根据党员青年教师特点，除了教师继续教育课程和本校政治学习外，还可利用形势讲座、知识竞赛、专题研讨、参观考察、辩论演讲、入党日纪念活动、案例教育等党员青年教师喜闻乐见的方式对其进行党性教育。

2. 将“灌输”与“渗透”结合起来

传播马克思主义是要“灌输”的，但是对党员青年教师这一思想活跃的高智商、高层次群体，仅仅“灌输”是不够的。学校党支部要根据党员青年教师的特

点，放下架子，发扬民主，平等地与他们沟通，增进了解，讲事实，摆道理，倾注真情，消除被教育者的“逆反心理”和抵触情绪，做到以情感人，以情动人，开启对方的心灵。通过潜移默化、润物无声的渗透式教育，来拨开受教育者心头的迷雾，提高他们的党性修养。

3. 要把层次性和统一性结合起来

由于主客观因素的影响，党员青年教师的思想政治状况表现出比以往更加多元和复杂的趋向，这就要求党性教育对每一个党员青年教师的个性予以更多的关注，要因人施教，正确处理好个性和共性的关系。党性教育既要有统一的目标、统一的要求，更要注重不同个性、不同对象，要一把钥匙开一把锁，切忌“一刀切”、“一锅煮”。

4. 他律和自律结合起来

党员青年教师进行党性锻炼离不开党组织的教育和同志们的帮助，但最主要的是自觉地改造思想。在对党员青年教师进行党性教育过程中，学校要注意发挥他们的积极作用，发挥他们的主体意识与参与意识，引导他们主动参与教育工作，使他们在参与中自觉找差距，做到他律和自律相结合，在方法上实现从被动接受教育向自我教育、自我提高转变，从而真正做到在任何时候都能处处严格要求自己，“一日三省吾身”，慎独、慎微、慎行，自觉做“一个高尚的人，一个纯粹的人，一个有道德的人，一个脱离了低级趣味的人，一个有益于人民的人，一个爱岗敬业、教书育人的人师”。

人是需要一种精神的，作为教育排头兵的党员青年教师更需要一种精神的引领。“敢为人先、务实进取、倾情教学、敬业奉献”指的就是新时期教师的那勇气，那品格，那胸怀，那情操。它们是对“新时期党员青年教师精神”的高度概括。加强党员青年教师党性教育，将使这种根植在党员教师精神中的优秀品质，得以提纯与升华，并更具时代特征，继而成为我们广大教师应对教育未来的挑战、开拓创新、继续传承人类文明的强大精神动力。相信，这强大的精神动力一定会产生强而有力的凝聚力和向心力，为学校的新发展带来无限的生机与活力。

2007 年 9 月

参考资料

1. 高金海，曹玉海．当代西方政治制度．北京：中共中央党校出版社，1995.

2. 俞可平．政治学通论．北京：当代世界出版社，2002.

3. 马克思列宁主义基本问题编写组．马克思列宁主义基本问题简明教程．北京：中共中央党校函授学院，2001.

4. 邓小平理论基本问题编写组．邓小平理论基本问题简明教程．北京：当代世界出版社，2003.

以尊重点亮生命，用责任缔造安全

——海珠区江南新村第二小学申报广州市安全文明校园自评报告

一、办学概况

广州市海珠区江南新村第二小学创办于1988年，是广东省足球传统项目学校、广州市体操传统项目学校、海珠区体育实验学校。学校占地9 900平方米，建筑面积7 185平方米，教学班18个，在编教师45人，在籍学生825人。校园环境幽雅，教学设施设备先进。学校运动区与教学区自然分开，建有体育楼和运动场，具备游乐场、足球场、羽毛球场、篮球场、网球场、200米四线环形塑胶跑道、100米六线直线塑胶跑道和25平方米标准游泳池。学校有一支优良的干部教师队伍：大专学历以上的教师占97.7%，其中本科学历的占81.8%，有13人分别被聘任为市特约教研员、市学科研究会理事、区级教育学会专业委员会会长、理事和学科教研中心组成员等，成为学校学科或教育科研的带头人；有1人被聘为广州市中级人民法院特邀陪审员和区人民法院人民陪审员。

学校坚持把创建安全文明校园列入学校重要议事日程，以生命的视角关注师生的健康成长，以尊重点亮生命，用责任缔造安全，形成了“以师生自主发展为本”的办学理念和“依法治校、文明育校、科研兴校、质量立校、名师强校”的办学策略，力求给师生营造安全文明、和谐共生的精神家园，使每一位学生获得全面和谐的发展，努力创建一所传承人类文明的知识学校、书香四溢的文化学校、走向世界的体育特色学校。

二、安全文明工作实施情况、成绩和特色

（一）领导重视、认识到位、理念先行

1. 以人为本，尊重生命

我校十分关注师生的安全文明教育工作，校长认为，摆在学校工作首位的是安全工作，切实保证师生的安全是我们义不容辞的责任。因为安全关乎每一个家庭的幸福，没有安全的保障，学校的发展也就无从谈起。为此，我们把安全文明教育作为落实“以人为本”的根本性教育来抓，作为促进学校持续发展的基础性工作来抓，把“尊重生命，缔造安全”作为一切工作的根本前提，在师生生命安全得到充分保障的基础上，通过教育有效提升师生精神价值，促进师生生命成长的可持续发展。

2. 组织健全，齐抓共管

为了使安全文明教育落到实处，使之常态化、制度化，学校成立了安全文明教育领导小组，校长赖海虹亲任组长，把安全文明教育纳入每学期学校工作计划和教导处的德育与教学工作总体计划之中，设立德育、安全文明工作领导小组，共青团、少先队、社会治安综合治理组织机构健全，每学期定期组织召开安全文明教育行政专题研讨会，学习有关安全文明教育的法律法规，研究学校进行安全文明教育的内容、途径，具体部署落实推进安全文明教育工作。为了帮助教师牢固树立安全文明意识，及时掌握安全文明教育的先进理念和教育方式方法，了解安全文明教育的最新信息，学校每学期都通过政治学习，聘请专家讲座，组织教职工学习相关的法律法规以及规章制度，并把安全管理的制度分解细化，融入学校各个工作岗位的职责之中，使广大教师提高认识，明确教书育人、管理育人、服务育人的职责，树立科学的教育观、人才观、质量观，同时摆脱认识上的局限，站在新的高度、新的视角，审视和反思自己的教育教学行为，使教师对过去不以为然的事情加以重视，从细节入手，改变自己的教育教学方式，强化安全文明意识。

（二）积淀健康文化，提升精神风貌

1. 坚持把礼仪教育和法制教育作为教育重点

学校注重德育的针对性、主动性、实效性，以学生自主管理为核心，以科学化、规范化评价为依据，以丰富多彩、生动活泼的德育活动为途径，以礼仪教育和法制教育为主要内容，促进学生健康、全面、主动地发展，使全体师生对学校安全文明校园的创建工作有较高的知晓率和参与率，使学校成为传递“五爱”教育和奠定生命发展的场所。

2. 开展富有特色的德育活动，增强教育的有效性

我校充分发挥爱国主义教育基地的教育功能，组织学生参观学习，了解先进人物，树立学生的民族自尊心和自豪感。我们还开设学生论坛，如“新时代的雷锋精神”红领巾论坛，谈非典英雄叶欣、民族英雄邓世昌等伟大人物事迹；结合重大节日或纪念日，我校进行形式多样的主题爱国主义教育，如“说标准普通话，做自豪中国人”庆国庆活动、“健康生活，我能行”体育文化节活动、“安全文明伴我行”知识竞赛、“民族精神，千古传颂”主题队会、“争当诚信小标兵”活动等。我们还开展了“最是书香能致远”的校园文化活动，有班级读书角的好书推介活动、每日古诗吟诵活动、教师诗文鉴赏比赛、学生经典美文集体诵读比赛、学生童谣创编、写读书笔记、手抄报展评以及跳蚤书市等活动，使同学们在阅读中关注社会，关注生活，学会真善美，在竞赛中感受成功与自信。此外，我们以广州申办亚运为教育契机，教育孩子们放眼世界，胸怀祖国，提出“爱我广州、爱我校园、用微笑支持亚运”的宣传口号，并着重从衣、食、住、行、言、交、娱等方面对学生进行文明礼仪教育，开展“喜迎亚运，争当五好小公民”等

主题队活动，增强学生社会公德和文明素养。

3. 规范文明言行，提高安全文明意识

小学是人生的基础阶段，是各种习惯的训练、习得、养成阶段。抓好养成教育，对孩子一生的发展至关重要。养成教育是学校德育工作的基础，我校在抓好《小学生日常行为规范》教育的基础上，继续开展“养成道德好习惯”活动，开展“告别不文明”、“我向学校献良策”、“寻找不道德的细节”教育活动，充分发挥学生的主体作用，逐步使学生从“要我这样做”转变为“我应该这样做”，使良好的行为习惯内化为自觉的行动。我们坚持把课堂教育作为德育的重要阵地，结合学科特点，有机渗透安全文明教育，把安全文明教育融于队活动中，结合班队课、传统节日、纪念日开展丰富多彩的少先队养成教育的系列活动，并利用生动活泼的走廊警示语，督促学生养成良好的习惯，形成良好的德育氛围。此外，我们还注重加强班级文化建设，树立班级形象，争创班级特色，进行文明班、星级班和文明风采的评比活动。

4. 加强法制安全教育，提高学生自护能力

实践证明，只有增强学生法律意识，提高依法办事的能力，学生的健康成长、和谐发展才有可能实现。我校组织学生学习《未成年人保护法》，观看电影《为了明天》、《中小学生交通安全宣传篇》和《防火教育系列》视频教学片；结合普法宣传日开展各种形式的教育活动，如“校园拒绝邪教”活动、“珍爱生命、远离毒品”教育活动；聘请江南中街派出所的警员陈树茂为师生上了一堂生动的法制教育课，通过典型案例教育广大学生，让每位学生遵纪守法，懂得如何以法律为依据保护自身合法权益不受侵犯，教育师生远离黄、赌、毒；邀请广州法制讲师团讲师邹显栋律师开展“远离网吧”讲座，海珠区文明办公室主任杨崇斌也多次为我校师生进行安全文明教育讲座。法制教育使学生在养成行为规范方面有了明显的提高。在“全国中小学生安全教育日”当天，我校结合教育部《中小学生公共安全教育指导纲要》，通过队活动启动了校园“安全天使计划”。整个安全天使计划将分为常规项及优异项，结合雏鹰争章的方式将队员的安全学习及安全表现记录在“安全天使守护卡”。常规项包括：①在不同时段进行“防空”、“防地震”、“消防”等知识讲座；②进行模拟逃生演习；③期末按开展的讲座内容进行全校性安全知识问卷竞赛；④期末学生的综合表现由同学互评和老师评，活动后由中队长在守护卡上加盖安全“常规章”。优异项包括：①表彰各中队在逃生演习中表现出色的队员；②开展校园安全警示语征集并评选出优秀作品；③结合我校“大眼睛”小记者站开展安全天使大眼睛活动，查找校园设施的安全隐患和同伴的不良行为，提出相应对策和参与投稿，积极参与“优异项”活动的队员在活动后由大队部在守护卡上加盖安全“优异章”。通过整个学期的安全天使计划使队员在面临突发安全事件时，懂得自护、自救、防灾和逃生的方法，最大限度地预防安全事故发生和减少安全事件对孩子们造成的伤害。结合交通安全教育，

学校还组织学生积极参与“羊城之夏”之文明出行宣传活动和“小手拉大手，文明齐出行”暑期活动，让学生向市民派发宣传教育单，向父母、亲人进行“文明出行”交通安全知识宣讲。

5. 加强与家庭、社区的联动和实践活动

家长是子女的第一位教师，在子女的成长过程中扮演着无可替代的角色。我们通过上门家访、网络联动、家长学校等方式，让家长了解学生在家生活、在校学习的行为规范，使孩子在家长指导下，加快常规养成。我们还邀请教育专家为家长作“校园伤害事故处理方法”、“做个聪明的家长”等讲座，以提高家长素质，改善家教方法，力求使更多的家庭营造一种和谐、民主、平等的人文环境；向家长发放《致全体家长的一封信》，向家长宣传我校安全规范制度，携手共同为孩子营造一个安全的成长环境；每逢寒暑假前，学校派发《致全体家长的一封信》，指导家长在假期里配合学校进行安全教育，让孩子们度过安全、文明、愉快的假期。我们还结合社会实践活动，组织学生参加校外教育活动，深化对学生的安全文明规则意识与行为的教育，强化学生的环境公共规则意识、安全意识与文明素养，增强学生对责任和义务的理解，进而培养责任感和义务感，塑造良好的人格素养。此外，我们还主动与海珠区教育局思政科、江南中街综治办等共建单位联系，争取他们的支持和配合，共同关注少年儿童的生命安全。例如，2006年，广州市咪表建设作为城市建设工程在各区各街开展起来，我校门前原本很窄的路段也成为咪表建设的一部分，车辆的停放使学生放学的路段存在极大的安全隐患，我们与咪表公司多次交涉未果，于是向思政科以及街道综治办汇报了情况。上级领导对此十分重视，迅速落实措施，撤销学校门前所有的咪表以及停车黄线区，以保障师生、群众的生命安全。确实，学校不能关起门来办教育，必须争取各界人士的支持与协助，才能有效促进学校的长治久安、和谐共进。

6. 关爱学生，开展心理健康教育

学校按照课程计划，利用班会、品德课开设心理健康教育课程，课堂上老师通过创设活动情境，引导学生参与心理活动，获得心理体验，逐步把心理健康知识转化为心理健康品质。为了进一步巩固和提升全体学生的心理健康水平，学校协同中山大学心理系的教授、研究生为有需要的学生提供及时的心理辅导，对个别行为有偏差的学生，开展心理治疗活动，并且对《小学生情绪调节与良好情感的培养研究》和《发展性阅读困难研究》作出初步的探究。

（三）尊重生命需要，完善安全机制

学校注重校园文化氛围，在教学楼的通道走廊上挂上大幅主题为“生命至上和谐共进”安全文明教育的宣传版画和安全文明警示语句。同时，学校健全和完善各项安全管理制度，建立门卫制度、校内安全定期排查、处理和报告制度、消防安全工作制度和消防责任制度、学校卫生管理制度、食品卫生安全管理制度、学校传染病防疫制度、学生安全信息通报制度、校车及行政用车和私人用车的安全管理制度、校园网络管理制度、安全事故应急处置预案、自然灾害应急处置预案、公共突发事件应急处置预案、突发性群体事件应急处置预案、交通安全工作制度和交通安全责任制度等各项安全防范管理制度，做好各项检查和整改工作。学校保证资金投入，将防范工作纳入规范化管理，把机防与人防结合起来，构建一套行之有效的现代校园电子安全体系防范体系，尽力消除影响校园稳定的不安全因素，孕育校园安全的制度文化，营造一个安全温馨的和谐校园。

在2007年的开学典礼上，海珠区校园“两评三聘”工作启动仪式在我校进行，学校向来自江南中街派出所、司法所和社区服务中心的三位同志分别颁发“法制副校长”、“法律顾问”、“卫生指导员”聘任证书，这项活动一方面标志着海珠区校园在广州市率先尝试的“两评三聘”工作全面启动，另一方面更促进了我校创建安全文明校园活动的进程。

（四）效果显著，果实累累

创建安全文明校园，使我们校园安全祥和、整洁明亮、优美高雅、秩序井然。学校环境美了，师生心灵更美了，师生关系也更加和谐了，大家团结一致，共同成长，共同进步，使学校处处绽放出动人的光彩：学校先后获得中国足球重点中小学、省特级档案综合管理单位、广州市群众体育先进单位、广州市爱国卫生运动模范单位、广州市学校民主管理工作三星级单位、广州市岭南民间美术特色（剪纸）学校、广州市动漫创作特色学校、广州市德育特色学校、广州市首届语文学科优秀科组、广州市《岭南少年报》优秀小记者站、《现代中小学生报》优秀学生记者站、广州市南方少儿频道最活跃DV小记者站、区先进单位、区校本培训先进单位、区2004—2006年先进基层党组织、区2002—2006年离退休工作先进集体、区体育工作先进单位等多项荣誉称号；学校足球队2004、2005年连续两年代表中国少年足球队出征法国参加“达能少年国际杯”全球总决赛，体操队今年代表海珠区参加广州市第十四届运动会，荣获13枚金牌，位居市金牌榜第一、总分第二，并获“体育道德风尚运动队”称号，为市、区的体育事业作出突出贡献。

三、存在的问题及努力方向

（一）虽然学校取得了一定的成绩，但也存在不足

（1）有极个别学生的文明行为偏差大，安全防范意识比较弱。

（2）老师辅导有“学习障碍”、“情绪障碍”的学生的技能不高。

（二）为了改进薄弱环节，今后学校要加强以下的工作

（1）进一步健全制度，加强有效管理，保障运行机制，提高育人本领。

（2）加强学校、家庭、社会的协同教育，进一步优化育人环境。

四、自评得分情况

我校认真对照《广州市学校安全文明校园评估指标体系表》的逐项指标，进行实事求是的量化打分，自评结果如下：组织领导得19分，安全保卫得39分，学校及周边治安综合治理得10分，校园文明得29分，总分为97分。根据上述得分情况，我们认为我校符合广州市安全文明校园条件，特申报广州市安全文明校园。

我们的教育是师生享受生命的教育，是办好人民满意的教育，如果生命不保，谈何教育？为此，我校将继续把安全文明创建工作放在教育工作的首位，不断完善各项安全管理机制，促进学校和师生共同健康和谐发展！愿我们都能如热爱生命般地热爱学校，以尊重点亮生命，以责任缔造安全，关注师生的生命成长，使学校的生命焰火焕发出更动人的光彩！

2007年12月25日

生命之花，在和谐关爱中绽放

一、办学概况

海珠区江南新村第二小学是一所已创办20年的公立学校，2005年学校晋升为广东省一级学校。学校占地9 900平方米，建筑面积7 185平方米，教学班19个，在编教职员45人，在籍学生820人。学校校园环境幽雅，教学设施设备先进，有一支优良的干部教师队伍，大专学历以上的教师占97.67%，其中本科学历的占74.4%。

近年来，区委、区政府始终把加快教育均衡发展、全力打造五彩海珠作为构建和谐社会的重要内容来抓。我校更是抓住机遇，以生命的视角关注师生的发展，力求给师生营造最大的发展空间，使每一位学生获得全面和谐的发展，努力创建一所传承人类文明精髓的知识学校、书香四溢的文化学校、走向世界的体育特色学校。

二、依法治校，为师生的生命成长奠基

教育的过程就是师生享受生命的过程，办好人民满意的教育就是让学生生命个体得到更充分的尊重与发展，让教师的生命价值得到更充分的体现与提升。我校一直重视依法治校工作，注重人文关怀，尊重师生人格，维护师生合法权益，营造和谐幸福家园，鼓励教职工积极参与民主管理，积极投身学校的改革与发

展，让学校在持续发展中充满生命与活力。2007 年，我校积极创建广州市依法治校示范学校和广州市安全文明校园，以尊重点亮生命，用责任缔造安全，关注师生的生命成长，使学校的生命焰火焕发出更动人的光彩。

三、“三大工程”的积极推进是学校持续发展的重要保障

（一）推进健康教育工程，全面提高学生身体素质

生命在于运动，它不仅带给学生健康，还带给学生终身幸福。区委区政府、教育局领导一直以来关心青少年的健康成长，大力发展海珠体育事业。1998 年 7 月，由区政协牵线，爱国华侨梁仲彭先生为学校捐资兴建了体育馆；2005 年 9 月，区政府再次投入 300 多万元对运动场进行综合改造，修建了 200 米环形塑胶跑道、人造草坪足球场等运动场。学校积极推广“大课间”、“自编操”、“健康舞”等体育文化活动，保证学生每天 1 小时体育活动时间，促进师生身心发展。我们还把体育特色工作深入到每一个师生家庭，向社会开放宽敞的体育场地，倡导大家都来积极响应国家的“全民健身计划”。

（二）推进信息化工程，加快教育技术现代化进程

信息技术是促进师生交流和资源共享的有效平台。区委、区政府率先提出了“以教育信息化带动教育现代化”的建设目标，有步骤地对学校进行多媒体电教室、校园网及“教育 e 时代”工程的建设，每年对教师的教育信息技术进行全员培训。如今，我校信息技术教育装备先进，具有现代远程教育功能的教育网络系统，实现校校通、班班通；教师每人一台液晶计算机，学生每 5 人一台计算机；教师学习信息技术的热情高，今年，学校 100% 的教师通过远程教育信息技术考核。

（三）推进名师工程，促进教师专业化发展

教育大计，教师为本。近年来，我区不断加强师资队伍建设，在推进名师工程，实施“外引内培”策略方面进行了很好的探索。例如，建立面向全国公开招聘教师的平台，指导学校公平、公开、公正地选拔和引进教育优秀人才；又如，创设干部挂职学习交流、名师和名校长评选等机制，大胆启用和考察、锻炼年轻干部、教师，让他们充分发挥才智。在区委区政府、区教育局的高度重视下，我校积极推进名师工程，通过校内、校外等多层次培训，一批教学骨干脱颖而出。2007 年 1 月，雷婷副校长光荣当选广东省语文特级教师和区首批“名教师”，现有 13 名教师分别被聘任为市特约教研员、区级教育学会专业委员会会长、理事和学科教研中心组成员等，成为市、区、学校学科或教育科研的带头人。

学校的腾飞、教育的发展、师生的生命成长离不开区委、区政府的亲切关怀，离不开区教育局的悉心指导！教育强区的创建工作，让学校在和谐关爱中绽放新的辉煌：学校先后获得广州市依法治校示范学校、广州市安全文明校园、广州市群众体育先进单位、广州市体育传统项目学校先进单位、广州市岭南民间美

术特色（剪纸）学校、广州市德育特色学校、广州市首届语文学科优秀科组、广州市《岭南少年报》和《现代中小学生报》优秀小记者站、广州市南方少儿频道最活跃DV小记者站、区先进单位、区校本培训先进单位、区先进基层党组织、区离退休工作先进集体、区体育工作先进单位、区艺术工作先进单位等多项荣誉称号；学校足球队、体操队在市区比赛中多次取得优异成绩，为市、区的体育事业作出突出贡献。

我们将继续抓住机遇，理清头绪，调动师生热爱学校、发展学校的积极性和创造性，进一步促进学校健康、和谐发展。

2008 年 11 月

依法治校，为师生的生命成长奠基

随着科教兴国战略的实施和依法治国方略的确立，依法治校已成为21世纪学校管理的必然选择，国家教育法律法规的颁布实施为学校依法治校、依法治教提供了强而有力的法律保障。在海珠区教育局领导的关心和指导下，我校坚持依法治校，以生命的视角关注师生的发展，形成了“以师生自主发展为本”的办学理念和“依法治校、文明育校、科研兴校、质量立校、名师强校”的办学策略，力求给师生营造最大的发展空间，使每一位学生获得全面和谐的发展，努力创建一所传承人类文明的知识学校、书香四溢的文化学校、走向世界的体育特色学校。

一、从“师生生命成长”的视角强化依法治校的办学思想

教育的过程就是师生享受生命的过程，办好人民满意的教育就是让学生生命个体得到更充分的尊重与发展，让教师的生命价值得到更充分的体现与提升，并与学生一道收获成长的幸福。加强依法治校是贯彻党的十七大精神，为师生生命成长而服务的重要举措，是实现办好人民满意教育的重要保障。为此，我校全体教职工统一思想，充分认识推进依法治校工作的重要性和必要性：实行依法治校，就是要全面贯彻教育方针，坚持教育为社会主义现代化建设服务，为人民服务，培养德智体美全面发展的社会主义建设者和接班人；实行依法治校，就是要尊重学生人格，维护学生合法权益，形成符合法治精神的育人环境，不断提高学校管理者、教师的法律素质，提高学校依法处理各种关系的能力；实行依法治校，就是要完善学校各项民主管理制度，实现学校管理与运行的制度化、规范化、程序化。

在依法治校办学思想的指引下，学校确立“以师生自主发展为本”的办学理念，不仅要培养高素质的学生，更要培养高素质的教师，只有教师发展，学生才

能发展，只有师生共同发展，学校才能获得持续的发展，教师的发展与学生的发展同等重要。这种认识要求我们公正选用人才，任人唯贤、任人唯能，为发挥每一个师生的潜能尽心竭力，为每一个师生的成功建造舞台，让每一个师生都成为有用之才，让每一个师生的生命释放辉煌。这样的办学理念，鼓励了教职工以不同的形式积极参与民主管理，热情投身学校的改革与发展，使我校的人才资源变得越来越丰富，让学校在持续发展中充满生命与活力。

二、注重法制宣传教育，增强师生法制观念

（一）利用学校宣传阵地，创设法制教育大环境

教育环境是影响学生的一种现实力量，只有在良好的育人环境中，学生的健康成长、和谐发展才有可能实现。我校由校长、党支部书记、德育主任、校内外辅导员、法制副校长、法律顾问组成“教育法规宣传工作”领导小组，以学校行政会议、党组织生活和教职工政治学习为主阵地，以理想信念教育、纪律作风教育、职业道德教育、法制教育等为主要内容，有目的、有计划地开展法律法规宣传学习活动。此外，我校还充分利用宣传橱窗，定期张贴法制教育图片，使全体师生增强法制观念和是非辨别能力，从而做到学法、知法、守法。学校注重教育设施的投入和建设，在净化、美化校园的同时，营造良好的教育氛围。

（二）落实师生学法制度，提高依法治教的本领

为了提高广大教职工依法治教的本领，学校落实学法制度。校长亲自给教职工上法制教育课，如“依法治校，杜绝教育违法行为”、“在新课程改革中的师德建设”、“中小学幼儿园安全管理办法”解读等；行政干部、党员带头并带领全体教职工反复学习《教育法》、《义务教育法》、《教师法》、《未成年人保护法》、《学生伤害事故处理办法》等教育政策法规的学习，并组织干部学法考试；学校每年都会邀请法制副校长、法律顾问、家长代表来校作法制安全专题讲座；学校还充分利用本校有一名教师是广州市中级人民法院特邀陪审员和区人民法院人民陪审员的有利资源，及时搜集校园法制教育的信息，针对学校各时期的教育中心或学生的思想动向，德育主任、总辅导员及班主任会及时对学生进行法制、安全文明等教育；根据区课程计划，四年级开设廉洁修身教育专题课，五、六年级学生进行《中小学法律读本》教材的学习，通过课程学习，端正了学生学法的态度，增强了学生的法制意识。学校还结合普法宣传日组织各种形式的体验教育活动，如“校园拒绝邪教”活动、“珍爱生命、远离毒品”教育活动、“平安行动”手抄报比赛、法律知识竞赛、文明班星级评比等，使学校形成人人学法、人人用法、依法办事的良好氛围。2007 学年开学伊始，海珠区校园“两评三聘”活动启动仪式在我校举行，启动仪式上，我校继聘请学校法制副校长之后再聘请了学校法律顾问和卫生指导员，此举在广州市开了先河，使校园安全文明和法制教育工作不断深化。几年来学校无师生违法犯罪记录，没有发生重大事故和违法案件。

学生操行优良率在98%以上，后进生转化率在85%以上。

三、构建管理机制，促进民主管理

学校民主管理包括民主决策、民主评选、民主监督、民主渠道等多方面的内容，如果仅仅强调某一方面，民主管理都是不充分的、不全面的。因此，我校构建刚柔相济的民主管理机制，在扩大学校民主方面进行积极探索。

（一）建立校长目标责任制

一个目标能凝聚众人首先源于大家对它的认知。为此，我们先后以“我为江南二小发展献计献策”、“学校发展，我成长”为主题，召开了师生论坛、学校与社区互动的研讨会，收集家长、学生的“致校长的一封信”，其目的是让教师们了解社会对学校发展提出的新要求，用更广阔的视角共同规划学校的发展目标，用每一个人的智慧共同打造学校的未来。在校长的引领下，老师们兴致勃勃地参与共商学校发展大计的论坛活动，从学校的优势、劣势、机遇、挑战四个方面分析学校的现状和发展前景，初步制定了近期目标和远期目标。为了实现共同的愿景，我们落实校长负责制，认真排列实施目标的优先次序，分层、分步地带领全体教职工有步骤地实施目标管理，把校长的办学思想、办学理念逐步内化为全体教职工的教育教学行为。激励大家各守其位、各司其职、互相尊重、密切合作、发挥团队精神，精诚协作，不断完善和形成运作畅通、高效优质的目标管理机制。实践证明，凝聚人心的目标，更能促进学校的持续发展，使学校在2003年至2005年三年间实现晋升为广州市一级学校、广东省一级学校的跨越式发展。

（二）完善教代会和校务公开制度

第一，我校落实领导班子廉政建设措施，坚持自律与他律相结合，做到严于律已、不假公济私、不贪污受贿、不图谋私利、不搞个人特殊。

第二，我校坚持把教代会作为教职工实行民主管理和民主监督的基本载体，坚持依靠教职工办学的原则，把教代会的工作列入党政工作安排，做到按时换届，能集中教代会成员集中培训，宣讲教代会的地位与作用，介绍教代会的职权与任务，引导代表正确履行自己的职责，加强教代会的思想建设。党支部及学校行政领导定期听取有关教代会的工作汇报，并积极落实教代会各时期的各项决议，与教代会共商学校工作中的各项大事。如征询教师对学校各项工程建设的意见，向教代会公布学校工程建设、维修、招标投标及资金的使用情况；每学期公开一次学校预算内外经费的收支情况。2002学年，新校长上任后，教职工提出各方面促进学校管理的意见，学校又要申报广州市一级学校，可谓“多事之秋”。幸好我们依靠了教代会，在每遇到一个问题时，都征求大家的意见，通过多方调研，教代会多次慎重讨论，我校修订了《江南新村第二小学管理制度》，取消了教职工周六、日值班的制度，增加了对教师奖惩的具体要求，向全体教职工明确了学校在对待有困难或家庭遇到变故的教师的慰问情况，使管理工作富有人情味，也做到制度化、规范化。比如，2004 学年，海珠区开始对基层学校单位实行公费医疗的限制，为了更好地保障学校全体教职工的权益，让广大教职工实事求是地享受区公费医疗，我校经过行政会议、退休教师代表会及教代会反复研究，本着“以人为本、互帮互助”的原则，制定了《海珠区江南新村第二小学统筹互助公费医疗管理办法》。在老师们的团结互助下，三年来学校的总医疗费没有超支。

第三，在教师办公室的工会墙报上设置了“校务公开栏”。这个栏目专门用于公开学校的重大事情，如学校的改革方案、人事的重大举措、教职工年度考核优秀公示、教师职称评定、评优公示、教职工每月福利的月结表等。学校还充分利用校园网以及内部 OA 无纸化办公网络系统，设置“校长通知”栏，公开学校校长三年任期目标、学校五年发展规划、学校学年工作计划、一周行事历等，让每一个教职工了解校长的办学目标，积极参与学校管理。

第四，坚持校务会议制度。我校校务会议的渠道有校级干部会议、行政班子会议以及教师校务会议，研究学校的人事、财物、管理，平衡上级和下级、老师与老师、老师与学生等各种关系。对于重要决策、重要改革、教代会决议等，我校还会利用教师学习的时间召开校务会议，以求让全体教职工达成共识，统一步调，也让老师对一些工作知道、了解后，提出合理化意见和建议。例如，组织领导干部进行每年一度的述职评议工作，汇报廉洁自律情况，接受群众的监督；又如，2005 学年我们进行了三项改革：一是聘请街道社区中心的阿姨看管学生吃午餐和午休，减轻教师非教学的工作量；二是取消星期五下午的培训班，以用于教职工的校本培训和学校工会组织活动；三是实行学校后勤管理社会化的探索，减轻师生劳动的负担。这些改革都是采纳了老师们提出的意见和建议。我们还在校务会议上对师生热点关注问题进行公开，增大透明度。

四、注重人文关怀，促进师生成长

作为校长应该清醒而又敏锐地认识到，学校制度的建立并不意味着学校制度文化的形成。制度的建立，使管理有了依据。但是在社会不断进步，人文文化日益凸显，人身的价值、生命的意义备受关切的今天，我们应从生命的视角来反思和改进我们的学校管理，用真诚的人文关怀来凸显师生的生命价值，不断促进师生健康、幸福地成长。为此，我们始终立足学校和教师的实际，以唤醒教师的内在发展需求和他们对职业生命价值的认识与追求为出发点和落脚点，通过民主管理、服务型管理，体现对师生的人文关怀，不断发现学校潜在的积极力量，拓展学校发展的空间。

（一）“一个注重”：注重教师对改革的认同

“一个注重”即把民主与集中结合起来，以获得教师的认同，努力实现“四个转变”：将改革转变为学校和教师发展的共同愿景，转变为教师职业生涯的价值取向，转变为团队认同的工作目标，转变为改进教育教学的实际行动。为此，我们在推进每一项教育改革的同时，都认真组织全体教职工不断对改革进行补充和完善，广泛听取群众的意见，争取大家的认同和理解，这为教师自觉、自愿地开展教育改革、认真开展教育教学工作奠定了坚实的基础。

（二）“一个体现”：体现以人为本的管理理念

“一个体现”即把管理与服务结合起来。我们倡导“教育就是服务”的理念，在推动学校规范化发展过程中，我们注重突出“三个服务”：干部为教师服务，教师为学生服务，过程为效果服务。例如，为教师提供信息资源服务。订购报刊书籍，充实教师阅览室；建设校园网，创建教育教学资源库，鼓励教师上网查阅信息，制作与收集优秀课件设计、优秀教学案例等。又如，尽心满足教师外出参观听课、参加学术活动和培训的需求，邀请特级教师、市区教研室的专家来校讲学，与教师直接对话，为教师的课改研究提供理论与实践的指导。此外，行政人员勇当课程改革的领跑人：雷婷副校长亲自为教师上研究课、示范课，充分发挥“广东省语文特级教师”的带头示范作用。

（三）“多个渠道”：形成校内外的教育合力

“多个渠道”即指学校与社区、家庭、共建单位等建立良好的沟通桥梁，形成教育合力。我校坐落于广州市首条“全国购物放心一条街”的江南西路，教育资源极为丰富，消防中队、区检察院、江南中街办事处、江南中街司法所、社区中心等学校共建单位都给予我校大力的支持与帮助。学校还有丰富的家长资源，家长们通过建立家长委员会，定期召开家长委员会和社区精神文明共建单位座谈会，认真听取社区各界意见和建议。学校每年开展家长开放日活动，让家长在了解孩子学习的同时，对学校教育教学工作进行监督。我校还利用学校网站建立学校和教师、学生、家长、社会的沟通渠道，通过网络交流，不断调整老师的教育策略，不断改进学校的教育教学工作。我们还定期召开学生座谈会、教师座谈会、离退休教师座谈会、统战工作座谈会，向他们报告学校的发展态势，听取他们对学校的意见和建议，争取他们的支持和监督，形成校内外管理的合力。

我们深深感到：注重人文关怀，增强服务意识，推行依法治校既是对领导权力的制约和监督，同时又加强了全员对学校领导工作的支持和有效管理。在2006学年的教育政风行风评议活动中，广大教职工、学生以及家长对我校的总体评价比较高。学生调查问卷表示“满意和基本满意”的比例为99.7%；教职工调查问卷表示“满意和基本满意”的比例为100%；家长调查问卷表示“满意和基本满意”的达到100%。学校在接受江南中街行评团的评议中受到表扬，反映出良好的社会影响和效果。

反思这几年来学校在依法治校方面所进行的种种努力，我们珍惜那充满艰辛、也充满喜悦的探索过程。它使我们体会到：只有依法治校，才能促进师生和学校的和谐发展，也只有依法治校，学校的腾飞、教育的发展、师生的生命成长才有根基和保障！学校开展依法治校，促进学校规范、有序地发展：学校先后获得广州市一级学校、广东省一级学校、省特级档案综合管理单位、广州市依法治校示范学校、广州市安全文明校园、广州市群众体育先进单位、广州市体育传统项目学校先进单位、广州市爱国卫生运动模范单位、广州市学校民主管理工作三星级单位、广州市岭南民间美术特色（剪纸）学校、广州市动漫创作特色学校、广州市德育特色学校、广州市首届语文学科优秀科组、广州市《岭南少年报》和《现代中小学生报》优秀小记者站、广州市南方少儿频道最活跃DV小记者站、区先进单位、区校本培训先进单位、区教育系统先进基层党组织、区教育系统离退休工作先进集体、区体育工作先进单位等多项荣誉称号；学校足球队2004、2005年连续两年代表中国少年足球队出征法国参加“达能少年国际杯”全球总决赛，体操队今年代表海珠区参加广州市第十四届运动会，荣获13枚金牌，位居市金牌榜第一、总分第二，并获“体育道德风尚运动队”称号，为市、区的体育事业作出突出贡献。

民主是时代的精神，也是改革的主旋律，推进依法治校是新时期形势下的必然使命，是推进学校全面落实素质教育、深化教育改革和持续发展的重大任务和举措。我们将理清头绪，取长补短，关注师生的生命成长，调动师生热爱学校、发展学校的积极性和创造性，加强依法治校，进一步促进学校的跨越式发展。

2009年1月

以科学发展观为指导，加强学校廉政文化建设

廉洁是教师为人之师的人格前提，是教师育人的品德基础，《中小学教师职业道德规范》第七条明确规定：教师要廉洁从教。为了不断提高教师职业道德素养，进一步规范廉洁从教行为，办好人民满意的教育，办好服务人民的教育，我校积极响应海珠区教育局开展的“廉洁文化进校园”教育活动，以科学发展观为指导，加强学校廉政文化建设。

一、加强廉政文化建设离不开科学发展观的指导

科学发展观是党中央从新世纪新阶段党和国家事业全局出发提出的重大战略思想，是统领经济社会发展全局的根本指针。廉政建设、文化教育是党和国家工作的重要组成部分，廉政文化建设作为两者相结合的产物，是学校落实科学发展观的必然要求，也必须要自觉地在科学发展观指导下开展和加强。

明太祖朱元璋在治理官员腐败上是用了铁腕政策的，但他很困惑：“我想清除贪官污吏，奈何早上杀了晚上又有犯的。”为什么贪官污吏敢于前赴后继？这

是一个很复杂的问题。缺乏正确的思想指导是原因之一。教师是太阳底下最光辉的职业，是整个社会素质比较高的一个群体，但在多元化的经济社会中，利欲熏心、有违师德的教师仍然存在。为此，以科学发展观为指导，加强学校廉政文化建设，必须要按照“全面、协调、可持续”的科学发展观核心理念，遵循以人为本，全面、协调、发展、深入地推进学校廉政文化建设。

二、在科学发展观指导下的学校廉政文化建设

（一）一个目的：为了师生的幸福和尊严

学校廉政文化建设说到底就是为了师生的幸福和尊严。教师也是人，人之所以是人的一个重要原因是因为人有人的尊严，人的尊严不可替代。在人类历史的沧桑巨变中，教师承担着传授知识、教化万民、继往开来的历史重任，正因为如此，教师有比较高的社会声望，这不仅是其职业的神圣，而且是绝大多数教师的无私奉献、表里如一、高洁的道德修养赢得了社会的尊重，也赢得了教师的尊严。尊严促使教师认识自己的人生价值，更好地尊重和认同自己的教师职业，更好地呵护每一个学生的自尊心，关心和欣赏每一个学生，体会他们的感受，包容他们的缺点，分享他们的喜悦，不断追寻教师职业的幸福。当一个教师内心充盈幸福的时候，将带给学生爱的感召和幸福的未来，因此，教师的幸福就是学生的幸福。

为此，廉政文化建设不是可有可无，不是只对干部的廉洁从政而言，也不是空喊口号而已，而是真真正正通过一种精神文化的熏陶引发每个教师内在的需求和动力，不断追求教师的幸福和尊严，感悟师生尊严、幸福同在的共识。

（二）两个层次：自主自律，提升思想境界

1. 道德底线层次

在第23届教师节上，温总理十分郑重地告诫那些被接见的师范生，其实也是告诫所有的教师：“外面的世界确实五光十色，诱惑很大，但我们必须要坚守道德底线，必须有正确的人生观、世界观，把自己的一切献给社会、献给人民、献给祖国。”就我们的理解，教师的道德底线在于对教师职业的热爱与忠诚，自觉抵制教育行业不正之风。要让教师守住道德底线，一方面靠教师道德自律，做到志存高远、淡泊名利，静下心来教书，潜下心来育人；另一方面需要相关法律法规的制约，让教师有章可循、有法可依、依法治教、依法办学。

2. 价值实现层次

教师是一个个活生生的人。马斯洛的需要理论告诉我们，人的需要分为生理的需求、安全的需求、社交的需求、尊重的需求和自我实现的需求。其中，自我实现的需要是最高层次的需要，教师在这方面尤为突出，他们期望得到他人的尊重，期望获得他人的关爱，期望得到他人的认可。一个教师如果终身从教，那么他（她）的人生旅程是由一天天日常的教育职业生活连接起来的。如果教师对日

常职业生活感受到的是痛苦，那么其人生显然是暗淡无光的。只有当教师受到信任和理解时，他们才会“士为知己者死”，并达到理想的思想境界，获得自我成长、内在尊严和职业生命的欢乐，每一天都充满着爱，充满着挑战与创造。作为校长，要尽可能发现教师在教育教学中的亮点，要努力去读懂教师，读懂他们教学行为背后的东西，如教育的观念、思想方法等。校长要从调动教师的积极性、能动性着手，采取多种激励手段，如目标激励、荣誉激励、信任激励、情感激励等。多为每个教职工的成长创造更为良好的环境和条件，如建立教育科研制度（积极鼓励教师开展科研课题研究，朝名师方向健康发展）、改进教育教学评价制度（以教师工作的主动创造性程度、学生个性潜能、创新意识被激发的程度）等保障机制，让教师们在一种团结、合作、充满人情味的校园廉政文化中，努力实现人生的价值，怀着幸福平和的心态不断耕耘，使学校成为每一个教师生命价值实现的绿洲。

（三）三个关注：关注学习、身体和情感

作为校长应该清醒而又敏锐地认识到，学校廉政制度的建立并不意味着学校制度文化的形成。制度的建立，使管理有了依据。但是在社会不断进步，人文文化日益凸显，人身的价值、生命的意义备受关注的今天，我们应以科学发展观为指导，关注教师的学习工作、身体状况和情感世界，进一步加强廉政文化建设，以唤醒教师的内在发展需求和他们对职业生命价值的认识与追求。

1. 学习反思

在教师培训学习时，我们引用省委书记汪洋同志说过的一句话：“一个国家、一个民族、一个区域只有解放思想，开放兼容，不断吸收新鲜空气和营养，才能完善自己，才能与时俱进。”这句话虽然针对社会的发展进程而言，但对于指导我们教师的工作同样意义深远，我们的学习既是工作，更是生活的一部分，学习就如同不断吸收新鲜空气和营养一般。现在，教师是一个怎样的事业？它是一个能够把人的创造力、想象力和全部能量、智慧发挥到极致的事业。因此，我们引导教师不能仅仅依赖以往的经验和知识，要不断学习、解放思想、不断用科学思想武装自己的头脑，才能拥有正确的人生价值观、道德观，拥有创造力、智慧，否则，连最起码的专业素养、专业品质也没有。我们通过讲座、对话、论坛等活动引导教师认识到，只有把握好自己才能更好地教育学生。无论学校以外的世界怎样眼花缭乱，怎样纷扰、浮躁，教师都要保证学校这片净土的神圣，讲台这方高地的崇高，教师这个称号的纯洁。怎样“把握自己”？就是自省、自修、自律。自省就是常常反省自己，看自己是不是一个合格的教师，离一个优秀的教师有多远，还有哪些缺陷，给自己一个准确的定位；自修就是不仅要针对自己的缺陷和不足去改正，去学习，去提高，还要不断地关心时事，随时关注外部世界的发展，永远保持与时俱进的学习态度，提高自己的职业素质；自律就是严格要求自己，端正自己的人格作风，在任何情况下不为利所动，不为名所驱，同时遵守国家法律、学校纪律以及职业道德。

2. 身体状况

身体是革命的本钱，是成就伟大事业的基本条件。拥有健康，才能获得人生的成功。长期以来，教师因为频繁地使用嗓子、站立上课和伏案工作而积下了如咽喉炎、颈椎病、胃病等多种职业疾病。如果不加以重视，必将影响到教师的身体健康，也影响到教育事业的顺利开展。为此，我们倡导教师劳逸结合，积极参加体育锻炼活动，比如，参加工会组织的羽毛球、篮球、乒乓球、爬山、趣味运动会活动以及师生共同参与的大课间体育运动、阳光长跑活动；学校还牢固树立全心全意为教育教学服务，为教职工服务的思想，不断完善教育教学设施，改善教师的办公条件，让教师工作起来舒心、愉快、有干劲、有活力。

3. 情感世界

教师往往是情感丰富的人，其情感世界不仅仅表达了个人的人格品性，还会对自己的教育事业产生重要的影响。由于现行教师编制数目的紧张，社会对教育的期望过高，应试教育的压力以及职业竞争等状况的存在，个别教师的情感世界发生了质的变化。如有的教师由于自身工作或家庭生活中的矛盾没有解决好，情绪调节自控能力不强，将个人在社会、家庭方面的失意、烦恼带到学校，错把学生当作自己发泄情绪的对象，将自己的负面情绪迁移于学生，或者用自己错误的人生观和世界观影响学生，造成对学生心理的伤害，甚至改变学生的世界观和人生观、学习态度和生活态度，这样会贻害学生一生。因此，关注教师的情感世界，关注教师的价值观是学校加强廉政文化建设的重要内容。

我们精心策划了教师团体辅导和教师个人事业发展规划交流活动，开设“因为，我是教师”的师德论坛和“爱心与智慧”的班主任论坛，校长、主任经常通过教育案例分析帮助老师学会控制不良情绪，以积极、乐观的心态直面困难，拼搏进取；以热情、诚恳的心态礼待他人、尊重他人、体谅他人。我们常常引用下面的话语与大家共勉：“教师也许改变不了教育的整体环境，但可以改变自己；改变不了教育的残酷现实，但可以改变自己的情感和态度；改变不了学生的过去，但可以改变学生的现在；不能控制他人，但可以掌握自己；不能样样顺利，但可以事事尽心；不能左右天气，但可以改变心情；不能选择容貌，但可以展现笑容；不能预知明天，但可以用好今天。不能改变别人，就只能改变自己。”哪怕困难再大，我们教师也要微笑地面对，以平和、阳光的心态迎接挑战，这也是教师的职业道德之一。

（四）五个配套：提供廉政文化教育的环境

1. 发挥课堂教学的主渠道

我们积极推进廉洁教育进校园、进课堂、进师生头脑，把廉洁教育纳入课程计划内，利用品德课、班会课通过多种形式开展以遵纪守法、勤俭节约、廉洁奉公为主题的课堂教育活动。

2. 营造风清气正的校园文化

我们坚持“以师生自主发展为本”的办学理念和“依法治校、文明育校、科研兴校、质量立校、名师强校”的办学策略。二十年来，我们坚持在师生中开展“文明生活、健康成才、和谐发展”和“廉洁从政、廉洁从教、幸福人生”主题教育活动，夯实了师生反腐倡廉的思想基础，打造了一个有利于学生健康成长的风清气正的校园文化氛围，这是学校义不容辞的责任。我们开展“廉洁文化进校园、进家庭”活动，与教师签订《廉洁从教承诺书》，每年在一年级新生家长会上，校长还向家长说明教师谢绝家长送礼的理由，表明教师的义务与责任。该活动旨在通过舆论宣传，形成家长对子女以身作则，老师对学生言传身教，学生对家长、老师随时监督的互动局面，建立起学校教师、家长、学生“三位一体”的反腐倡廉新教育体系，有效营造一个清廉、净化的校园环境。

3. 把廉洁教育融入师德教育中

推行廉洁教育，教育者要从自身做起。现在虽然老师当中有一些唯利是图者，但只求奉献的仍然有很多，我们把廉洁教育融入到师德教育中，加强老师的责任意识、廉洁意识、爱生意识，切切实实地从关注身边的教育现象、关注自我的教育行为、提高专业艺术为出发点，提高教师的职业道德水平，促进其自身的专业发展。我们师德教育的途径首先是用理论武装教师头脑；其次开展系列教育活动，在实践中提升教师职业道德，如开展“我为学生才华展示搭建舞台”的活动，做一件对学生有意义的事，加强师生间的情感沟通，开展禁说教育忌语的活动，学习修订后的《中小学教师职业道德规范》，学习四川地震灾区的优秀教师事迹，讨论“范跑跑”事件等；再次，把师德建设纳入法制化轨道，增强教师职业道德建设的自觉性，对教师职业道德进行考核，对违纪的行为及时记录，并将其作为年度考核以及绩效奖励的依据；此外通过学生、家长等各类座谈会、问卷调查，听取意见，接受监督，还通过评选“最受师生欢迎的教师”、“教坛新星”、“先进级组”、“先进科组”来表彰先进个体，树立典型，激励广大教师勤于修炼，人人争做学生欢迎、家长满意的教师。

通过这些丰富的活动，教师的思想得到升华，灵魂得到净化，教师们平等对待每一个学生，懂得了用委婉妥当的方式拒收家长的馈赠。学校廉政文化建设让教师收获的不仅是家长、学生反馈回来的尊重，更是一种职业的幸福。

4. 让校务公开不断适应廉政建设的要求

我校坚持把校务公开作为教职工实行民主管理和民主监督的基本载体，使校务公开不断适应廉政建设的新要求。一是充分利用校园网以及内部 OA 无纸化办公网络系统，设置“校长通知栏”，公开学校校长三年任期目标、学校五年发展规划、学校学年工作计划、一周行事历等，让每一个教职工了解学校的办学目标、办学策略，积极参与学校管理；二是建立党群、干群沟通制度，征询教师对学校各项工作的意见，定期召开校务公开会，公开学校工程建设、维修、招标投标及资金的使用情况，每学期公开一次学校预算内外经费的收支情况；三是在教师办公室的工会墙报上设置“校务公开栏”，这个栏目专门用于公开学校的重大事情，如学校的改革方案人事的重大举措、教职工年度考核优秀公示、教师职称评定、评优公示、教职工每月福利的月结表等。

5. 营造全社会“尊师重教”的舆论氛围

应该承认，近年来，教师的经济待遇、社会地位有了明显提高，尊师重教的舆论氛围正在形成，教师的职业发展前景越来越好。相关法律也明确规定，“教师的工资待遇不低于或者高于公务员的水平”，但是教师经济待遇与社会地位还存在城乡差别，地区、校际差异。大部分教师的待遇和地位并没有真正与公务员平起平坐。在当前教育发展不均衡、优秀师资流失的背景下，如何让教师守住道德底线呢？常言道，事业留人、感情留人、待遇留人，这讲得非常实在。要守住教师的道德底线，政府仍要继续加大教育投入，实现教育均衡发展，切实改善教师的经济待遇、工作条件，营造全社会“尊师重教”的舆论氛围，降低教师的劳动强度与应试教育压力，创造有利于教师发展的环境。让广大教师既安心从教、廉洁从教，也有足够的空间发挥出个人所学，在教育土壤里“生根发芽”。如果教师十分热爱自己的岗位，把职业当成事业来做，这不但促进了个人的专业成长，而且维护了孩子们的利益，推动了教育事业的整体进步。

结束语

加强廉政文化建设的工作是使教师实现幸福的工作，是使教师拥有尊严和自由的工作，是使教师崇高并引以为豪的工作。今后，我校将继续让廉政文化教育充盈师生的心灵，将其升华为学校的精神，以科学的发展观，不断促进教师追寻教师职业的幸福，让孩子们健康成长，幸福终生。

2009 年 2 月

参考资料

1. 中共广东省教育纪工委，中共广东省纪委宣教室编. 广东省教育系统反腐倡廉教育读本. 广州. 广东高等教育出版社，2008.
2. 彭劲松等. 深入学习实践科学发展观活动教育读本. 北京：中国方正出版社，2008.
3. 申继亮. 师德心语 教师发展之魂. 北京：北京师范大学出版社，2006.

加强学校文化管理，促进学校持续发展

学校是育人的地方，如果缺乏学校文化的内涵，缺少学校文化的渗透，学校的建筑再雄伟、设备再先进，也不能促进学校的持续发展。本文就是通过阐述学校文化管理的丰富内涵以及实施校园文化管理的途径和方法，集中强调“加强学校文化管理，促进学校持续发展”这个理念。

在新一轮的教育改革中，“学校文化”成为热门话题。众多人认为：“学校文化是一所学校在长期的教育实践中积淀和创造出来的教育活动方式和教育成效的总和，是学校成员共同认定并遵循的价值观念体系、行为规范准则和物化环境风貌的整合和结晶。”随着时代的变化，学校文化的含义不断丰富和发展。每一个教育工作者要跟上时代前进的步伐，深刻领悟学校文化的内涵，以更好地推进学校文化建设，促进学校文化管理。

一、学校文化管理的意义

学校是育人的地方，如果离开了学校文化内涵的孕育，缺少了学校文化的渗透，学校的建筑和设备即使再好，也不过是一堆豪华的摆设。加强学校文化管理，将有利于更好地探索学校发展的内在规律，促进学校的可持续发展，使师生获得最大限度的发展。

（一）学校文化目前的状态需要学校文化的管理

学校文化是学校最值品味的东西，也是凝聚和激励学校群体成员进行教育教学改革的重要精神力量，是学校发展的强大内驱力。江泽民同志早在1994年就强调要“搞好学校文化管理”。但就学校目前的状态来看，有些学校管理者认为教育管理本身就是一种特殊的文化，因此，他们缺少对文化管理的研究，只重视物质管理。结果，单一的教育行政管理使师生人际关系简单化、模式化，使师生的创造性思维受到很大程度的压抑。学校既未能继承和发扬本校的优秀传统文化，又未能形成良好的学风和校风，更谈不上促进师生和学校的持续发展。因此，学校文化目前的状态需要加强学校文化管理。

（二）校长个人的缺陷需要学校文化的管理

人们常说，有好的校长就有好的学校，这话不错。校长的性格很可能成为其学校的性格，校长的理念可能成为其学校的理念，但同样，校长的缺陷也可能成为其学校的缺陷。如果某校的学校文化只是校长个人价值观和处世方式的翻版的话，那么这所学校的发展将是不成熟的。任何校长都有自己的缺陷，如果不注意，个人的不足也会成为组织的不足。例如，有的校长把学校文化的内涵简单地理解为提出一个校训、弄几句口号、在墙上镶嵌几幅宣传画而已，因此花大气力，投入昂贵的经费去布置校园环境，改善设施设备。虽然，学校设施设备先进了，校园环境美了，却没有真正为师生的自主发展创设一个宽松、和谐的文化育人环境。我们不能任由校长个人的“不良文化”演变为学校的文化，不能任由这不良的学校文化阻碍学校前进发展的步伐，因此，我们需要学校文化管理。

（三）人本管理的有效性呼唤学校文化管理

如今，人本管理的理念早已被管理者接受，但是，在实施人本管理时，管理者又会遇到这样的问题：到底是学生重要，还是教师重要、学校重要？在不同的利益群体中，管理者应该以谁为本？对即将面临的人事制度改革，校长还能否照顾到各方的利益？学校成员对某个问题的看法、认识、理解是否取得共识？以上的问题与学校组织成员的价值判断观有密切联系，这就是文化问题；一些教师不愿意离开自己的学校，绝大部分不是为了钱，而是他们在这所学校感受到自己的存在价值，即其受重视的程度和工作中存在的挑战，他们会加倍珍惜学校创造的每一个发展机遇，真正地安心在这里工作。毫无疑问，凝聚并吸引这些教师的是学校的文化管理，最终提升教师素质、改变学校面貌的也是学校的文化管理。因此，有效的人本管理的核心就是文化管理。

（四）学校的持续发展离不开学校文化管理

学校发展是一个内涵十分丰富的概念，尽管没有一个比较统一的定义，但主要是指学校在原有基础上有所提升，这意味着学校的发展包括个人发展和组织发展在内的整体变化，如学校现代化教育装备的变化、校长管理水平的提高、教师的专业化发展、教育教学质量的提高、学校声誉的提高等发生在学校内部渐进式或跨越式的发展变化。学校文化是一个动态发展的过程，它总是随着社会的变化而变化，体现一种与时俱进的文化特性。学校发展与学校文化管理必须紧密结合、相伴相随。学校发展离不开学校文化的管理，而学校文化管理也不能孤立地进行，离开了学校发展的实际进行文化管理，学校将难以获得稳定而持续的发展。

二、实施校园文化管理的途径和方法

加强学校文化管理，可以继承学校优秀文化传统，探索学校未来发展方向，构建一个以师生发展为本，以学习为中心，以开放、民主、和谐、进取为精神内涵的现代学校文化管理体系；促进学校在继承中发展，在发展中创新，在创新中提升，使学校获得长久的、可持续性的进步和发展，成为师生发展的幸福乐园。

（一）建设观念文化，培育学校精神

学校精神是学校文化的核心和灵魂，是学校办学理念的深刻折射，是学校团队精神风貌的集中体现。一所久盛不衰的学校，不在于它有多少有形资产，而在于它存在于师生的脑海和心灵之中的观念文化。只有这种观念文化培育下的校园精神，才是学校生存和发展的原动力，才能产生强有力的凝聚力和向心力。

学校的办学理念源于观念文化，它是校长的智慧和创造才能的展示，体现了校长在学校发展中的一种思路、一种策略和办学的观念文化，它将提升办学水平，引领学校发展。办学理念的形成有一个过程。我们学校曾提出“以生为本”的人本办学理念，但随着新一轮基础教育课程改革的不断深入，我们对这一办学理念进行了反思，觉得这个提法还不够全面。对学生的管理而言，这个提法无疑是正确的。它使我们的教师更加关爱学生，关注学生的生命价值，关注学生的全面发展。但是在人本理念中的人，难道仅仅是学生吗？很显然不是！这个“人”不仅指学生，而且也包括教师。没有教师的发展，学生的发展就成了无源之水，无本之木；没有教师的发展，学校的发展也失去了有形的发挥，成了空中楼阁。北京第二实验小学校长李烈曾经说过：“教师工作，不仅是一种职业，也不仅是一种事业，更是生命的一种历程。”学校应当既是学生发展的摇篮，也是教师发展的摇篮，学校应当关注教师人生价值的生成与实现，让教师在发展学生的同时也发展自己。

基于这种认识，经过重新反思，我们提出了“以师生发展为本”的办学理念，实行了以师生为本的管理策略。

首先，以师生的发展为本，使我们更加尊重每一位教师，不断确立教师在学校中的主人翁地位。在工作、学习等方面，制定一系列制度和措施，支持和鼓励教师参加各种继续教育与校本培训，提高专业化水准。利用各种载体，搭建各种平台，支持教师脱颖而出，成名成才，享受教育成功的快乐。在生活中主动关心教师，立足校情，创造条件，不断改善教师的生活和工作条件，为教师排忧解难，使他们真正感到学校是他们发展的最佳平台，是他们生命价值实现的摇篮。

其次，以师生的发展为本，使我们更加关注每一位学生，不断培养学生的创新精神和实践能力。学校通过开展研究性学习和探究性活动，丰富了教学内容，在小组合作学习活动中，引导学生主动参与学习，积极参加实践活动，通过举办各类竞赛文娱活动，激发学生的学习兴趣，丰富学生的知识，张扬学生的个性，发展学生的潜能。让他们走进校园是快乐的，走出校园是自信的，使他们充分享受学习的融融乐趣。

最后，以师生的发展为本，使我们不断丰富学校观念文化的内涵，提升师生的精神境界。学校在全体师生中征集校训、教育教学文明语，征集各类学习信息，开展“心目中的好老师”、“我为校园添光彩”、“假如我是校长”的征文征画、演讲活动，激发师生的爱校情感，培养师生的人文情怀，使学校形成良好的校风、教风和学风，从而拥有昂扬向上的团队精神风貌。“以师生为本”的人本管理是学校文化管理的核心，它将带给师生全新的观念文化，培育学校精神，促进学校管理效益的提升。

（二）构建学习型学校文化策略

构建以学习型学校文化策略是学校文化管理的一个新思路，是提高学校管理效率，培养和造就新型教师的有效途径。

1. 激发学习动机，为建设学习型校园文化创造条件

被动的学习、强制的学习是不可能持久的，也很难取得预期的效果，只有出自内在需要的主动学习，才可能是持久的、有效果的学习。我们时时告诫老师，不进则退、优胜劣汰是竞争社会和市场经济永远遵循的原则；不主动学习，不努力超越自己，就会有被搁浅、淘汰的可能。20 世纪 50 年代，美国哈佛大学的心

理学家戴维·麦克利兰提出了成就激励理论："高成就需要的人，他们把取得成就看作人生最大的乐趣，他们追求的是成功本身而不是成功的报酬。""具有高成就需要的人，对国家和组织有重要的作用。"因此，我们在增强教师危机感的同时，为教师创造成功的机会，激发教师的成就需要，让每一个教师都能正确认识到通过自身的努力可以使教育活动更加成功，从而牢固树立自觉学习、自我超越的意识，提高专业素养，迈向成功。

2. 构建发展性培训机制，形成民主、开放、竞争的文化氛围

新课程的实施是教育领域一场深刻的变革，它需要每一个教师的积极参与和教育理念的更新。而学校更要借助这新一轮的新课程实验，有效开展学习活动，对教师的培训机制重新构建，为教师的可持续发展提供沃土，努力在学校形成一个百花齐放、百家争鸣的文化氛围。

学校构建发展性培训机制，首先要求学校领导、学科带头人应该是主动学习、积极实践、实现自我超越的楷模，应该从繁忙的日常事务中腾出一定的时间，以新教育理论为学习内容，从学习中反思，从反思中实践，从实践中提升，引领和带动广大教师投入自觉的学习和探索中；其次，除了请专家开设专题学习讲座以外，学校强调建立平等民主的对话模式，在每周的教师学习时间中尽可能为教师开设"精彩五分钟"，鼓励教师"自由发言"，并经常组织全体教师就某一专题进行"即兴论谈"或"深度会谈"，开展"校长聊天室"、"学校教育网上论坛"活动，为教师提供各种学习交流机会，面对面地和校长、专家、同行说说心里话；最后，学校每学期对教师的教学技能、教学常规、校本培训进行量化考核，每学年都举办传统的"明珠杯"、"海教杯"教学技能基本功大赛。大赛为教师提供展示和交流、研讨与提高的机会，不断鼓励教师学习实践、自我超越。通过上上下下广泛的学习交流、思想碰撞，学校必将形成广大教师认可的、乐于接受的、积极向上的正确理念，形成民主、开放、竞争的文化氛围。

3. 指导团队学习，构建学习网络

有着明确的学习目标的教师群体就是一个团队。团队有效学习的其中一个特征是"在有效团队中，团队成员需彼此照顾、学习和培养；管理者需要发展一种有利于创造这种环境的组织文化"。为了使教师团队更加合作、积极主动地学习，学出成效，我们作了一个调研，发现学习在一些教师看来是工作之外的一种负担，学习与教师日常工作相分离的现象仍然存在。为此，我们应对团队学习作必要的指导，提倡"在工作中学习，在学习中工作"，引导大家结合教育教学中的实际问题开展有效的学习，做到"五个结合"，即：结合新课程实验来学习，结合科研实践来学习，结合教育热点话题来探讨学习，结合教育教学个案来学习与反思，结合团队成员间的相互交流来相互学习。

与此同时，我们还构建"学校—教研组—个人"三级的学习网络，在这一网络的建设中，教研组长是关键人物。教研组长要组织团队成员共同协商、决定，

形成科组的行动计划，并带领全科组教师自觉学习相关理论。学校也定期召开“教研组长工作研讨会”，旨在帮助教研组长不断提高认识水平和管理能力。

4. 建设发展性评价机制，使团队学习不断深入

传统的教师评价机制注重教师现有的能力素质的评价，对教师发展性评价由于不确定因素多而往往被忽视。建设教师发展性评价机制，就是为了保障和鼓励教师持之以恒学习、不断发展。学校要为促进教师的成长启之动力、掘之潜能、励之进德，同时要鼓励教师以积极的心态看待、审视自己的成绩与不足，着力于改革与创新。校长要懂得赏识教师，注重鼓励和奖励，努力提供教师施展才华的机会，让教师的学习经验、教学成果得到肯定和交流。此外，校长应该重视团队建设，鼓励教师之间互助、合作和共享，形成相互激励、相互帮助和共同提高的积极依赖的团队关系。学校可以设立“和谐团队奖”、“优秀级科组”、“优秀学习小组”等奖项，强调团队整体的、和谐的最佳绩效，从评价机制上鼓励教师之间建立这种积极依赖的团队关系，从而使团队学习不断深入。

（三）实施以价值观为核心的学校文化管理模式

教师是有差异的，学校管理的重心不是对教师的优劣进行甄别和选拔，而是在承认差异的基础上帮助各成员认识自己，找准位置，最优化地实现自己的人生价值，我们认为这是学校文化管理的根本追求。学校组织一旦形成以学习为中心的文化氛围，学校管理实施以实现人生的社会价值为核心的文化管理，就能起到以权力和服从为主要手段的理性制度管理难以达到的效果。它强调学校在实施制度管理的同时，更要关注教师的生命价值和职业价值的内在统一，实施以价值观为核心的学校文化管理模式。

1. 严格的常规管理促进文化行为形成

没有规矩，不成方圆。一所学校要形成自己的学校文化，就必须要有文化行为的改造和积累。没有文化行为的改造，学校文化将流于形式，浮于表面，难以持久与深化。良好的文化行为要与严格的常规管理结合、共融、发展。我们学校创办十六年以来，根据教育部门的有关规定，不断制定并完善一系列的教育教学规章制度，较好地规范了师生的行为，激励了教职工的上进心，调动了教职工的积极性。实践表明，一套符合教育规律、行之有效的规章制度的建立和完善，可以发挥积极而又特殊的育人作用，较好地形成群众规范和团队协作精神，从而很好地形成学校的文化行为。

2. 真诚的人文关怀让生命价值凸显

作为校长应该清醒而又敏锐地认识到，学校制度的建立并不意味着学校制度文化的形成。制度的建立，强调了管理的规范化、程序化、制度化，把学校的人、财、物全部纳入制度管理之中，使管理有了依据。但是在社会不断进步，人文文化日益凸显，人的价值、生命的意义备受关注的今天，我们应从生命的视角来反思和改进我们的学校管理，用真诚的人文关怀来凸显师生的生命价值。

3. 不懈的耕耘，让幸福充盈教育

从教育效果上看，教师的幸福可以是无限的。在时间上，教师对学生的人格和学业的影响可以是一生的。即使教师退休了，也不会减少他在教育工作中创造出来的价值，更不会妨碍学生对他的尊敬。在空间上，学生跨出校门，进入各行各业，开始在社会上有所作为，教师劳动的意义就远不限于校内了。这正如马克思所说："我们的幸福将属于千百万人，我们的事业将默默地、但是永恒发挥作用地存在下去。"

为此，在教育摸索和实践中，我们提出"让幸福充盈教育"和"艺术的课堂、生命的课堂"等教学思想，引导教师提升职业内涵，重塑职业形象，挖掘"教师"这项职业内在的尊严、快乐和价值，为教师搭建成功的舞台。同时，让教师们逐步体验到：只有在不懈的耕耘中，才能品尝和拥有甜蜜的幸福；只有不断地充实与完善自己，教师才能把学生送上幸福的彼岸，这样的幸福才是真正的幸福、永远的幸福。

（四）营造特色文化氛围，提升文化品位

学校内的校园建筑、校园环境，既是师生教学、生活、活动的基本设施，也是学校文化的重要载体和学校文化精神的外在反映。营造特色文化氛围，不仅丰富了学校的物质文化内涵，还提升了学校的文化品位。为此，我们学校在创建广东省一级学校的过程中，充分抓住契机，以超前的发展意识和现代化的整体观念进行了校园建设。一方面，建设优雅的校园环境，精心规划植树园林区，让师生在课余时又多了一个赏心悦目的休闲好地方；在教学楼各楼层安装安全、卫生的直饮水机，给师生带来一份人文的关怀。另一方面，营造特色文化氛围，结合学校的科研特色（信息素养实验研究）和体育特色，发动全体师生和家长积极参与学校特色文化的信息收集，共同建设"德育长廊"、"体育长廊"、"英语天地"、"环保知识园地"、"中国奥运冠军姓名篆刻园"等文化阵地，将教育性、知识性、艺术性融为一体，把学校每一块墙壁、每一个角落装扮得更加美丽，更富有文化品位。

结　语

加强文化管理，不仅提升了师生学校生活的文化内涵，而且拓展了学校教育的深度与广度。实施学校文化管理的途径和方法是多种多样的，其目的都是让师生可以自然地受到学校的历史文化滋润，不知不觉地受到学校历史文化的同化，从而使心灵受到全面的熏陶。这种潜移默化的熏陶是师生获得发展的关键，也是学校得以持续发展的生命所在。老师只有不断地转变自己、提高自己、发展自己，体验教学的新感受，撷取思考的新收获，才能进一步提升课堂教学质量，才能使课堂成为学生精神生活的沃土。只有这样，学校的腾飞、教育的发展才有根基和保障。让我们继续在加强文化管理上多下功夫，让我们的学校真正成为师生喜爱的文化场所，成为师生心灵眷恋之所在。

2009 年 11 月

参考资料

1. 阎德明. 现代学校管理学. 北京：人民教育出版社，1999.

2. 李烈. 建设学习型组织　促进教师主动发展. 人民教育，2003（10）.

3. 周文霞. 管理中的激励. 北京：企业管理出版社，2004.

4. 王青. 团队管理. 北京：企业管理出版社，2004.

5. ［德］马克思，恩格斯著. 马克思恩格斯全集第 40 卷. 中共中央马克思恩格斯列宁斯大林著作编译局译. 北京：人民出版社，1970.

谈二年级英语生活化教学的几点尝试

小学教育是学生在德、智、体、美等各方面取得良好发展的重要阶段，开设英语课程，顺应了时代的发展，也适应了小学生的生理、心理的发展需要。在学习母语的同时学习第二语言，这对二年级的孩子来说有一定的难度，但是少儿善于模仿、态度自然、乐于参加活动，这也是他们学习英语的有利条件。为了帮助孩子更轻松地学习英语，同时结合教材的特点，我力求创建生活化、情境化的英语课堂，尝试各种教学方法，如，通过游戏、唱歌、着色、剪贴、模拟生活片段、全身反应的活动来激发学生学习的兴趣，调动他们的积极性，给孩子营造一个有趣、和谐、创新、进取的学习环境。

一、直观教学，眼见为实

人总是通过感官获取各种信息来感知周围世界的存在，所以视觉在学习中占有极为重要的地位。俗话说："百闻不如一见。"我在教学过程中准备了各种各样的单词卡片、头饰、图片等，力争在教每一个新单词时学生都能亲眼看见，这样就不需要花太多的时间去解释其含义。如，我在教职业类单词时，和学生一起动手做职业人物的头饰，并让他们扮演这些人物，比一比谁是模仿秀中的冠军。孩子们都十分雀跃，模仿得非常好，课堂的气氛也相当活跃。最后我带着大家一起用"What does he/she do?"句式提问和回答，帮助加深记忆。

二、因材施教，情境教学

二年级教材的内容编排非常适合小学生的学习特点，但是学习一门语言仅有一套好的教材还远远不够，一个良好的语言环境也是十分重要的。针对缺乏英语语言环境，学生们在课外没有多少听、说英语的机会这一点，我多给学生提供

"习得"的机会，并非让他们有意识地学习，而是营造一种"无意识、无压力、无包袱"的学习氛围，让学生在不知不觉中受益。这就需要打破课堂常规，不限于传统课堂上的知识传授，我会在课堂上创造真实情景，让学生在真实环境中学习语言。如，我在教"Where are you going?""To the park." "Can I come?""Sure."这组对话时，利用小学生喜欢玩的特点，上课时，我播放了一首《ARE YOU GOING TO?》的歌曲，告诉大家这节课老师想带大家一起去活动，学生都高兴地跳起来。在大家一起唱着歌曲的时候，我笑着问一位同学："Where are you going?"我尽量从表情、神态中流露出含义，但不讲出来，提示学生可以按歌曲里面的歌词回答："I am going to the…"然后引导他说："To the…"随着活动继续开展，同样的语言用在不同的学生身上，学生在反复感受语言的过程中，已不经意间领悟出这段对话的具体含义。接着，我请一位接受能力强的学生代替老师的角色，然后不断换人，不断深入到"Can I come?"的问答中，这样全班就在玩玩唱唱中逐渐掌握了这组对话，也在生活化的情景中感受到了西方文化。

三、玩中有学，学中有玩

爱玩是孩子的本性，我利用这一点，注意让学生在各种游戏中慢慢认记单词，而不是死记硬背单词。我把学生要掌握的单词以图片、头饰、动作等各种不同形式展现给他们，实行整体大量输入，这种教学方式取得了较为理想的成效。在他们刚刚接触新单词的情况下，我采用各种游戏形式进行渗透，如，Pass the card（传卡片）、Do the action（听音做动作）、Find your friend（找朋友）、Draw and Colour（画一画涂一涂）等，这样，学生在尽情游戏的过程中通过多听、多讲加深了单词在脑海中的印象。这种寓教于乐的教学方法减轻了学生的心理压力和负担，给学生创造了一个轻松和谐的语言环境，也使课堂充满了活力。如在教 Unit 5 的单词时，我拿出一张卡片让学生传递这张卡片，音乐停止，拿到卡片的同学要把单词读出来，之后再继续传。直到这个单词大家都会了，再拿出第二张卡片。单词的学习就在欢快的游戏中完成了。有时我也会让学生边唱边玩来学习新知，愉快的歌声会让孩子忘记这是在学习，从而更轻松地学到知识。

四、充满信任，保持自信

对于小学生来说，批评是一种阻碍其发展的因素。孩子一旦受到了批评，他就会觉得自己在这方面不行，从而对这门学科产生恐惧感，也就不会积极参与课堂的教学活动，所以从小不仅要培养学生学习英语的兴趣，更要设法消除孩子的生理、心理障碍。俗话说："自己是最大的敌人。"只有战胜自己，才能获得胜利。所以在课堂教学中，鼓励性的话语对于小学生来说很重要，让他们在学习过程中获得一定的成就感，培养孩子对英语的自信心，这样他们才有信心继续学下去。例如，我经常请一些上课很少发言的同学回答问题，有时他们非常紧张，不敢回答。我坚持用信任的眼光，面带微笑看着他们，对他们说："I believe you."（我相信你）当他们答不出问题时，我会说"Never mind."（没关系）也让其他孩子给予他们帮助，打破孩子回答不出的尴尬局面，并让同学们以热烈的掌声为他们加油，使他们不会觉得回答问题是一种负担。在教学的过程中，我还为学生准备了各种精美的奖品，这些奖品大部分是我在外地出差时购买的小玩意，既能作为奖品满足孩子们的成就感，也能通过关于奖品的"小故事"鼓励他们努力学习英语。

生活化、情境化的课堂教学能让学生学到更多的知识，反馈更多的教学问题，能充分发挥学生的主体地位，调动课堂的活力。在短短的一年里，学生认识了不少常用单词，并能进行简短的对话，掌握了不少日常礼貌用语。我坚信一个生活化、情境化的课堂能让学生充满活力，让学生学得更快、更轻松！

2010 年 5 月

书香溢校园，教育显实效

——海珠区"书香校园"创建工作先进单位评选材料

书，是一泓清澈的溪水，是一片充满生机的芳草地。书中所表达的真、善、美对于一个人人格的塑造、灵魂的净化会产生巨大的影响。读书更是教师专业发展的重要途径，有一位教育名人曾说过："读一本教育专著，好像与一位教育专家在讨论；读一本课堂实录，好像聆听优秀教师在上课；读一本教育记事，好像与作者共同经历日常教育工作的酸甜苦辣；读一本教育心得，好像与作者一起品味着工作的点滴感悟。"的确，读书能拓展我们的教育视野，丰富我们的理论素养，提升教育业务水平，并获得精神的滋养。

鉴于此，我校从2006 年开始把营造书香校园、适合师生发展的育人环境作为校园文化建设的重要内容，成立以校长为组长的创建领导小组。为此，我们制定了书香校园建设三维目标：培养学生的阅读习惯；让阅读成为教师的自觉需求，读书与生命同行；创设学习化、人文化、潜移默化的校园阅读生态环境，打造书香校园。围绕这个目标体系，我们精心打造了书香校园环境，开展一系列师生读书活动，并把读书活动延伸到了社会、家庭，通过建设书香校园使师生得到进一步发展，使学校的文化品位进一步提升。

一、与其用千言万语打动师生，不如创造一个能影响他们的环境

良好的校园环境是无声的育人载体。很多时候，校长与其用千言万语去打动师生，不如创造一个能够影响他们的环境。为此，我们始终把环境打造作为书香

校园建设的第一要务。

从2003年开始，学校按区域规划了一楼体育文化廊、二楼德育文化廊、三楼外文学习廊、四楼艺术文化廊，并划分了读书阅览小天地、阅报区、名人经典引领区、文明礼仪大讲堂、科技环保等校园环境区域。在阅览小天地里，同学们一抬头就可以看到书的制作历史；名人经典引领区利用竹简展示古今中外的名家名句；德育文化廊通过我校学生自己的行为展示，向本校宣传小学生应有的良好形象并对文明礼仪进行解读。这些都是利用每一面墙壁、每一根柱子向孩子们传递真、善、美。

学校设立校图书馆、阅览室和电子阅览室，藏书量62 000多册，生均图书超过40册，电子读物13 000多册，生均超过15册。此外，每个班级设有图书角，书多由学生自带，每个班级的图书架存书是流动式的，这大幅度提高了图书的流通率，丰富了学生的阅读资源。

二、把阅读化为一种思维，渗透在教育教学的全过程

学校把阅读课纳入课程，并加强其与学科的整合，将阅读渗透到教育教学的全过程。在时间上坚持两个保证：每天保证15分钟的午读时间和每周保证一节阅读指导课。每天早上到校后，学校通过红领巾电视台播放“童谣新编”，每逢周二下午的午会是“诗文欣赏”，让学生在经典美文的熏陶下提升自身的文学素养。

此外，以“书香校园”文化建设为纽带，我们还注重加强读书与其他学科的整合。语文教学的课前先学、课后拓展，让学生通过上网搜索或阅读课外书等途径拓宽学习资源，进行大量阅读或专题研究。在音乐课中，我们让学生不仅在听觉上感受旋律的美，而且注重培养学生思想发展和审美意识，并引导他们查找、了解相关的音乐名人故事等。我们还精选了一批唐诗，并配上音乐，录制成古诗配乐，让学生在优美动听的旋律中熟记经典。针对英语科目，我们也同时开展中央电化馆的国家级科研课题“网络资源下的书香校园英语阅读的实证研究”，让孩子们提高英语阅读能力和英语写作水平。

三、设计连续性、多层次的活动，让阅读滋养生命

学校开设“大阅读课”，先后邀请文学作家刘小玲、岭南少年报总编辑陈武鹰、现代中小学生报总编魏春峰等知名阅读推广人士来给师生上阅读课，让学生与名师对话，共享读书资源，这对学生养成阅读习惯和掌握阅读方法产生了深远影响。

每学期开学，我们结合本校“读书活动”的内容，组织学生利用假期积攒的零用钱购买自己喜欢的书籍并在班级积极推荐。午间广播时段，学生代表还可以通过红领巾广播电视台推荐自己最喜爱的一本书，达到阅读资源循环共享的目的。

每年4月23日的“世界读书日”是我校读书节的开幕时间。如近几年我们开展了“最是书香能致远”、“美好的一天，从阅读开始”、“阅读滋养生命、写作确认人生”等读书活动。同学们在阅读中收获着喜悦与充实，在竞赛中收获着成功与自信。例如，各班开展了“好书推荐会”，引导同学们互相推荐好书，“你有一个苹果，我有一个苹果，交换后每人还是一个苹果”，“你有一本好书，我有一本好书，交换后每人就有两本好书”。这样既拓宽了同学们的阅读面，也使读书资料得到最大限度的利用。

读书成了同学们最快乐的事，书店里、图书馆、阅览室都有同学们看书的身影。“不动笔墨不读书”，在充分阅读的基础上，老师还指导同学们做好读书笔记。低年级的读书摘抄、童谣创编，中高年级的日记接龙、读后感写作队刊及手抄报的制作，都获得家长、老师、学校的好评。这都是同学们真情的流露，通过阅读，同学们对真善美有了更深刻的理解。另外，“读书交流会”、“美文欣赏”等形式多样的读书活动也纷纷走进课堂。在组织学生广泛阅读的基础上，我们又以阅读竞赛为载体，开展了丰富多彩的读书活动：在“品味书香快乐成长——庆六一”活动上，孩子们声情并茂地朗诵，而各班的诵读大王更是身手不凡，一个比一个出众，他们创编童谣、经典美文以及《弟子规》，铿锵有力，琅琅悦耳，校园内飘荡着浓浓的民族文化芳香。五、六年级的高年级学生们在诗文配画方面更是显示出自己阅读的底蕴。

我们还创建了“共沐书香同成长”的跳蚤书市，开辟了综合实践活动的新天地。在校大队部的倡议下，学生们纷纷将家中闲置的七八成新的图书拿到“书市”进行交换、出售，实现图书资源共享。在现场可以看到，参加交易的图书种类繁多，有童话、小说、寓言、科普等。不少学生交换到了自己喜欢的课外书，还有很多学生卖掉了自己的旧书，买到了自己需要的课外书。为更好地吸引“顾客”，各个小摊主使出各种手法：有的派促销员推销自己的图书，有的动用了“买一送一”的战略，有的甚至打出了邀请学校的“书法大师”签名售书的招牌进行“促销”。大家把平时在生活当中学到的商家买卖策略全部用到实际生活中了。活动让学生手头多余图书进行了一次大流通，这对增加学生课余阅读量，提高阅读写作水平起到了很大的促进作用。与此同时，也培养了学生处理旧书和选择书籍的实践能力、团结协作的精神和沟通协调的能力。更难能可贵的是，在学校大队部的号召下，同学们以个人的名义或中队的名义将卖书所得的钱捐献给了学校的红领巾爱心基金会，然后全部用于资助贫困学校，跳蚤书市演变成“爱心书市”，为校园文化积累了宝贵的精神财富。

四、培养爱读书、会写作的教师，推动教师成长

学校要书香四溢，学生要读书，教师更要读书。教师要让自己成为源头活水，与学生共同成长，共同进步。

学校拟定教师必读书目，主要包括四类书：一是夯实精神底蕴的书，如《谁动了我的奶酪》、《礼物》等；二是拓宽教育视野的书，如《给教师的建议》、《不跪着教书》、《班主任工作漫谈》等；三是学生喜欢的书，如各种童话、历险记等儿童读物；四是与课题研究相关的书，对教师们的教学研究有所帮助。

每学期我们都要向老师们推荐教育书籍和人生感悟文章，陶冶教师性情、提升教师文化素质和生活品位。例如，我们开展的以“阅读滋养生命、写作确定人生”为主题的教师读书交流大会，受到了老师们的积极响应。赖校长作了以“阅读滋养生命、写作确定人生”为主题的读书演讲。她从自身阅读经验出发，分别从书籍对教师发展的深远影响、课外书籍与教学用书的选择、阅读后情感的梳理和总结、对教师们阅读的几点建议四大方面进行阐述。随后，学校全体教师手持书籍有秩序地上台向全校教师介绍，谈了自己的阅读感受，分享了书中的精彩内容。读书交流会就这样如火如荼地进行着：男教师侃侃而谈，谈教育、说历史、谈时事，展示绅士风度；女教师深情演绎，说教育、谈阅读、谈家庭，各展巾帼风采。最后，老师们纷纷将精心制作的读书卡贴在展板上。

学校制定的《江南新村第二小学教师绩效奖励方案》，对于教师读书及参加读书活动都有明确的规定。平时，我们鼓励教师将自己在读书当中喜爱的段落摘录并写出随笔，与大家交流。多年以来，我们鼓励每位教师写学校教育活动通讯稿、教育教学随笔，工作日志、教育论文、教育案例等，并将教育随笔上传到我区教育信息网和教育发展中心教研网，现已有多篇文章在省市区级的刊物发表和在市区征文比赛中获奖。

读与写只是形式，带动的却是阅读，是思考，是实践，是教师队伍的专业化成长。

五、让每一个家庭参与读书，改善社区文化生态

我们在号召广大家长支持鼓励孩子读书的同时，规定家长也要带头读书，所谓“喊破嗓子不如做出样子”，说的就是这个道理。学校规定家长每天陪伴孩子读书半小时，和孩子共同探讨读书的感受和体会，分享读书的快乐。学校在校内评“书香家庭”，拓展了读书节的内容，巩固了读书节的成果。我们还让家长走进教室与孩子们一起参加“共沐书香、心怀感恩”的主题班会，会上亲子活动、才艺表演、作品展览、交流倾听、知识竞赛等活动精彩纷呈，使家长与学校、家长与孩子、家长与家长之间进行平等交流。

学期末，学校邀请街道、社区居委会的领导和家长委员会代表到学校举行座谈会，向他们介绍书香校园的具体实施情况和成效，并有针对性地争取支持，将书香校园建设与家庭、社区紧密联系起来。每学年学校和社区联手评选读书氛围浓厚的“书香家庭”，其中已经有好几个家庭被评为区“书香家庭”，还出现了一位省“书香少年”。我们还定期开办家长学校培训班，探索亲子学校有效的教学

方式，促进家校相互合作、共同发展。

在书香校园文化建设的推动下，我校取得了良好的办学效益：迄今，已承办和协办了市区的教育教学观摩研讨活动5次。在“2009年广州市羊城书香校园活动之小学生快乐阅读读后感征文比赛”海珠区组中，学校有四人分别获一、二、三等奖；在“2009年广州市小学生快乐阅读读后感征文比赛”中有两人分别获市一、三等奖；区读书卡制作比赛获两个一等奖、一个二等奖和一个三等奖。学校先后被评为广东省一级学校、广州市依法治校示范学校、广州市安全文明学校、广州市优秀家长学校。

2010年10月8日

生命至上　和谐共进

——海珠区江南新村第二小学广州市安全文明校园复评汇报材料

我校建校二十年来，秉承着“以师生自主发展为本”的办学理念，以尊重点亮生命，以责任缔造安全。2007年12月，我校上下同心同德、齐心协力，在加强安全文明建设，推进素质教育，构建和谐校园等方面进行了一系列的探索，使学校获得了“广州市安全文明校园”的光荣称号。针对评估组专家对我校创建工作的意见反馈，我校在安全管理和设施设备的完善方面加大了整治的力度，使安全文明教育深入人心，促进了师生健康和谐地发展，学校没有发生任何安全责任事故。现将近年来学校整改措施汇报如下。

一、加强领导是创建安全文明校园的关键

（一）以人为本，尊重生命

我们坚持把安全文明教育作为落实“以人为本”的根本性教育来抓，作为促进学校持续发展的基础性工作来抓，把“尊重生命，缔造安全”作为一切工作的根本前提，在师生生命安全得到充分保障的基础上，促进师生与校园和谐共生。

（二）组织健全，齐抓共管

为了使安全文明教育落到实处，使之常态化、制度化，学校继续成立以校长、书记为组长的安全文明教育领导小组，把安全文明教育纳入每学期学校工作总体计划之中，设立德育、安全文明工作领导小组，定期研讨，聘请法律顾问、法制副校长等专家为师生讲课，齐抓共管。

二、完善安全机制是创建安全文明校园的保障

完善安全机制是尊重生命的需要，我校健全和完善各项安全管理制度，做好

各项检查和整改工作，重视硬件和软件的建设，保证资金投入，将防范工作纳入规范化管理，把机防与人防结合起来。2008 学年，在局思政科的关心和资金支持下，学校安装了视频监控系统，不断完善和构建行之有效的现代校园电子安全体系防范体系；2009 学年，学校为厨房进行天然气置换的改造工程，购买安全的炉具设备，添置专门的消防灭火器材；我们还争取区政府的大力投入，在2010 年暑假进行 170 多万元的外墙整饰、厕所防漏、防雷等立项的工程改造，学校正门旁边的临建商铺也已经作为改建教学用地的工程纳入到局安全工程立项计划里面了。

针对四川地震事件以及一些城市出现的校园安全暴力事件，我们制定“防震减灾”、“消防逃生”等应急预案，严格执行门禁制度和购置防御敌对势力的装备，如辣椒水、对讲机、警棍、叉子等。学校成立“校园护卫队”，对全体师生进行了抵抗外来暴力事件的培训活动、逃生演练以及进行“因为我是教师”的师德大讨论活动，加强教师育人、护苗的责任观念及安全防范本领，提高师生的自我保护意识和防御能力。此外，学校外墙整修等工程由于亚运会原因开学至今仍未能完工，为此，我们在教育局基建科的指导下，努力与监理单位对施工单位进行全面监督和发出校方对其工程质量及安全整改的建议函四十份，做好开学安全工作预案，发出《致家长一封信》、《致学生一封信》，落实各年级教师课间安全巡查的机制，尽力消除影响校园稳定的不安全因素，孕育校园安全的制度文化，营造一个安全温馨的和谐校园。还有，为了确保支援亚运安保工作与学校教育教学工作两不误，学校成立由校长任组长的支援亚运安保工作领导小组，服从区教育局及街道的安排，接受亚运巡游安保以及当足球赛区文明观众的任务，校长细致组织，责任到人，派出了近三十名教师支援亚运安保工作，我校张淑红老师还光荣成为巡游船上的救生员。

此外，自 2007 学年我校在广州市率先开展“两评三聘”（聘请法制副校长、法律顾问、卫生指导员）工作以来，我们加强与江南中街派出所、司法所和社区服务中心等共建单位的紧密联系，发挥教育合力，营造良好、安全、健康的校园周边综合治理的优质教育环境，促进我校创建安全文明校园活动的进程。

三、加强教育引导是创建安全文明校园的重点

我们经常强调安全第一，责任重于泰山，每一位教育工作者都要有居安思危、警钟长鸣的忧患意识，只有这样，我们才能真正落实以尊重点亮生命，以责任缔造安全的口号。我们把安全文明教育贯穿于教育教学的全过程，加强对学生的教育引导。

（一）坚持把礼仪教育和法制教育作为教育重点

通过丰富多彩、生动活泼的德育活动，促进学生健康、全面、主动地发展，使全体师生对学校安全文明校园的创建工作有较高的知晓率和参与率，使学校成

为传递“五爱”教育和奠定生命发展的场所。

（二）开展富有特色的德育活动，增强教育的有效性

我校充分发挥爱国主义教育基地的教育功能，开展“健康生活，我能行”体育文化节活动、“安全文明伴我行”知识竞赛等特色活动，2010 年 4 月，我们学校的德育特色工作材料被编入《海珠区中小学德育工作经验汇编》。我们以广州亚运为教育契机，倡导“爱我广州、爱我校园、用微笑支持亚运”，并着重从亚运礼仪等方面对学生进行文明礼仪教育，进行“当好东道主、我是文明小天使”的迎亚运动员大会，开展“迎亚运，学英语”英语演讲比赛、“做文明有礼的广州人”网络签名寄语日等活动，还赠送亚运大礼包给各班的学生，让全校师生支持亚运、服务亚运、分享亚运带来的精彩与欢乐。

（三）规范文明言行，提高安全文明意识

我校在抓好《小学生日常行为规范》教育的基础上，继续开展“养成道德好习惯”活动，开展“告别不文明”、“我向学校献良策”、“寻找不道德的细节”教育活动，结合学科特点，有机渗透到安全文明教育中，把安全文明教育融于队活动中。此外，我们还注重加强班级文化建设，树立班级形象，争创班级特色，进行了文明班、星级班和文明风采的评比活动。

（四）加强法制安全教育，提高学生自护能力

我校组织学生开展各种形式的教育活动，如“校园拒绝邪教”活动、“珍爱生命、远离毒品”和“小手拉大手，文明齐出行”等教育活动；邀请法制副校长陈树茂为师生上法制教育课，邀请广州法制讲师团讲师邹显栋律师举办“远离网吧”讲座。我校还结合教育部《中小学生公共安全教育指导纲要》，启动了校园“安全天使计划”，如结合“119 消防日”活动进行灵活多变的消防安全演练，使队员在面临突发安全事件时懂得自护、自救、防灾和逃生的方法。

（五）关爱学生，开展心理健康教育

学校按照课程计划，利用班会、品德课开设心理健康教育课程，课堂上老师通过创设活动情境，引导学生参与心理活动过程，获得心理体验，逐步把心理健康知识转化为心理健康品质。

（六）加强与家庭、社区的联动和实践活动

我们通过建立“校讯通”网络联动平台、家长学校以及向家长派发《公众应急手册》等方式，明确学生在家生活、在校学习的行为规范及自救自护的知识，争取家长与学校同步教育，使孩子在家长的指导下，加快好习惯的养成。我们还发挥家长义工团的作用，让他们参与学校管理，为学校出谋献策，此经验在 2009 年 4 月的区德育工作会议上引发与会人员的热烈讨论。

四、安全文明校园的创建，积淀师生健康文化，促进师生和谐共生

创建安全文明校园，使我们校园安全祥和、整洁明亮、优美高雅、秩序井

然。获得广州市安全文明校园这个殊荣后，学校又获得广州市学校民主管理工作三星级单位、广州市依法治校示范学校、广州市优秀家长学校、广州市群众体育先进单位、广州市首届语文学科优秀科组、广州市首届体育学科优秀科组、区先进单位、区爱卫先进单位等多个荣誉称号。

我们认识到：教育是师生享受生命的教育，是办好人民满意的教育。今后，我校将继续把安全文明创建工作放在教育工作的首位，不断完善各项安全管理机制，关注师生的生命成长，促进学校和师生一同健康和谐发展，使学校的生命焰火焕发出更动人的光彩！

2010 年 11 月 18 日

让德育润泽校园，让童心回归本真

——广州市海珠区江南新村第二小学德育绩效评估工作汇报

一、学校概况

我校是一所创办了 22 年的体育运动实验学校。学校占地 9 900 平方米，教学班 19 个，在编教师 49 人，在校学生 794 人。学校先后被评为广东省一级学校、广州市依法治校示范校、广州市安全文明校园、广东省现代教育技术实验学校、广州市优秀家长学校等。学校文化在历届校长和教师的不断传承和发展下，不断积淀成熟的办学思想、丰富的教育资源。近年来，我校抓住机遇，坚持“以师生的自主发展为本”的现代办学理念和“依法治校、文明育校、科研兴校、质量立校、名师强校”的办学策略，传承和发展学校的德育文化，关注师生的生命成长，促进师生和学校一同发展。

二、做法与成绩

下面让我向各位领导简单汇报我校的德育工作。我觉得我校的德育工作可以用“三个阶段”、“三个保障”、“两个平台”来概括。

（一）“三个阶段”

我们的德育工作实现了从开始的“教师管理学生”到“学生管理班级”的突破，再到“学生参与学校管理”的跨越。实践告诉我们，只有读懂孩子的心，善于挖掘孩子最大的潜能，给孩子发挥才干的空间，才能让孩子获得学会学习、学会生活、学会做人、学会发展的不竭源泉。我们以学生的自主发展为本，引导学生逐步把良好的行为习惯内化为自觉的行动。例如，在抓好《小学生日常行为规范》教育的基础上，在学生中开展“告别不文明”、“我向学校献良策”、“寻找不道德的细节”、“我为创建广州市安全文明校园献良策”教育活动；我们还尝试把思考、发现和批判的权利交给学生，如让学生参与“我为老师喝彩”——推荐教师成功教学事例的评教活动，参与“最受师生欢迎的教师”、“教坛新星”等评选工作，让每位学生都有机会参与文明班评选和承担执勤员的工作，让他们善于思考、学会批判、勇于探索、超越教师，成为学习、生活、活动、信息的主人。学生的自主管理也进一步促进了教师职业道德水准的提高和专业化的发展。

（二）“三个保障”

1. 第一个保障：教师发展让德育更显人文与实效

一是抓师德师风，建设育人队伍。学高为师，身正为范，名师出高徒。建设培养一支高素质高水平的育人队伍，一直是学校倾尽全力，孜孜以求的目标，教育工作的第一要素就在于教师，德育工作的所有目标都必须通过教师来具体实施，因此教师的素质和水平决定了德育的效果和成败。因此，我们加快教师专业化发展的进程，积极推进名师工程，如今大专学历以上的教师占97.96%，其中本科学历的占85.7%。通过校外、校本等多层次培训，一批教学骨干脱颖而出：雷婷副校长光荣当选广东省名教师、省语文特级教师，现有11名教师分别被聘任为广州市数学、科学特约教研员和市区学科教研中心组成员，成为学科或教育科研的带头人。我们还持续在教师中开展“廉洁从教、博学创新、幸福人生”主题校本培训，例如，学校在香港进行了为期五天的团康辅导活动；举办“爱心与智慧”、“班主任话细节”等班主任工作论坛，邀请北大附中的中小学教师介绍书香班级建设等经验；学校还举办“因为，我是教师”师德专场学习活动，组织教师深入学习地震中的十名教师的感人事迹和对“范跑跑”事件进行大讨论；邀请区文明办杨崇斌主任为教师讲“怎样做一个幸福的教师”；还举办教师思想政治教育感悟实训活动，通过一系列团队的破冰训练、对话分享、素质拓展等体验，促进彼此间的理解与合作，共同建设和谐校园。教师能积极发扬爱岗敬业的精神，受到了广大家长和社会的广泛好评，有较高的美誉度，为学校各项工作打下了坚实的思想基础。

二是加强领导，完善德育工作网络。学校成立由党支部书记任组长的德育工作领导小组。此外，班主任作为学校德育的主力军，是德育工作和德育活动的直接实施者。学校一直特别重视班主任队伍的建设，把班主任的选拔到任用、培养和指导、培训和进修、考核和奖惩，都作为重点工作来抓。班主任善于发挥学生主体性，与学科老师、家长们一起建设文明班级。学科教师也不忘德育渗透，主动协助班主任做好学生的思想工作。近几年，学校逐步形成了比较完善的学校德育工作网络，教师们在学生和家长心目中具有较高的威望。

2. 第二个保障：体育文化让德育充满健康与魅力

在社会不断进步，人文文化日益凸显，人生的价值、生命的意义备受关注的今天，我们应从生命的视角来反思和改进我们的德育管理，用真诚的人文关怀，不断促进师生健康、幸福地成长。校园文化是学校文化的重要载体和学校精神文化的外在体现，其建设过程是历届校长等领导选择、实践、整合、创新的过程。为了拓展师生校园生活的文化内涵，拓展学校教育的深度与广度，一方面，通过建设优雅的校园环境，让师生课余多一个赏心悦目的休闲好地方，挑选优秀的学生创意标语作为校园警示语，凸显人文关怀；另一方面，我们紧紧抓住办学理念、传统体育文化以及培养目标，建设具有体育特色的校园文化。如在体育各个场馆的墙壁上悬挂体育明星的画像以及名人名言；建设体育标志性雕像和"体育明星长廊"，介绍学校历届培养和输送的省、市乃至全国的体育优秀人才；学校还发动师生、家长积极参与体育特色文化的信息收集，充分利用广播等宣传阵地宣传体育文化知识和体育信息动态。

此外，学校成功开展广州市教育科研"十五"规划课题"小学课余体育训练与学习协调发展的研究"的实验与结题，把体育文化和教育紧密融合，通过开展"面向全体"的体育文化活动，培育学校体育精神，不仅让师生树立"享受运动，快乐健身"的体育观念，发扬爱国主义精神，还为热爱体育、有体育天赋的孩子提供良好的体育教育，更提供全方位的健康育人环境和创造和谐的发展空间，从而使体育文化成为学校德育最有魅力的一大特色。

3. 第三个保障：家校合作，协同发展

学校充分认识到办好家长学校的重要性和紧迫性，把家长称之为教育的合作伙伴，充分发挥"家长"这一教育资源，使家校工作规范、实效，促进学校和谐、健康地持续发展。

一是多渠道，全方位指导家庭教育，努力提高办学效益。我们特意邀请一些资深的家庭教育专家到校讲课，如"知心姐姐"卢勤讲师团、广州岭南少年报总编陈武鹰、广州著名儿童作家刘小玲等，向家长提供有效的现代家教经验；把家庭教育和学校教育有机结合，对家长进行文化知识和学习方法的指导；把家庭教育和学生良好心理素质的培养有机结合，开展主题为"做个聪明的家长"、"给孩子写一封信"的情感交流活动，让家长引导孩子克服心理上的阴影，培养活泼开朗、积极向上的健康心理；把家庭教育与"创建书香校园"、"书香家庭"教育活动有机结合，让家长指导孩子策划跳蚤书市、参与亲子读书活动和"最是书香能致远"家长开放日活动等主题系列活动，增强家庭的学习氛围和家长的亲和力。其中，2010 年，六年级谢宇濠的家庭被评为广州市"书香家庭"。此外，学校利用手机短信和校讯通为家庭教育服务，通过短信平台，让每位家长及时了解学校的最新教育动态及孩子的学情，掌握教育孩子的契机和技巧。

二是发挥家委会的桥梁纽带作用，让家委会成员参与学校决策。凡涉及学生和家长切身利益的问题，如学校民主管理制度、学生校服征订等，学校必定充分听取家委会的意见。通过相互间的聆听，促进了家校合作，提高了德育实效，让学校的众多工作得到家长的充分肯定和大力支持。

三是建立“家长义工团”，开发家长资源，丰富教育元素，建设和谐校园。2008年，赖校长有机会到香港圣文德天主教小学进行为期一周的考察，回校即借鉴了香港社会助教、家长义工的做法，成功建立了江南二小“家长义工团”，从此，家长义工走进江南二小的校园，一起参与学校的管理与育人工作。该举措得到家长们的大力支持，他们积极参与，热情服务，为江南二小出谋献策，为江南二小校园文化增添了温馨的色彩。这些可亲可爱的家长义工有的承担着助教的工作；有的走上讲台，一展所长；有的参与学校各项活动，为学校的发展献计献策，他们在“义工”的岗位上积极地展示自己的才华，身体力行为孩子做出了榜样。家长学校、学校校庆等大型活动、学生社会实践活动、足球比赛、舞蹈比赛、学生的桌椅调整等一系列的工作和活动，处处显示了义工们留下的足迹和付出的心血。

家长义工活动，让家长有机会近距离关注孩子在学校的学习、生活情况，能更准确地把握孩子的心态和成长，找到教育孩子的正确方法；同时家长义工的这种助人为乐精神，也为孩子做出了榜样。在每一次的家长义工活动后，学校为感谢家长的付出，校长亲自为他们颁发证书以作留念，让孩子偕同父母上台领取证书，孩子看到家长们的这种行为，引以为荣，潜移默化地受到教育，从而增强服务社会的意识。

2008年，我校被海珠区教育局推荐在区德育工作会议上介绍“家长义工团”工作经验。正是因为有了家长义工，有了多元化教育，我们的校园生活才更加生机勃勃，更加精彩纷呈。2009年，学校被评为广州市优秀家长学校。

（三）“两个平台”

1. 平台一：打造人文课堂，让德育回归课堂

教师的职业是教书育人，我们关注各学科教学中的德育渗透，挖掘教材中的德育因素，特别是充分发挥品德和语文学科中的资源优势，进行道德观念、法制意识、爱国主义的教育；作为广州市儿童安全教育干预项目的实施学校，我校要对各年级开展主题为“步行安全和远离火险”的伤害预防教育。我们还打造自由、民主、和谐的人文课堂，将学科教学的学习过程变成师生共同感受生命意义的大课堂。文以载道，语文教育与德育本就是密不可分的统一体，美的文章是有思想、有灵魂的人用心书写的，教师也在用灵魂与孩子们交流。又如数学学科，则培养追求创新品格的人。打造人文课堂的德育主阵地，让德育回归课堂，达到春风化雨、润物细无声的教育实效。

2. 平台二：给学生自主发展的空间，让童心回归本真

教育就是孩子生命成长、享受学习的过程。我校德育工作注重培养学生个性发展，开展形式多样、立意新颖、极具感染而富有教育意义的系列主题活动。如以广州承办亚运为教育契机，开展“爱我广州、爱我校园、用微笑支持亚运”文明礼仪教育；建设书香校园，开展“寻找我身边的读书明星”活动；重视各项安

全防范教育以及生命教育，开展“儿童突发伤害事故预防及处理”图片展览；四川汶川、青海玉树地震灾情牵动亿万人民的心，在师生和家长的齐心策划下，我校师生共筹得捐款九万多元，为灾区小伙伴渡过难关，重建家园献上微薄之力。这些德育活动都润泽学生的心灵，滋养学生的生命。

我们力求给学生营造最大的发展空间，帮助学生树立理想，凸显个性，飞扬童心。1997 年起我校小记者站以“新、通、活”的体验方式，为全校少先队员打开一扇心灵的窗户。2001 年我校正式成立“大眼睛”小记者站，在指导老师的悉心指导下，小记者们用“大眼睛”去发现世界，用心去感受、用双手去创造编织未来。经过一段时间的锻炼，他们的口语交际能力、信息采集、筛选、整合能力也日渐提高，并在此过程中品尝到了成功的乐趣，思想道德水平不断提高。

如今学校“大眼睛”小记者站是《中国少年儿童报》、《现代中小学生报》、《岭南少年报》和南方电视台的特约小记者站、DV 站；1999—2010 年连续十二年被《岭南少年报》报社评为“优秀小记者站”；2006—2010 年连续五年被《现代小学生报》报社评为“优秀小记者站”；2006 年被南方电视台评为“广州市最活跃小记者站”（全市只有三所小学获得该项荣誉）；2006—2007 年度被全国少工委授予“全国优秀红领巾小社团”荣誉称号。

让德育润泽校园，让童心回归本真。近年，学校先后获得广州市依法治校示范学校、广州市安全文明校园、广州市优秀家长学校、广州市学校民主管理工作三星级单位、广州市德育特色学校、广州市群众体育先进单位、广州市体育传统项目学校先进单位、广州市岭南民间美术特色学校、广州市动漫创作特色学校、广州市首届语文和体育学科优秀科组、广州市优秀小记者站、广州市南方少儿频道最活跃 DV 小记者站、区教育系统创建国家卫生城市先进集体、区教育工会先进教职工之家、区体育、艺术工作先进单位荣誉称号。

三、存在的问题和努力的方向

第一，班主任队伍整体素质虽不断得到提高，一批优秀班主任已脱颖而出，但仍有个别班主任的工作水平和能力欠缺，特别是心理健康教育理论水平和辅导水平还有待提高。今后要大力组织教师参加心理健康教育 C 证和 B 证班的学习，以骨干带动整体，提高全校教师心理健康教育的理论和实践水平，使学校心理健康教育更上一个台阶。

第二，学校德育工作虽积累了不少经验，但没有建立独立的德育科研课题。我们曾经与中山大学心理系的教授和研究生们一起合作开展“小学生情绪调节能力与同伴接纳的关系”和“学龄儿童愤怒情绪调节”的心理课题实验，使教师对普遍性的学生心理问题有了正确的把握。但是到目前为止我们还没有建立独立的德育科研课题，现在我们刚刚通过区思政科提供的一个平台，申报 2011 年广东省中小学德育科研课题“传承剪纸艺术，弘扬优秀民俗文化”。通过这个德育课题研究，让学生了解传统文化、民族文化，培养学生的人文情怀、审美情趣和创新能力，促进学生的身心健康发展，提高学生的实践能力和创新精神。这个课题已经由区教育局评选后推荐到市教育局。

总之，德育是个复杂艰巨的系统工程，我们遵循德育规律，以求真务实的工作态度，高度的责任感，求真求新、善思善导，引导学生自主教育，促进学生和谐健康地成长，让德育润泽校园，让童心回归本真。

通过认真学习和总结反思，针对《广州市小学德育工作绩效评估指标体系》的指标分数，我们认为我校基本达到海珠区德育示范学校标准，自评299分，特向海珠区教育局申报海珠区德育示范学校，请审核。我们热忱欢迎各位专家、领导们对我校德育工作给予帮助和指导，并诚恳接受大家的宝贵意见。谢谢！

2011年4月20日

科研让我追寻幸福的教育，享受教育的幸福

——赖海虹教育科研成长小传

一、个人基本信息

本人一直坚持以师生的自主发展为本的办学理念，坚持科研促教，主张教科研一体化，通过实验的推进与研究促进教师的专业化发展和教育教学水平的提高，从而为学校教育教学服务。在担任江南二小校长期间，我创新进取，精心设计学校的发展蓝图，激励全体师生为之而奋斗。我亲自主持过区级课题“小学信息素养教育实验与研究”、中央电教馆国家课题“粤港两地网络资源促进书香校园英语阅读的实证研究”的科研实验，带领老师开展教育科研，用科研实验促进团队学习，用团队学习促进个人成长。为了深化体育办学特色，我带领老师们经常反思特色建设工作，不断对体育特色建设作理性的分析，并正确选题，亲自主持广州市教育科研“十五”规划课题“小学课余训练与学习协调发展的研究”实验与研究，以此深化学校的体育特色，使之成为全区真正的体育品牌。我虽不是体育教师，但是比别人要更懂体育，因为我作为一所有体育传统项目学校的校长、体育特色学校的校长，我必须把体育当作事业来做，更要懂得通过“体教结合”的经验，来引领教师与教练员确立对体育生“一辈子”负责的教育思想。为了更好地传承与发展学校的体育特色工作，我立足于学校管理、课堂教学、德育渗透、运动训练一体化的思想，把体育生文化学习与运动训练的矛盾成因和解决方法作为研究的重点，申报了该科研项目，力求探索和构建一种新型、和谐的教育理念和教育模式。

二、科研成长小传——引领教师走进科研，尝尽科研之甘苦

如果说人的能力分阶段提高的话，我由衷地赞同。因为我的教育科研成长之路验证了这点。科研就像是一双隐形的翅膀，把我领进一个新的境界，开拓了我的学术视野，指导我科学地开展工作，使我的能力在更大的范围内有了质的飞跃。二十一年的教育生涯，我始终像“夸父”一样，从未停下“追日”的脚步，科研也正是需要这样的追求与执着，才能促进个人的专业发展，才能收获丰硕的实验成果。

（一）引领思想，指导业务

长期以来，学校体育竞技过剩的是活动，匮乏的是思想。我们认识到，建构教育思想永远比复制教育技术更重要。于是，读书思考陪伴我们一同成长。身为校长，“学校体育兴衰是我的责任”，我要让体育成为学校最有魅力的教育特色，要让师生因体育而更加健康与幸福，要让体育生获得终身发展。为此，我身先士卒，以角色的责任和岗位的优势，去唤醒众人的梦想，引领教师们一起畅游书海，一起读书思考。有的书理论性较强，超出了我们的阅读水平，所以读起来比较困难，那么我们就一遍又一遍地读；读不懂的地方就打个问号，以便请教别人；读懂的地方就在笔记上写上感悟和反思。读书的态度如同做人的态度、工作的态度，在不断的读书思考和实践中，我逐步有了自己的思考和理念：学校要学习现代奥林匹克运动之父法国教育家皮埃尔·德·顾拜旦创立的体育理念，形成学校自己的办学策略——“体育与文化和教育相结合”。读书思考，让老师们逐步建立关于体育文化教育的思考和理念，注重自身全面素质的提高，积极开展科研实验，努力改进训练模式和方法，逐步探究出一种“课余训练与学习协调发展”的有生命力的竞技培养模式，在这种观念文化培育下的体育精神，能更好地为体育生的科学训练和文化教育以及发展保驾护航。

（二）夯实培训，推进实验

作为校长，我倡导“教育就是服务”的理念，力求为教师的成长、科研实验的推进提供有效的服务。首先，我们为教师提供信息资源服务。如订购报刊书籍，充实教师阅览室；建设校园网，创建教育教学资源库，鼓励教师上网查阅信息，制作与积累优秀课件设计、优秀教学案例等；尽心满足教师外出参观听课、参加学术活动和培训的需求。为了体育科研课题的研究，我支持体育老师参加每年举办的全国“十城市”体育课例评比观摩，让他们通过听课，取人之长，补己之短。其次，我们尽力为教师的科研实验提供专业服务，促进教师专业成长。我们邀请市区科研室、教研室的专家来校讲学，与教师直接对话，使教师建立正确的优化教学的价值取向，提高教学技能；我们鼓励青年教师上研究课，推荐他们到市区上公开课、介绍经验、交流成果或参加课堂教学评比；我们还鼓励老师勤动笔，不断总结经验，著书立说。最后，我们指导教师开展课程实验和教学策略

的研究，提高教学效率，让体育生在有效的注意力下进行有效学习。通过这样的校本培训和专业指导，科研实验组的老师们迅速成长起来，近三年体育老师撰写的论文在区级以上获奖的就有17篇，体育老师上的课例获奖也走在学校众学科前列，获得全国一等奖1名、市二等奖2名，区一等奖3名、二等奖1名、三等奖2名。

（三）课程改革，促进实效

培养体育生运动技能的主阵地是课堂教学。“新课改”的实施给学校体育竞技的发展带来良好的机遇，以往的课程设置不够合理，教学内容重复，竞技运动不强，教师整体素质不高等状况，都会在新课程标准的影响下得到不同程度的改变。在体育课堂教学和竞技训练中，我要求我们的老师坚持“一个中心，两个基本点”。一个中心就是以学生的健康幸福为中心；两个基本点，一是提高体育教师素质，二是提高学训质量。我们在教学上提出“五个转变”：由以教师教的研究为主转向以学生学的研究为主；由依靠高嗓门威逼学生转向依靠教学艺术吸引学生；由单纯的讲解示范转向新颖、丰富多彩的学练活动设计；由直接传授知识、技巧转向帮助学生体验过程、感悟方法；由不合理的拼体力消耗转向高效率的智能、技能型教学。评价上做到四个关注：关注学生德、智、体、心等综合素质的发展，关注并保护学生的自尊和自信，关注激发学生的学训兴趣和重视学生的情感体验，关注评价指标的多元性。我还建立体育教师、班主任和任课教师捆绑式的考评奖励制度。此外，由于体育生天性活泼好动，个性张扬，因此，我指导老师在教育这些孩子时，无论在学习上、思想上还是心理上都要多花上一倍的心思和精力。如今我们老师在教育过程中，善于发挥主导作用，主动关心孩子们的思想状况、文化学习和训练生活，主动与家长和体育教练紧密沟通，耐心引导和教育学习上、思想上有困难的孩子，促使体育生在思想、学习、训练上三不误。

（四）狠抓管理，体教结合

中国女网球队主教练蒋宏伟在多哈亚运会上曾说过这样一段话：“打球打到最后还是打文化和打境界，打球首先要学会做人。”作为校长，我经常以此句来教育师生，引导教师们本着对体育生一辈子负责任的诚心，加强对孩子们的思想教育，做到技术、思想两手都要抓，两手都要硬。我校有足球、游泳、体操等多支运动队，每次有学生加入运动队时，我们首先教给孩子的不是技巧，而是做人。我在接受广东电视台体育频道和中央电视台体育频道采访中曾说：“教育孩子们要坦然面对成功，面对失败，做到胜不骄，败不馁；教育孩子们要感谢成功，感谢失败。”2004年、2005年，我校男子足球队分别获得“达能少年国际杯”（中国区）足球赛第三名和第一名的好成绩，连续两年作为中国少年队的唯一代表出征法国参加全球总决赛。当时，我向小运动员们提出了“胸怀祖国、放眼世界”、“祖国荣誉高于一切”的响亮口号和行动指南。正是因为有爱国主义这一强大精神支柱，我们的小运动员们在战场上发挥了团队智慧，赛出了风格，赛出了水平，为祖国争了光！

三、代表性研究成果

（一）丰硕的成果

小学课余体育训练与学习协调发展的课题研究给学校竞技体育注入了教育新空气，让作为校长的我更加自信地指导教育教学与学校管理，让学校的团队更加团结，更让体育生深感文化知识对竞技训练的重要性，从而学会如何做人，如何战胜困难，将历届体育生的爱国情怀、团队精神、创新思维不断得到发扬光大；它让教师确立对体育生“一辈子”负责的教育思想，用自己的智慧，用自己的才华提高学生的能力与精神境界，培养高素质、全面发展的体育人才。该课题已经取得具有一定的应用和推广价值的成果。通过课题研究，一方面，学校形成了体育生思想工作、学习、课余训练一体化的管理体系。对课余体育训练有了科学、准确的目标定位，探究出一种“课余体育训练与学习协调发展”的可持续性的教育模式。课题研究得出的结论具有创新性，对在我国竞技体育体教结合的运行模式中，进一步推进中小学体育传统项目学校课余体育训练的建设，具有一定的针对性和较好的参考价值。另一方面，课题研究成果较为丰富，已公开发表论文 13 篇，正式出版了《对体育生“一辈子”负责——小学课余体育训练与学习协调发展的研究》课题成果集一书，并已取得较好的实践效果。学校体育生转化工作得到强化，教师教育教学能力和学校教育教学质量都得到进一步提高，师生关系也进一步融洽，促进了学校体育文化的培育，也取得了较好的社会效益，为我校体育特色的长盛不衰提供了强大的思想保证和精神动力。作为课题完成者也是学校负责人的我努力用自己的智慧、才华提高教师的能力与精神境界，促进学校课余体育训练与学习协调发展的研究，个人通过理论学习，不断提高自身的理论素养和研究水平，撰写的多篇论文在市、区获一、二、三等奖：2009 年 5 月，本人撰写的论文《发展性督导评估推动学校特色新发展》参加第十三届广州市教育督导专业委员会年会论文评选荣获市三等奖；2009 年 12 月，个人成果《对体育生“一辈子”负责——“初探小学课余体育训练与学习的协调发展”》荣获得海珠区第三届教学成果奖二等奖；个人还获得海珠区参加广州市第十四届、第十五届运动会突出贡献奖。

体育科研实验取得丰硕的成果，促进学校体育、文化与教育和谐发展，从而为我校体育特色的长盛不衰提供了有力的思想保证和精神动力：学校被评为广东省足球、体操传统项目学校、广州市群众体育先进单位、广州市体育传统项目学校先进单位、广州市第十四届运动会（体操运动代表团）突出贡献奖、广州市第十五届运动会（体操运动代表团）输送体育人才一等奖、海珠区体育工作先进单位；荣获 2008 年广东省体育传统项目学校足球赛第四名、2009 年区小学生游泳锦标赛第三名、2009 年广州市“市长杯”阿迪达斯中小学生绿茵足球联赛小学乙组第一名、甲组第三名，2010、2011 年连续两年荣获广州市“市长杯”青少年校园足球第一名、2011 年海珠区小学生游泳锦标赛第一名、2011 年全国青少年校园足球第四名等多个奖项。

（二）反思

开展教育科研，让我成为一位负责任的校长，不仅让自己、更让更多的老师自觉学习丰厚的教育理论知识，学会做教学研究的正确方法，养成良好的思考问题的习惯。开展教育科研，更让我注重以人为本，关注和谐教育，让每一个孩子身心健康、活泼乐学，在优质的课堂上和丰富的活动中发现幸福、享受幸福；让每一个教师愉悦自信，持续发展，在充满激情与智慧的工作中创造幸福、享受幸福。苏联教育家苏霍姆林斯基说得好：“如果你想让你的劳动能给你带来乐趣，使天天上课不至于变成一种单调乏味的义务，那你就应走上从事研究这条幸福的道路上来。”回顾自己与科研工作结缘这些年以来的学习、工作和生活，我深切地感受到科研的天地是如此广阔，充满着理性碰撞成长的生机和活力，它是一条奔流不息的江河，而我像一股激流，在无限的思维拓展中向着既定的目标奋进。我坚信，只要坚定地沿着科研这条充满理想与反思的“幸福之路”走下去，我和我们的老师就一定会到达辉煌的终点。

2011 年 11 月 15 日

让教育科研为学校的素质全面发展提速

——海珠区江南新村第二小学“十一五”期间科研工作总结

“十一五”期间，我校教育科研工作始终坚持“科研强师、科研兴校”战略，以实现教育思想的不断更新为核心，以促进师生的共同发展为宗旨，全面开展教育科研，建立了一支精诚团结、锐意改革，用信心与创造履行着爱与责任的教科研队伍，使学校课题实验研究跃上了新台阶，科研工作取得了可喜的成绩，学校知名度逐年得到提高。

一、基本情况

我校坐落于全国首批“购物放心一条街”的江南西路，是一所创办了 23 年的体育运动实验学校。学校先后获得广东省一级学校、广东省群众体育先进单位、广东省现代教育技术实验学校、广州市依法治校示范校、广州市安全文明校园、广州市优秀家长学校等荣誉称号。学校坚持“以师生的自主发展为本”的现代办学理念和“依法治校、文明育校、科研兴校、质量立校、名师强校”的办学策略，分别开展了国家、省市、区级课题共七个，不断积淀丰厚的办学思想、多元的教育资源，关注师生的生命成长，以科研促进教师的专业发展，凸显了学校的体育办学特色，切实提高了教育教学质量，促进了学校素质全面发展、师生和谐共生。

二、特色与亮点

（一）教育科研机制完善，科研气氛浓厚

我们深刻认识到教育科研是教育改革和发展的重要力量，是改进教育实践和促进教师专业成长的有效途径。为了切实提高学校科研工作质量与效率，在海珠区教育发展中心科研部的指导下，我校建立了四级教科研管理网络，形成了校长室—教导处—课题组（教研组）—教师团队的科研网络管理形式，组成了一支以教学骨干为核心的教科研队伍，健全了科研机制，使学校科研工作层层落实，促进了教科研工作的科学化、规范化、制度化、有序化，在全校形成了浓厚的科研氛围。校长亲自带头搞科研，主持和承担全校性的课题研究，全体教师都是课题的实施者；学科带头人、骨干教师承担学科或个人的课题研究，深入教科研第一线，把课题研究与教学实践紧密结合起来，在促进学生发展和推进学校特色建设的过程中起到了重要作用。

教导处充分发挥职能作用，根据区下发的《广州市海珠区教育科研管理手册》，完善了学校教育科研工作中的一系列制度，如课题申报制度、课题过程管理制度、科研学习研讨制度、科研成果奖励办法等，把教育科研工作摆在学校工作的重要位置。为了更好地激发教师科研工作的积极性，学校不定期地印发学习资料给老师学习，同时也善于收集整理教师的科研论文，并选择优秀论文参与区组织的各项论文评比，向有关刊物推荐发表，积极参加各级组织的教育科研经验交流，展示我校在教育科研、教学改革等方面取得的成果。

在学校制度的鼓励与保证下，教师们从学校实际情况出发，从促进学校特色和品牌、促进教师自身专业发展等方面提出多项研究项目的申请，其中有六项已分别被不同层次上级机构予以立项。目前，我校的科研课题和科研队伍已形成了一定的规模，85%的教师承担了课题研究，这为我校走“科研兴校、科研强师”之路打下了坚实的基础。

（二）课题选题层次丰富，促进教师专业化发展

教师是学校可持续发展的第一资源和再生资源，只有教师发展了，才有学生和学校的和谐共生。我校提出要竭尽全力为师生的成长创造最大的发展空间，鼓励优秀教师积极申报课题，在教学实践中形成自己的教学风格。为此，我校的科研课题符合学校实际情况，针对性强，选题层次丰富，既有促进我校体育特色发展的全校性广州市教育科学“十五”规划课题“小学课余体育训练与学习协调发展的研究”，促进现代教育技术实验学校品牌建设的省级课题“交互智能平板在

小学教学中的应用研究”；又有学科特色课题，如英语科的国家级子课题“网络学习环境促进英语能力发展的研究”，科学科的国家级子课题“GE 社区‘做中学’探究式科学教育”；美术科的广州市教育科学“十五”规划课题子课题“利用岭南民间剪纸艺术资源，开发小学美术校本课程的研究”；体育科的全国教育科学规划教育部重点课题“海珠区中小学不同类型学校体育教学管理对提高学生体质健康水平的研究”子课题；还有百千万人才名师专项个人课题“小学生语文学习个性化研究”和广州市特约教研员的个人课题研究等。

学校在制度、经费、活动上都给予了切实的保证，重视对科研骨干和广大教师的教科研培训工作。在培训工作中，我校做到了以下几点。一是立足校本培训。学校注意对象的层次性、内容的针对性、方法的灵活性、手段的多样性以及效果的实在性。每学期针对教育主题对教师进行必要的教科研培训，通过提高教师教育教学理论水平等，最终提升教师的科研理论素养和科研基本能力。二是采用研修交流。除了举行学校校本讲座，我们还采取举办沙龙式研讨、课堂观摩，成果交流等方式，通过互学、互相交流，使不同层次的教师的科研能力均获得相应提高，与此同时，不断提高教师的专业知识和业务能力，从而促进课堂教学水平的进一步提升。三是重视专家引领。我校有计划地邀请专家来我校讲学，让专家名师走进教师，和教师亲切对话，很好地解答了教师在教学科研实践中遇到的困惑，拓展了教师的教学思路，如我们先后邀请了区发展中心的刘建中主任、费伦猛部长，市教研室的王亚芸、杨建辉、魏春峰、林淑媛等老师来我校讲学，“请进来”的活动大大提升了全体教师的专业化素养。四是“走出去”学习。我校鼓励教师们带着任务“走出去”学习，回学校向其他的教师们汇报学习体会。凡是上级教育主管部门组织的教师培训活动，我校都积极派人参加，例如历届的全国“十城市”体育课例观摩活动、全国青年教师阅读教学大赛等活动。2009 年 1 月，我们派出了刘丽萍主任参加了区教育发展中心组织的海珠区教育科学规划课题负责人圆桌研修班上海行活动，此次学习收获甚丰，科研骨干们更好地捕捉了最新的教育科研信息，开拓了教育新视野，提升了科研水平。通过一系列的培训，我校力求高层次地培养一批科研骨干，促使教师从“经验型”走向“科研型”。我校通过有活力和吸引力的保障机制使广大教师乐于参加课题研究和科研活动，使教师的专业生活方式在课题实施的过程中得到丰富，使教师的生命在科研实施的过程中不断成长，以此来建设一支有事业心、有较强的教育教学能力，积极进取、自主发展、富有创造精神的教师队伍。

（三）积极开展课题研究，彰显学校品牌和特色

“十一五”期间，我们对全校性课题的选定、方案的设计、具体操作程序的制定都作了周密的考虑，承担促进学校体育特色发展的市级课题“小学课余体育训练与学习协调发展的研究”已顺利通过结题鉴定，科研成果编著也已出版。课题研究立足于学校管理、课堂教学、德育渗透、运动训练一体化的思想，把体育

生文化学习与运动训练的矛盾成因和解决方法作为研究的重点，探索和构建一种新型、和谐的教育理念和教育模式，取得了较好的实践效果。通过课题研究，学校体育生转化工作得到强化，学生参与课余体育训练、学习、生活的主动性、创造性有较大的改观，教师教育理念、教学能力和学校教育质量都进一步得到提高，师生关系也进一步得到融洽，社会、学校、家庭对“体教结合”培养模式的支持度及满意度有所提高，这促进了学校体育文化的培育。

“十一五”的课题研究虽已告一段落，但学校继续强化教科研一体化的实验与研究，以及开展针对当前如何推进教育技术应用、发挥现代先进的教育设备对教学的促进作用等研究，我校现在着手筹划“十二五”省级课题“交互智能平板在小学教学中的应用研究”的申报与立项工作，学校将交互式智能平板主要应用在教师专业化培养与学科教学整合上，开创交互式智能平板在小学教学中的实际应用，寻求数字化聚合环境下更加有效的学习方法和教学方法，促进创新人才的培养，推进区内乃至国内数字化校园的进程。

（四）强化课题过程管理，推进课题研究的持续发展

为了使课题研究有序、有效地开展，第一，教导处组织课题组成员及各课题负责人，认真参照和学习《海珠区教育科研课题管理办法》，明确了课题管理的具体内容，及时向各课题组复印和派发了“办法”和“细则”，使各课题研究工作科学有序进行。第二，严格课题研究档案资料的规范管理，各课题组有专人负责课题研究材料的收集、整理、选择、统计和保管，实行分类管理，确保课题研究资料的完整性、客观性和典型性。注重及时记录研究过程，可以是文字记载，也可以是音像画面，以追求研究的实效性、科学性。根据研究过程中的不同特点，有所侧重地进行有效管理。第三，我们强化课题研究的过程管理。一个课题一般分为开题方案论证，中期成果汇报，结题评估、鉴定、验收三个过程，这三个过程各有特点。教导处及时指导各课题负责人按计划、有步骤地扎实开展研究活动，特别注重平时研究，坚持教、研结合。课题组内成员坚持相互观摩各自组织的研究活动，认真分析课题研究进展中的得与失，共同讨论研究中遇到的各类问题，努力寻求解决的办法。第四，及时做好课题的结题和成果推广工作。在校长的亲自指导下，由教导处牵头，组织课题承担者边实践，边研究，边总结。及时做好校内优秀论文、案例的评选，择优参加区的论文、案例、成果征集，做好文章的发表推荐工作，使课题研究能及时被提炼、上升为理论，多出成果。

三、成果与反思

课题实验的研究与推进，有效促进了教师教育观念的提升，带来了教师教育水平的提高，带来了教师专业成长的飞跃。教育科研的深入开展，在学校教育教学改革中起到了先导作用，使学校的整体办学水平迈上了新台阶。学校有 11 名教师分别被聘任为广州市数学、科学特约教研员、市学科研究会理事、市区学科教

研中心组成员等，成为学校学科或教育科研的带头人。在科研的指导下，学校的体育文化不断彰显，体育特色不断升华，体育科组的教师也迅速成长起来，他们把体育教学工作当作自己的事业、自己的理想，勇于创新，努力开创体育教学改革和研究的新局面。近三年，校领导和体育教师撰写的体育论文在区级以上获奖的就有 18 篇，在省市区获奖的体育教学设计达 10 篇。温建荣老师参加广州市体育易地教学评比获一等奖、全国第二十三届体育教学观摩研讨会录像课一等奖，并获得“广州市青年体育教师教学能手”称号。莫伟聪、刘福利和张淑红三位老师分别获 2006、2007、2008 年体育课堂教学评比一等奖，赵建恒老师获 2011 年区“明珠杯”课堂教学评比三等奖。学校被评为广东省足球、体操传统项目学校，广东省群众体育先进单位，广州市体育传统项目学校先进单位，并荣获广州市第十四、十五届运动会（体操运动代表团）突出贡献奖。广州市教育科学“十五”规划课题“小学课余体育训练与学习的协调发展”的实验与研究很好地实现了通过发展“体教”这一共同体来提升学校整体办学质量的目标。“十一五”期间，全校共有一百多篇研究论文发表或在省市区级获奖，其中，赖海虹校长的《对体育生“一辈子”负责》发表在全国基础教育类核心期刊《新课程》上，《对体育生“一辈子”负责——初探小学课余体育训练与学习的协调发展》获海珠区第三届教学成果二等奖，主编带有书号的编著《对体育生“一辈子”负责——小学课余体育训练与学习协调发展的研究》成果集；雷婷副校长的《阅读·情感·对话》发表在《到教育前沿认识教育》，论文《谈新课改中语文教师的“导”》获广州市小学语文“有效教学论文评比”二等奖；刘丽萍主任的《破解文化学习与体育训练的矛盾》发表在全国基础教育核心期刊《新课程》上，《在数学教学中培养学生的信息素养》发表在《海上明珠大学堂》成果交流处，《如何在课堂教学中把握好评价激励的度》获新形势下教育管理与实践征文大赛一等奖；梁丽茹老师的《岭南剪纸》被编为校本课程，《利用岭南民间剪纸艺术资源，开发小学美术校本课程》获第五届一等奖；许广玲老师的《“做中学”探究活动对低年级学生思维能力的发展》获广州市中小学、中等职业学校第十四届特约教研员结题成果一等奖。我校还与省“千校扶千校”的受援学校韶关市浈江区黄金村中心小学、从化区希贤小学、香港姊妹学校乐善堂小学等学校缔结友好，通过教科研的互访、互教、互帮、互学等交流活动，使双方学校优势互补，相互促进，一同发展。学校的科研成果在这些学校以及区内的两所小学中得到推广应用，均获得良好的教育实效。

我们深知，教育科研是一所学校所有工作的核心，能使学校强化科学管理，提升教学教研水平，是提高教学质量和效益最有力的支撑。下一个阶段，我校将进一步规范教科研工作，扎实推进校本教研、校本培训，使我们的校本教研更有特色、更有成效，争取让更多的学科带头人、骨干教师脱颖而出。我们深信，只要我们坚持“科研强师、科研兴校”的战略，科研之花一定会不断绽放，并催生出学校建设与发展的又一个春天，真正成为学校内涵发展、师生和谐共生的引擎。

2011 年 11 月 28 日

彰显个性、激扬智慧、提升文化

——海珠区江南新村第二小学体育文化办学特色的探索实践

我校创办于1988 年，是一所体育特色鲜明、散发着人文情怀与现代气息的广东省一级学校，是区内唯一一所海珠区体育实验学校。多年来，历届校长和教师不断传承和发展体育文化，坚持“以师生的自主发展为本”的办学理念，在“文化引领、创新发展、提升内涵”等实践中不断学习，不断积淀丰厚的办学思想、多元的教育资源，形成了独特、优质、稳定的体育文化办学特色。体育文化是凝聚和激励学校团队进行教育教学改革的重要精神力量，是学校发展体育特色乃至提升学校整体文化的强大内驱力，使学校的整体工作和综合实力获得长久、全面、可持续性的进步和发展。

学校的足球、体操两个体育强项不断得到巩固与提高，逐步成为海珠区乃至广州市的特色品牌。学校 2004、2005 年连续两年代表中国少年队出征法国参加“达能少年国际杯”全球总决赛，为祖国争光。学校足球队 2010、2011 年连续两年参加广州市“市长杯”青少年校园足球联赛都获得第一名。学校体操队代表海珠区连续参加广州市第十四、十五届运动会，分别获得总分第二名和第一名的好成绩，位居市金牌榜第一，并连续两届获得“体育道德风尚运动队”称号。多年来，学校不仅向各中学输送了后考上北京大学、军体院、北京航空学院、中山大学、华南师范大学的学业优异、德才兼备的体育特长生，还为国家体操队输送了吴柳芳、吴小明等优秀体操队员，为全国各足球俱乐部输送了如吴伟安、卢琳、叶伟超等足球新锐。

建设体育文化品牌，彰显个性，激扬智慧，提升文化，为学校的持续健康和谐发展谱写新的篇章。学校荣获全国学校体育场馆向公众开放先进学校、广东省现代教育技术实验学校、广东省（足球、艺术体操）传统项目学校、广东省一级学校、广州市一级学校、广州市依法治校示范学校、广州市安全文明校园、广州市群众体育先进单位、广州市体育传统项目学校先进单位、广州市优秀家长学校、广州市第八届教学成果三等奖、广州市第三届中小学校优秀艺术团、海珠区“十一五”教育科研工作先进单位、海珠区教育系统青少年科普教育工作先进集体、海珠区参加广州市第十五届运动会体育后备人才输送一等奖等多项殊荣。学校更培养了广东省名教师、广东省语文特级教师、广州市数学、科学特约教研员、广州市青年体育教师教学能手、市区学科教研中心组成员等一批优秀的教师队伍。

一、建设观念文化，培育学校精神

一所真正久盛不衰的体育特色学校，不在于它拿了多少枚金牌，而在于它存在于师生员工的脑海和心灵之中的体育观念文化。只有这种观念文化培育下的学校精神，才是学校生存与发展、成为强校的原动力。

（一）建构核心理念文化

多年来，我们始终把文化建设作为学校办学特色发展的战略目标，学校成立了办学特色工作领导小组，定期邀请区教育局、区体育局、科研部门的专家、领导来校指导。我们认识到：办学特色是指学校在总的教育方针指导下的教育目标和管理目标具有与众不同的"个性"。这里的"个性"并非培养几个能歌善舞、能跑会跳、擅长弹琴、精于绘画的特长学生。从教育本质与功能方面去思考和理解，我们可以发现，《中国教育改革和发展纲要》中所强调的中小学要办出各自的特色是基于：一要对"应试教育"进行改革，二要面向全体学生，三要全面提高学生素质。就是说，《中国教育改革和发展纲要》中所强调的办学特色，其目标是对每个学生素质与能力作最大限度的开发与培养，并达到最高水平，使之具有主动适应社会发展的能力。因此，办学特色不是限于某一点，而是"以点带面"，最终使学校实现整体优化，实现特色强校。为此，我们在办学特色的定位方面作了理性的思考，以生命的视角关注师生的发展，力求给师生营造最大的发展空间，使每一位学生获得全面和谐的发展。经过多年的共同努力与坚守，我们总结出了全校师生认同并自觉遵循的"健康第一"的指导思想、"以师生的自主发展为本"的办学理念、"体育与文化和教育相结合"的办学策略、"健康、美德、智慧"全面发展的培养目标的学校文化体系。

（二）科研引领，不断丰富体育文化的内涵

科研是学校特色发展过程中不可或缺的重要环节，是我校发展体育文化特色的有力保证。学校大力推进广州市教育科学"十五"规划课题"小学课余训练与学习协调发展的研究"的实践与研究，以新的视野和新的理念去解决小学开展课余体育训练中出现的各种问题。通过学习，我们得出了一个结论：善于用脑的人更能用最少的时间付出换取最佳的训练效果。为了让体育生成为善于用脑的人，老师们身体力行，正确把握小学课余体育训练与学习协调发展的方向，转变思维和角度，开展了课程实验和教学策略的研究。例如，我们开展了体育班的管理实验。我们将不同体育项目的体育生集中在一个班上学习，还开展体育生分班学习的实验，将不同项目的体育生分别安排在不同的班级与普通生一起学习。通过实验，我们发现体育生在普通生居多的班级文化氛围下得到较好的熏陶，他们一些

共通的陋习在潜移默化的影响下得到了改正。另一方面，体育生顽强拼搏、积极进取的体育精神也感动了普通生，两者互相促进，共同进步。通过研究反思，教师们在提升自身专业水准的同时，不仅提高了课堂教学质量，更提高了体育生对竞技训练乃至比赛、学习、接受、理解和执行水平，促使体育生更善于用脑学习和参加训练，在赛场上显示智慧和良好的心理素质。

（三）课程改革，不断推进办学特色向纵深发展

学校文化的主阵地在课堂，培养学生的主阵地是课堂教学，“新课改”的实施给学校特色文化的发展带来良好的机遇。在体育课堂教学和竞技训练中，我们坚持“一个中心，两个基本点”。一个中心就是以学生的健康幸福为中心；两个基本点，一是提高体育教师素质，二是提高学训质量。我们在教学上提出“五个转变”：由以教师教的研究为主转向以学生学的研究为主；由依靠高嗓门威逼学生转向依靠教学艺术来吸引学生；由单纯的讲解示范转向新颖、丰富多彩的学练活动设计；由直接传授知识、技巧转向帮助学生体验过程、感悟方法；由不合理的拼体力消耗转向高效率的智能、技能型教学。评价上做到四个关注：关注学生德、智、体、美等综合素质的发展，关注保护学生的自尊和自信，关注激发学生的学训兴趣和重视学生情感体验，关注评价指标的多元性。

我们倡导建立学习型科组，体育科组要加强自身专业素养建设。近年来，体育科组的老师以“团结拼搏，超越自我”为宗旨，敬业乐业，积极进取。通过凝聚集体智慧与力量，他们无论在课堂教学或者在体育竞技培养方面都取得丰硕的成绩：近三年，体育科在区级以上获奖的论文、教学设计就有18篇；温建荣老师2005年代表海珠区参加广州市易地教学评比荣获一等奖、参加2007年海珠区“明珠杯”课堂教学评比获二等奖、2010年参加全国第二十三届体育教学观摩研讨会录像课荣获一等奖，被评为广州市青年体育教师教学能手，2012年代表广州市唯一的校园足球教练员参加全国校园足球教练培训学习班，并远赴德国培训；莫伟聪老师、刘福利老师、张淑红老师分别荣获2006、2007、2008年体育新课程优秀课例评比一等奖，其中，莫伟聪老师作为中国中超裁判新锐，备受中国足协重用，多次参加中超足球比赛的裁判工作；学校连年获得区先进科组、区先进集体、体育综合分一等奖等殊荣。

（四）面向全体，不断凝聚学校的精神文化

一直以来，我校坚持“全面发展、体育见长”的办学特色。我们体会到：体育不应该只是少数运动队员的活动和任务，而应是全校师生领会的一种文化，是为了让全体师生共同健康快乐地发展。建设校园体育文化和开展体育群体活动的主力军应该是每一个师生。因此，我校面向全体师生，不断丰富校园体育文化的内容，开展形式多样的体育文化活动。除了严格执行上级教育部门的课程设置，保证学生每天一小时的体育活动，每天坚持“三操”制度，还开设了大课间健康的体育文娱活动。我们要求非体育教师和非体育班的学生掌握一项以上的体育技

能，如学会踢足球，学校再举办班际足球比赛，以奠定学校体育特色的群众基础。通过开展形象、生动、“面向全体”的体育文化活动，塑造师生美好的心灵，凝聚学校团结向上、生动活泼的精神文化，促进师生身心的全面发展。我们还把体育特色工作深入到每一个师生家庭，向社会开放宽敞的体育场地，与社会携手开展体育文化活动，引领众人都来积极响应国家的“全民健身计划”。实践证明，向师生提供绚丽多彩的运动方式，不仅能使“团结、拼搏、健康、向上”的体育精神深入人心，使全体师生昂扬斗志，刻苦耐劳，还能使师生在锻炼身体的同时学会合作与竞争，在分享快乐的同时感受体育魅力，更能不断激发全体师生齐心协力，发展自己，超越自我，为学校提升办学质量而注入新的动力。

二、学校体育文化办学特色的延伸思考及实践

我们思索着，任何一个年代、任何一个时期的体育文化都离不开追求艺术的美、智慧的美，体育求“更快更高更强”，也须求“更美”。北京奥运会开幕式的美轮美奂、中国文化的博大精深令全世界为之叹服，观众在欣赏体育比赛时自觉地超越狭隘的民族、国家立场而上升到以审美的眼光去观看运动员展示出的速度之美、高度之美、力量之美、技巧之美和精神之美。我校一位出国到英国曼彻斯特足球学校读书的体育生给老师来信说，从来没想过练足球还要去进修人体艺术和学跳芭蕾。无独有偶，最近我巧遇一位初一就去美国留学的学生，在我校读书时是一个艺术特长的市优秀三好学生，可她去了美国读书后居然仍要恶补体育和艺术学科。很明显，外国学校非常重视体育和艺术两者融在一起的文化教育。中外的文化差异根源在于观念文化。为此，我们进一步开展体育文化办学特色的实践研究——让学校的体育文化回归生本，回归自然，回归社会和谐的美。

（一）艺术、智慧的美让学校办学特色充满健康与魅力

学校特色是学校发展到高一层次的标志，我们学校所彰显的这种特色文化是充满健康与活力的美，充满艺术和智慧的美。美是体育与文化艺术共同追求的至境。我们告诉学生生命的形成就是从美开始的，生命的成长更是美的历程、美的历练，美又存在于文学、艺术、科技、自然、社会等一切美好的事物之中，表现为人文之美、科学之美、艺术之美。课堂内外的知识从形式到内涵无不充满美感，所以老师们用心授课，让学生在课堂上感悟生命成长中美的元素：领略语言文字的深邃与优美，外语学习中异国文化的多元与多彩美，数学的理性、秩序美；科学的神秘、神奇之美，体育中的运动美，艺术领域的造型美、韵律美、光影美、色彩美……

老师们在教育教学实践中传递着美：“学高为师、身正为范”的教育人格之美、对同学成长关怀备至的关爱之美，形象的教育内容、生动的教学方法、先进的教学手段、富有个性的教学风格，均包含着教育智慧之美，无时无刻地帮助同学们塑造着成长之美。美愉悦孩子们的身心、陶冶孩子们的情操，启迪孩子们的

智慧，提升孩子们的精神。老师们还善于拓宽体育、艺术、科技等教育的视野，为学生的进一步发展竭尽全力地搭建平台。因为有了美的追求和审美情怀，孩子们的心灵更加丰富通透，个性彰显，智慧激扬。在老师的精心辅导下，足球、体操、游泳、艺术团、舞蹈、合唱、剪纸、动漫、电子制作、科技创新、无线电工程、小实验家、船模、航模、建模等团队在市区参赛都能获得优异的成绩。近年来，我校艺术、科技学科的综合实力在区内名列前茅，其显著的教育成果促使学校体育文化的办学特色更加完整，更加充满健康与魅力。

（二）教师的专业发展让学校办学特色更显人文与实效

教育大计，教师为本。近年来，我校不断加强特色师资队伍建设，在推进名师工程，实施"外引内培"策略方面进行了很好的探索。例如，借助区面向全国公开招聘教师的平台，公平、公开、公正地选拔和引进教育优秀人才；又如，输送干部挂职学习交流，大胆启用和考察锻炼年轻干部、教师，让他们充分发挥才智，学校已成功提任校级干部两名，输送人才到区教研室一名。我校积极推进名师工程，通过校外、校本等多层次培训，一批教学骨干脱颖而出：雷婷副校长光荣当选广东省语文特级教师和广东省"名教师"，成立广东省首批名师工作室，被聘为海珠区小学语文教研会会长；许广玲老师连续两届被聘任为广州市中小学科学特约教研员、广州市小学科学教学研究会理事；岑卓红老师被评为广州市百佳音乐教师奖、广州市何安东基金音乐教学成绩优秀奖、广州市优秀教师；张慧纶老师被评为广州市优秀教师、海珠区优秀辅导员，被聘任为海珠区小学音乐教学研究会理事；梁丽茹老师曾获广州市百佳美术教师奖、广州市动漫（剪纸）美术特色项目学校优秀指导老师，被聘任为海珠区小学美术教学研究会理事；周建光老师曾获广州市中小学青年美术教师基本功大赛三等奖、广州市校园动漫创作大赛、电子制作大赛指导老师奖；温建荣老师曾获广州市首届体育教学能手，被聘任为海珠区小学体育教研会理事；雷婷、温建荣和许广玲三位老师分别被聘为区教育系统学术评审委员会专家专业人才库专家。许多老师多次在省、市、区执教公开示范课，课例和教学设计多次获奖。近几年，学校的办学质量、办学品牌越来越得到社会的充分肯定，每年的招生都吸引着很多体艺爱好者、体育苗子、优秀学生慕名而来。

三、建设有特色的校园体育文化环境

（一）做好学校体育文化环境建设的规划

校园体育文化环境建设与规划是一项复杂而细致的工程，需要全校师生长期不懈的努力才能臻于完善。我校通过多方听取意见，规划好学校师生开展体育文化活动必需的场所，如人造草坪足球场、塑胶田径场、体育馆、游泳池、篮球场、羽毛球场、体育明星长廊等场所。学校体育文化环境遵循"健康第一"的指导思想，达到使用功能和审美需求的和谐统一。为此，我们在体育馆、体操房、游泳池的墙壁上悬挂体育明星的画像以及名人谈健身和体育的格言；在校园内建设“体育明星长廊”等文化阵地，介绍本校历届培养输送到省、市乃至全国的体育优秀人才；充分利用学校广播、宣传栏宣传锻炼对身心的影响等体育文化知识和体育信息动态。学校还在每个运动场地或区域竖立该运动项目的宣传牌，上面写有该项目的名称、简介、技术要领及练习方法等。在这样的体育文化环境中，可以潜移默化地提升学生的生活方式和人文体育素养，促进学生体育观念的转变，更有助于弘扬民族传统体育文化，发扬爱国主义精神。

（二）加强校园体育文化环境的管理

加强校园体育文化环境的管理是保证学校体育文化健康发展的一个关键因素。我校制定相应的管理制度，进行科学化管理，并对学生进行爱校如爱家、爱护公共设施等思想教育及规范教育，形成良好的育人环境，以免造成学校人力、物力、财力的浪费，助长校园内的歪风邪气。此外，学校还建立了一套科学的校园体育文化环境评价体系，使校园体育文化环境管理在不断的反馈中得以完善。

四、领导的关心和扶持是特色强校工作的有力保障

（一）上级领导非常关心

前任市长曾到学校现场办公，主管体育教育的副区长和市区体育局、教育局的领导多次到学校调研，指导学校的各项工作，对学校办学特色如何推进学校整体工作提出了许多建设性意见。

（二）训练经费投入落实

长期以来，海珠区教育局和体育局给予我校体育文化工作大力的支持。区教育局更是在全市率先启动特色项目的培养资助资金，我校不仅申请拿到足球最高项目资金，还拿到艺术团、科技等培养资金总计每年四万多元。我校还通过自筹资金，每学年投入学校体育经费约达 5 万元，包括购置体育器材、教师寒暑假训练费、每月教师训练费、教师和学生比赛的交通费等。2012 年暑假，局还将对我校的足球人造草坪进行全面改造，这将进一步坚定师生对特色强校的信心。

一所优质学校，没有质量难以生存，没有办学特色难以发展。作为一所体育传统项目学校，我们必须走出一条有生命力的体教结合之路，才能使学校特色与学校整体发展相得益彰。体育文化让师生的心灵受到全面的熏陶，这种潜移默化的熏陶，是促使师生获得发展的关键，是学校彰显体育特色并得以持续发展的生命所在。这不仅促进了学校的足球、体操传统项目竞技成绩保持区、市的前列，学校也获得全面、长足、可持续性的进步和发展。学校先后接待了来校参观指导的世界球王贝利先生、中国足球协会、前中国奥青队主教练、前中国女子足球队主教练、英国教练、法国里昂教练、前国家女子体操队教练等体育专家，也接待了来自省“千校扶千校”行动计划的受援学校韶关市黄金村中心小学、香港姊妹学校乐善堂小学、新疆克拉玛依市克拉玛依区区长一行、湖南、江苏等地的教育

专家团来访参观，他们对学校的办学特色给予了充分肯定。

鉴于此，我校殷切期望能成为海珠区第一批特色强校，继续丰富和完善学校的教育模式，提升学校整体文化的品位，实现科学的可持续发展。

最后，我以我办公室镶嵌的一幅字画结束我的发言——“饮水思源”。前人栽树后人乘凉，学校有着良好的体育传统特色办学根基，需要我们后人不断传承与发展。我们要探索源泉，又要携“思”于水，丰富内涵，彰显个性。这样，才能使体育文化的办学特色像活水那样源源不断地常新、常流，从而为我校体育特色的长盛不衰和文化品位提升提供强大的思想保证和精神动力。也让学校真正成为师生喜爱的体育文化场所，成为师生心灵眷恋之所在。

（海珠区江南新村第二小学申报“特色强校”汇报资料）

2012年7月3日

推进现代教育技术，实现学校优质发展

——广州市海珠区江南新村第二小学第四批广东省现代教育技术实验学校中期评估自评报告

广州市海珠区江南新村第二小学是一所特色鲜明、散发着人文情怀与现代活力的广东省一级学校。学校占地面积9 900平方米，建筑面积7 185平方米，学生765人，在编教职工47人，其中广东省特级教师、省名教师1名，广州市基础教育系统新一轮“百千万人才培养工程”名校长和名教师培养对象各1名，有12人分别被聘任为市特约教研员、区教育学会专业委员会会长、理事和学科教研中心组成员。2009年，我校被确认为第四批广东省现代教育技术实验学校。

三年来，在省电教馆、区教育局和区教育发展中心的全面指导下，我校以创建广东省现代教育技术实验学校为契机，一方面科学配置信息资源，优化教育信息化环境，提升信息技术与学科教学整合的实效；另一方面充分利用现代教育技术资源，开展继续教育培训和信息化教育教学活动，提升教师队伍的现代教育技术素养。实验证明，学校推进现代教育技术的举措为学校实施“强师、强教、强校”战略夯实了坚实的基础，学校教学质量稳步前行，办学特色日益凸显，社会声誉不断提高，实现了持续、健康的优质发展。

一、学校教育技术实验建设情况

学校校长高度重视教育信息化的建设，从设备配置、资源建设、制度完善、师资培训、课题研究等方面加大力度，始终把优化教育资源，提高教师的教育技术能力和水平作为促进学校优质发展的重要内容来抓，全面优化学校教育信息化环境，有力推动全体教师开展现代教育技术实验的成效与应用。

（一）健全管理机构，保证实验顺利进行

建设学校教育信息化工程，健全的组织机构是先行与保障。我校成立了由赖海虹校长担任组长，主管教学的副校长雷婷任副组长，教学骨干为组员的“现代教育技术实验领导小组”，制定实验工作规划，加强领导与管理。确定教导处为实验主要负责部门，各学科为实验核心，办公室提供硬件保证，信息技术学科、电教组和图书馆提供技术与信息的支持。学校完善学校网络中心管理制度、多媒体设备使用登记制度、电教管理员守则等各种管理制度。学校电教组成员直接参与学校现代教育技术装备的管理工作，并承担教师的现代教育技术培训、指导工作，及时了解和解决工作中遇到的各种困难和问题。（附实验管理机构图）

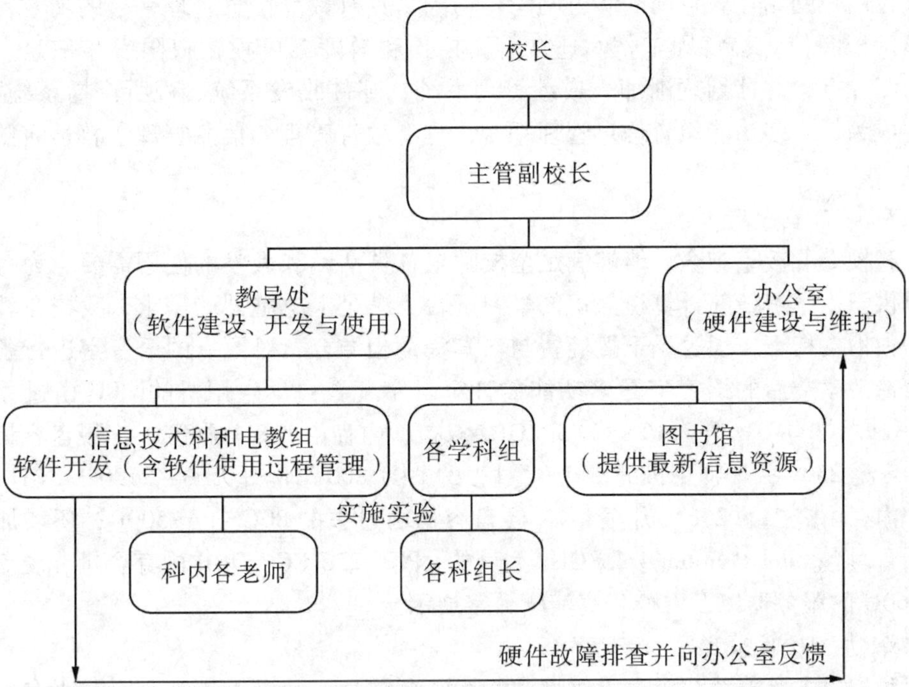

实验管理机构图

（二）完善设备设施，构建信息化的校园环境

1. 信息化教学环境建设

随着现代教育技术实验进程的不断推进，学校领导争取了各方支持与投入，不断完善教育装备、硬件的配置，使我校现代教育技术水平迈上新台阶。

◆ 网络改造

网络硬件改造方面：2011 年的 10 月，我校已从百兆主干升级为千兆光纤接入海珠区教育信息中心的计算机信息网络，提高了网络主干系统的响应速度。同时，我校建有完善的校园网，建有 1 间网络主控中心，校园网通过千兆光纤接入广州市教科网。可用网络信息点三百多个，遍布全校，包括教学楼、教师办公室、图书馆、各课室及专用场室。学校内网配置两台专用服务器即 HP ML150 硬盘 1TB、联想万全 1400 硬盘 120，提供了 1 120G 的云空间。我校所有电脑都能接入宽带网络，做到了资源共享，信息互通。校园网的改造使学校的管理方法、教师的教学手段等各方面都发生了巨大变化。

网络资源改造方面：为充分利用校园网络资源，提高工作效率，加速教学效果和教学经验的反馈，方便学校与教师、教师与教师之间的交流。我校电教组在学校原有网站的基础上以交互、智能、云平台为改造定位，以校内服务器为出口，并为学校门户网站http://www.jn2x.com 重新备案，空间由 300M 升级至 5G，让学校门户网站在教育内网和公网均可访问，具有教育信息管理平台的功效，动态显示校园信息、每周工作、通知等，校长和教师都可根据权限发布信息、文章、图片等，并计划逐渐加入成绩管理系统、邮件收发系统、视听广播系统等，使之成为一个多功能教育信息管理平台，具有教育管理、信息管理、教学演播等功能。

◆ 语音室改造

我校专业教室齐全，能够满足全校师生各类活动和教学的使用需要。为有效地提供学生学习最新计算机知识的学习平台，满足上电脑课的需求，我校在教育局的大力支持下，通过局下拨经费与自筹资金相结合，对原有的语音室进行了全新改造。改造后的语音室是多功能的计算机室配置：学生用机的 CPU 由过去的 Celeron™ 1 300MHz 升为 PE5800 3.2GHz 双核，内存由 128M 升至 1G，硬盘容量由 20G 升至 250G；教师用机的 CPU 由过去的 P4 1 800MHz 升为 i3－2120 3.3GHz 双核，内存由过去的 256M 升至 4G，硬盘容量由过去的 80G 升至 500G；还增加配置一台具备 Intel Pentium 4 2.8GHz 型号的 CPU、256 ECC DDR 内存容量、硬盘容量 160G 的服务器以及 GZXK 高清晰数字展示台。

◆ 办公硬件改造

我校以自筹资金与申请上级部门核拨资金结合，共投入 7 万余元对原有的学校办公条件进行改造：重新更换了教师办公桌、重新设计办公室网络布线、各科配置移动硬盘，以及对教师电脑进行更新换代。

◆ 教学设备改造

在区教育局、区教育服务中心领导的关心下，我校在 2010 学年开始逐步对原有教学设备进行了更换。2012 年，我校再投入 66 万元，为课室、专业场室装备了交互智能平板及推拉式黑板，全面更新课室、场室的教学平台和实物展台。交互智能平板集传统的“黑板＋粉笔”和信息技术的“电脑＋屏幕”优势于一体，为教师与电脑教学资源的自由交互，实现学生与交互智能平板及其他教学资源和第三方软件的交互提供了技术可能和方便。从某种意义上说，交互智能平板让我们挣脱了把教师与电脑束缚在一起的锁链，让教师能自由和灵活地引导学生。

2. 构建共享的网络办公管理系统

网络资源的成功改造，使网络办公不断得以完善，让教师们能更加广泛地收集、合成教学资源，充分发挥现代教育技术设备的资源效益。到目前为止，我校已建成并使用的有校园网、校园广播系统、校园视频直播系统、闭路电视视频监控、一键式安全报警系统、电话系统共六大子系统。在教务工作中，各部门还按上级要求安装了学校人事管理系统、固定资产管理系统、学校档案资料综合管理系统、学校中国共产党党务信息管理系统、广州市教育综合管理系统等软件系统。

在电教组成员的努力下，我们以云平台为创建理念，在学校互联站网站的基础上建立校内网（http：//10.23.70.2），并链接OA无纸化办公系统、相册管理系统、校本教学资源库、视频中心、语文数学作文等外接资源库、校园BBS、数字图书馆等，实现了云储存、云课堂、云阅读、云办公、云点播的网络服务。其中，云储存是我校网络资源服务的一大特色。学校的资源库服务器向每一位教师提供了网络硬盘，给每个学科配备了一个移动硬盘，开辟了共享及级科组、个人用途的存储空间，用来存放电子办公文件和教师自行开发的教学课件、课程资源，并实行选择性资源共享。同时，学校在不断提高硬件配备的同时，也在进行软件资源的建设工作。学校在之前购入“智乐园教学资源库”、“中教教学资源库”、“三学苑教育资源库”软件的基础上，新增加了“德炫资源库”（炫动课堂教学资源库、珠海海岸线小学数学资源库）软件，这些网上资源平台有效提高了学校教育教学资源管理、校园网以及家校合作教育的实效性，充分发挥了现有资源的作用，从而促进了教师教育教学的有效性。

3. 构建安全的信息网络环境

为保证学校所有计算机硬件的正常运作，保证网络的畅通，我校所有专用场室的电脑均装上系统还原软件——冰点还原精灵，与有关公司签订维护合同，定期对设施进行维护、维修。

（三）加强研训，整合资源，融合技术，高效课堂

《新课程改革纲要》中明确提出，要大力推进信息技术在教学过程中的普遍应用，促进信息技术与学科课程的整合，逐步实现学生的学习方式、教师的教学方式和师生互动方式的变革；教育部《面向21世纪教育振兴行动计划》也明确提出，实施“现代远程教育工程”，形成开放式教育网络，构建终身学习体系。基于这样的学习与思考，我校实行了“三步走”的实验策略：学习、培训为前提；实践、探究作主线；反思、提升是关键。

1. 专家引领，学习培训

信息技术与学科教学整合是一项极富挑战性的研究，如果没有教育理论、网络知识和教学设计方法是难以进行的。因此，为了实现“整合”，教师必须更新

教育观念，提高教学设计能力及信息技术操作能力。我们认真学习认知理论、建构主义理论、儿童心理学等，近两年先后派骨干教师参加市、区组织的各种类型的现代教育技术培训以及英特尔未来教育培训。首先，校长亲自参加广东省电教馆主办的校长信息化领导力培训，主管行政人员和电教组组长、计算机老师分别参加省中小学计算机管理员培训、省中小学信息技术装备实操与管理培训，我校周建光老师凭借好学、好问的积极认真的态度荣获了优秀学员奖；其次，我们邀请了省电教馆陈文红科长、科研处刘俊主任等专家来校讲座指导，学习先进的教育信息化理念、技术方法等；再次，我们多次组织行政人员、电教组成员参观全国、省市教育技术装备会议，还到视睿科技有限公司参观技术装备，领略现代的公司文化，为学校添置电子技术装备，分期组织教师进行信息技术操作技能培训以及信息技术与课程整合的培训。如今，我校全校教师通过广东省中小学教师教育技术能力初级培训，除了1名免修、4名近期退休的教师和1名财务没有报读外，31名教师都拿到了广东省中小学教师教育技术能力中级培训证书，其余10名教师也于本学期完成了中级的远程培训。通过现代教育技术培训，我校教师的现代教育技术应用水平得到了较大提高，在课堂教学中的运用也越来越广泛。学校实现了“三个覆盖”：一是我校任课教师都能运用电教手段上课，教师覆盖率占任课教师的100%；二是我校全部学科均已开展交互式平板电脑电化教学，学科覆盖率达100%；三是学校电脑能满足教师的教学需求，教师都主动使用电教等多媒体手段上课，课时覆盖率达100%。大部分教师实现了备课、教学反思等个人教学资源和业务档案“电子化”，为学校节省了纸张的开支。

2. 点面整合，实践探究

我校“整合”以语文、数学、英语、美术学科为点，以“绘画教学与交互智能平板整合”为示范，继而向其他学科拓展，并向校园活动、校园文化等方面辐射。交互智能平板与学科课堂教学的整合从上学年参与的个别老师拓展到现在的大多数老师，从一两个学科拓展到所有学科。老师们充分制作实用、精美的课件，利用智能平板强大的交互功能，将文字、声音、图片、影像集于一体在不同学科的教学中运用。在轻松拖拽之间呈现精彩图片，在瞬间点击之中播放动人音乐，平板的色彩纷呈、修改迅速等一个个软件功能让课堂教学变得直观、生动、高效，教师教学内容也在点击中轻松完成。以前的孩子们学习看到的黑板只是一堵墙，而现在的智能平板通过互联网展现给孩子们的是一个美妙的世界，其展现信息多元、快捷、丰富等特点，让现代化教学尽显魅力，为孩子们的学习和发展提供丰富多彩的教育环境和有力的学习工具。

3. 自主探究，反思提升

学校高度重视对学生信息素养的培养，不断完善电子阅览室的电脑装备，提供近3万册较新的电子文本故事和动画让学生每天可以利用课间时间进行网上阅读；学校还在校本课程课时中，根据学生的兴趣和特长，每周开设动画设计、网页制作、平面设计、PPT 制作等多项信息技术兴趣课程，极大激发了学生的学习兴趣，促进学生综合实践能力的培养。在“以师生的自主发展为本”的办学理念指引下，教师在课堂上善于调动孩子们的学习积极性，引导他们自主发现、自主探究、自主利用各类学习资源自主学习，灵活学习。师生还参与了班级文化园地等网页建设，建立家校合作平台，向广大家长提供网络家校学习平台以及利用信息技术参与各类网上资源的学习。我们还和从化希贤小学、韶关浈江区黄金村中心小学、香港姊妹学校乐善堂小学开展信息化教育活动，共同交流、分享、提升。在创建现代教育技术实验学校的进程中，教师们在学习中更新观念，在反思中改进技术与方法，在实践中体验艰辛与快乐。

二、实验与应用特色

课题研究能进一步推进信息技术应用与教学方式变革有机结合，加强实践教学与现代教育技术应用，推动信息技术与学科课程的深度融合，充分发挥信息技术在帮助和支持学生自主学习、主动探究、问题解决、交流协作等方面的潜力，探索数字化信息环境下教与学的新模式、新方法，提升课堂教学的效益和效能，并把信息技术深度地融合在教学的各层面。目前，我校参加与信息素养、现代教育技术有关的研究课题如下表：

研究课题

课题名称	任务来源	起止时间（年）	进度
小学生信息素养教育实验与研究	区级 B 级课题	2003—2009	已结题
小学课余体育训练与学习协调发展的研究	市教育科学“十一五”规划课题	2005—2009	已结题
GE“做中学”探究式科学教育	国家教育部和中国科学技术协会办公厅推行的科学教育实验项目	2007—2010	已结题
粤港两地网络资源促进书香校园英语阅读的实证研究	中央电化馆全国教育科学规划“十一五”教育技术专项课题	2009—2012	在研
交互智能平板在小学教学中的应用研究	海珠区教育科学“十二五”规划面上重点课题	2012—2014	已立项

我们请教课题专家，不断地总结经验和教训，取得了较好的成果。区级课题“小学生信息素养教育实验与研究”已顺利结题；市教育科研“十一五”规划课题“小学课余体育训练与学习协调发展的研究”课题成果集荣获广州市第八届教

学成果三等奖；“GE‘做中学’探究式科学教育”结题报告荣获广州市科学学科专项课题一等奖。如今，我校校级课题“交互智能平板在小学教学中的应用研究”顺利通过了海珠区教育科学“十二五”规划课题（面上重点课题）的立项。开展课题研究，使现代教育技术深度融合于每一个学科、每一节课、每一教学环节之中，并拓展到课后环节，极大地提高了教学过程的信息含量、科技含量、教学效率和质量，从而实现真正意义上的教学手段现代化。

近年来，我校充分利用现代教育技术进行校内的教学交流，在各个学科开展基于网络支持下的主题探究学习，比如吴欣老师的品德课“安全文明要牢记"、谭艺文老师的综合实践课“走进江南新地”、骆盈盈老师的语文课“我和我的动物朋友”、杨镇基老师的品德课“传递文明的纸”等。基于信息技术支持下的学习、教学逐渐成为老师们工作的一种习惯。在校外，我们更充分发挥了资源整合这一优势，各学科在各级各类的课例观摩教学交流中向同行充分展示出我们在教育技术方面的应用经验和成果。上学年，我们应用交互智能平板的现代教育技术，带上平板等技术装备前往从化希贤小学，成功高效地为全校教师上了美术、语文两节交互智能平板整合课。体育科赵建恒老师参加2012年区中小学体育公开课教学评比（小学青年组），充分利用交互智能平板的功能优势，多方位展示体育教学内容，调动学生积极参与，更好地促进生生间、师生间的互动与协作，有效提高了课堂教学效率，先进的教学手段吸引了学生和评委的眼球，该课荣获了区三等奖的好成绩。学校两位广州市数学、科学特约教研员李慧敏和许广玲老师经常参与市级网上教研活动。雷婷副校长，李慧敏主任，吴欣、骆盈盈等老师还被广州教育信息化领导小组聘请为广州“教育e时代”名师辅导网名师，聘期三年。梁丽茹和周建光老师参与小学美术教材（人美版）和教参的编写工作。吴欣老师被聘为广州市教研室小语科进行教学资源包审校小组成员以及为市教研室编写“广州市中小学生安全教育教材”。以上这些教学骨干利用远程教育等资源平台，与同行、家长、学生们开展更为广泛的交流，使之成为我校现代教育技术的亮点。

三、成果与成效

（一）促进学校信息技术环境发生质的变化

之前，学校很多电脑都是2003年配置的，服务器也很残旧，配置低。2010年岗位聘用工作实施后，计算机老师和电教组组长都换了老师，学校网站申请公网域名又遇到了重重困难。但是，我们并没有等、没有靠，而是克服困难，创造条件，把有限的资金投入到信息技术环境的改善和课题研究中，申请年费的公网域名，在网络上搭建起师生互动的平台，展开实验活动。学校坚持不懈的研究精神得到了各级领导的肯定，在区教育局、区教育发展中心的大力支持与帮助下，我校的软硬件环境得到了很大的改善，师生信息素养快速提高；反过来，师生信息素养的有效提高又对信息技术环境提出了更高的要求，促使信息技术设备的配备和使用更趋于完善。课题研究带动信息技术硬件环境的变化，而这种变化成为实验研究迅猛发展的保证。

（二）构建新型的信息化课堂学习模式

课堂教学是提高教育质量的主渠道，教师精心设计学案，构建信息化环境下的课堂学习模式，激发学生的学习兴趣，调动学生的学习情感，从而使每个学生都能通过自己的努力体验到学习的快乐。例如，美术课“创设情境、提供资源、绘画创作、评价反馈、丰富资源”的教学模式，英语课的“听说领先、读写跟上、活动激趣、评价促学”的教学模式，科学课的“展示一幅图景、分析一个问题、归纳一条规律、验证一组事实、设计一份创意”、“五个一”模式等。

（三）现代教育技术为校园活动注入新的活力

（1）学校发布门户网站，走向云平台管理。我们开辟了 18 个班的班级网页及绘画、作文、数学等专题学习网站，通过专题学习网站进行专题学习研究，将资源系统化。

（2）学校借助信息技术手段开展德育、心健等教育。通过校讯通、飞讯等平台实现教师、学生和家长的在线交流、情感互动，通过网络开展“向国旗敬礼、做一个有道德的人”网上签名寄语、广东省中小学生安全知识网络竞赛等丰富的教育活动，利用演播系统组织“道德行为大家谈”、“红领巾心向党”、“家长学校”等活动。融入现代教育技术的教育活动，形声兼备、图文结合，使全校师生最大限度地参与到活动中去，教育效果十分明显。

（四）现代教育技术为学校的优质发展提速

通过实验研究，教师教育观念得到转变，教学水平得到提高，真正成为学生学习的组织者、引导者、合作者。在实践中，教师们积累了一定的信息技术与学科课程整合的理论基础和实践经验，理论水平和实践能力大大提高。学校连续三年参加区中小幼多媒体教学软件评奖和市多媒体教育软件评奖活动并荣获一、二、三等奖，2012 年学校荣获市多媒体教育软件评奖活动组织奖。教师参加国家、省、市区各级各项的论文、教学案例、课件制作及教学比赛中有 91 人次获奖；学生有 823 人在各类学科竞赛、科技创新大赛等方面获奖。学校还积极与手拉手、结对子的学校进行教育教学共建活动，向受援学校提供教育信息资源和技术，共享资源。我们还捐赠给省“千校扶千校”的受援学校韶关市浈江区黄金村中心小学 26 台电脑，参与该校的信息技术网络的布线及场室建设工作，还对教师进行信息技术方面的培训，以提高受援学校教师的信息技术辅助教学的能力。至今，广州大学教育学院教育技术学系已经连续四年派出实习生到我校实习。近三年，现代教育技术实验工作有效促进了学校优质发展，学校取得的荣誉有：

2009—2011 年被评为海珠区教育系统青少年科普教育工作的先进集体。

2011、2012 年荣获广州市中小学大课间体育活动成果征集活动评选一等奖。

2011、2010 年荣获海珠区参加广州市第十五届运动会体育后备人才输送一等奖。

2011 年，被评为全国学校体育场馆向公众开放先进学校和广州市学校体育场馆向公众开放示范单位。

2011 年，顺利通过广东省特级档案学校复评、广州市安全文明校园和广州市依法治校示范校复评。

2011 年 4 月，被评为广州市海珠区德育示范学校。

2011 年被评为 2008—2010 年度海珠区教育系统先进教职工之家、海珠区教育工会规范化建设达标单位。

2011 年 10 月荣获海珠区教工羽毛球团体赛组织奖、海珠区小学生游泳比赛第一名。

2011 年 12 月荣获 2011 年广州市中小学大课间体育活动成果征集活动评比一等奖。

2011 年 12 月在广州市第三届中小学校艺术团展演中荣获“优秀艺术团”称号。

2012 年 3 月被评为海珠区教育局关心下一代先进集体。

2012 年 4 月被评为 2011 年度“广州市海珠区语言文字工作先进单位”称号。

2012 年 5 月被评为海珠区“十一五”教育科研工作先进单位。

2012 年 6 月被评为 2008—2010 年度广州市学校民主管理工作三星级单位。

2012 年 6 月荣获海珠区第八届舞蹈节比赛一等奖、广州市第八届舞蹈节比赛二等奖。

2012 年 6 月被评为海珠区特色强校。

2012 年 6 月荣获“童心同享　幸福海珠”第十届海珠区少先队文化节优秀组织奖。

2012 年 7 月获得广州市第八届教学成果奖三等奖。

2012 年 9 月荣获海珠区小学生游泳比赛第一名。

2012 年 10 月获海珠区中小学生垃圾分类宣传教育活动优秀组织奖。

2012 年 11 月被评为海珠区教育系统退休工作先进集体。

四、问题与发展设想

在科学技术日新月异的今天，不能固守一时的成果。“十二五”期间，我校现代教育技术应用将从单纯的课程整合，向多学科及课外拓展；尝试开展网络环境下德育与心理教育研究，网络虚拟社区建设，健全孩子的心智，给孩子快乐的网络学习空间；开展网络环境下自主、合作、探究式学习研究，改变传统教学方式；成立网络学习社团，开发电脑绘画等特色学科校本课程；构建专题学习网站，开发学科网络课程，打造网络自主课堂，给学生新型的学习空间，为孩子适应未来世界发展奠定基础。由此，我校有一系列的发展设想：

（1）设备和资源的再扩充。在教育局的关心和支持下，我校已更新和更换了部分教学设施设备，但随着实验的深入发展，仍有一些设施设备不能满足教学的需求。如有部分教育技术装备仍然是2003、2005年的配置，需要更新换代。学校将争取各方支持投入，不断完善硬件的配置，有可能的话，我们将全面更换学生计算机室和电子阅览室的学生用机；同时加强建设实用的教育教学管理系统，建立学生成绩分析统计系统，使我校现代教育技术管理水平迈上新台阶。

（2）加强教育信息化课题的研究与成果推广。下一个阶段，我校将以刚刚立项的区级课题“交互智能平板在小学教学中的应用研究”为研究主线，下大力度开展以课堂教学为主要途径的现代教育技术实验课题活动，努力探索信息技术与学科课程整合，保障教学质量的稳步提升，促进现代教育技术实验的稳步推进。

（3）丰富教育技术资源，拓宽教育共享空间。让学校网站、班级网页、科组网页办出特色，为师生、家长提供个性化的学习平台，给学校教育教学研究和提高教学质量开辟新的天地。

回首过去，展望未来，教育信息化的多层次、宽领域、全方位的建设，为我校带来了更新的教育观念、更强的教育改革、更大的教育效益。但实验探索的路程还很长，工作还很艰巨，我们坚信，只要我们务实开拓，创新进取，自我超越，一定能够朝着信息化校园的道路坚定不移地走下去，走出特色，走向辉煌！感谢一直关心学校教育、给予我们最大支持和帮助的各位专家和领导们！

经认真自查自评，我校省现代教育技术实验学校中期评估自评总分为98分，其中，组织与管理7分，规划与总结3.5分，信息化环境建设16分，资源建设6.5分，教师技术能力建设12分，应用实验与效果20.5分，课题研究8分，成果与示范作用24.5分。敬请各位专家、领导多提宝贵的指导意见。

2012年12月11日

以师生的自主发展为本

——海珠区责任区督学视导工作汇报

我校是一所创办了24年的体育运动实验学校。学校占地9 900平方米，教学班18个，在编教师47人，在校学生近765人。学校先后获得广东省一级学校、广州市依法治校示范校、广州市安全文明校园、广东省现代教育技术实验学校、广州市优秀家长学校等荣誉称号。

我校作为一所2005年最后一批申报省级学校的学校，要在未来竞争中生存与持续超前发展，关键是教师的发展和进步。作为校长必须清醒地认识到：没有教师的发展，学生的发展就成了无源之水，无本之木；没有教师的进步，学校的腾飞就成了空中楼阁。为此，学校应当不仅是学生发展的摇篮，也是教师发展的摇篮。从这个意义上说，能促进教师发展的学校才是“真正能持续发展的学校”。

基于这种认识，我们提出了“以师生发展为本”的办学理念，实行了以师生为本的管理策略。

一、以师生的发展为本，不断确立教师在学校中的主人翁地位

我们在生活中主动关心教师，创造条件、不断改善教师的生活和工作条件，为他们搭建各种平台，支持教师脱颖而出，成名成才，使他们真正感受到在学校的主人翁地位，感受到学校是他们发展的摇篮。

（一）规划——为专业成长导航

在共同实现学校愿景的过程中，教师不是旁观者，而是具体的实施者、参与者。为此，我们指导每个教师根据自己的优劣势，制定个人发展的规划，并进行科组内的交流，再推荐写得好的老师在全校教师大会上交流。校长的发展规划也要充分考虑教师的发展目标，我们试图将教师个体的发展融入到学校的发展轨迹上来，让教师体验师生与学校共同成长的快乐与收获。

（二）教研——让教学充满智慧

我们探索出“互动作课”的校本教研模式。例如，两位老师通过不同的学生，执教同一篇课文，作为大家研究的对象（同课异构）；还有，邀请外校教师来校讲课、评课，交流学习；再有，我们尝试由老师们来当学生，一个老师来上课、说课，专家主持人随时打断，即场评课，台上台下互动研讨，踊跃发言。互动式的教研活动激发了教师参与校本教研的热情，改变了老师单门独户的教学行为，畅通了交流的渠道，让教师在合作的教研中学会创造与发展，让课堂教学充满智慧，焕发出生命与活力。

（三）引领——让行为更明方向

1. 倡导和谐共生的精神文化

教师团队需要“励志奉献、和谐共生”的学校精神，校长要善于激发教师的成功感、荣誉感，激发教师发自内心发展自己、发展学生、发展学校的欲望。校长的身先士卒、个人文化内涵、人性魅力能真诚地让人感受到你和大家“肩并肩作战”；当新年来临能送上慰问课件，让大家轻松轻松；三八妇女节为全校女教师送上玫瑰花；停电的时候为教师送上矿泉水；当教职工生病的时候，校长、行政人员亲自看望等，这些措施慰藉了教师心灵，营造了和谐氛围，彰显了学校人性管理的追求。正是因为倡导和谐共生的精神文化，从 2003 年至 2012 年，我校迎来了许多省市评估团及前来视察工作的省市区专家领导，全校师生都是团结一致，奋发向上，推动学校实现了一次又一次的跨越式发展。

2. 凸显人本管理的制度文化

制度文化主要指的是铁的制度、活的机制。和谐不能简单地理解为一团和气，没有规矩，不成方圆，学校应有严格的管理制度，我校编写的《广州市海珠区江南新村第二小学管理条例》这本书，里面记载着各个岗位的职责，各专用场室的管理与使用制度，师生学习、工作和奖惩等制度。我们在推进每一项教育改革时，都认真组织全体教职工不断对改革内容进行补充和完善，广泛听取群众的意见，争取大家的认同和理解，这为教师认真开展教育教学工作奠定了坚实的基础；也促使学校教师岗位津贴分配、领导班子换届、教师续聘工作圆满有序进行。然而，依靠铁的制度并不是管理教师队伍的唯一方法，必须伴之以活的机制。譬如，我校在师德方面的纪律是非常严格的。不管这个老师平时表现多么出色，为学校争取过多么辉煌的荣誉，一旦被发现有体罚或变相体罚学生的行为，学校就会针对情况扣除奖金，作出相应处理，这是一个不可逾越的警戒线。当然，我们也向老师明确：违规当罚，但改掉错误，就既往不咎，也不会歧视，再有成绩，学校照样表彰。实践表明，一套符合教育规律、行之有效的规章制度的建立和完善，不仅规范了师生的行为，还有效激励了教职工的上进心，调动了教职工的积极性。

3. 突出民主管理的行动文化

我们关注的是一种常态化的过程性教学管理模式，强化过程性检查，在第一现场把问题解决。行政人员每周轮值一次，至少巡视课堂一次，发现问题及时处理；层级管理与扁平式管理相结合，将老师组成了不同的工作团队，这些发展团队有：学科教研组（以教导处为组织平台的团队）、年级活动组（以级组为组织平台的团队）、健康活力组（以工会为组织平台的团队）、课题研究组（以科研组为组织平台的团队）共四支团队。扁平化管理给了团队发挥积极性的空间，更促进教师间的交流与合作，形成良性互动，共同发展；我校还公开校长的电子邮箱，广泛听取家长的意见和建议。

4. 构建颇具品牌的特色文化

“全面发展，体育见长”是我校多年来办学的一大特色，而且这种特色文化不断传承，发展成为今天彰显的“体育与文化、教育和谐发展”的办学特色。学校开展了田径、游泳、体操、足球四大竞技项目培训，其中足球、体操竞技成绩在市区里独占鳌头，学校成为知名度较高的广东省足球传统项目学校、广州市体操传统项目学校。现在我们正大力推进广州市教育科学“十五”规划课题“小学课余体育训练与学习的协调发展”的实验，我们提出了一个理念：善于用脑的人更能用较少的时间换取最佳的训练效果。我们还重视群体性体育活动的开展，要求教师不能只聚焦课堂，而且要超越课堂，引导孩子主动参与丰富的文体活动（班海报、征文），关注孩子的身心健康，让他们拥有健康、快乐的幸福童年。

我们认为，任何一个年代、任何一个时期的体育文化都离不开追求艺术的美、智慧的美，体育求“更快更高更强”，也须求“更美”。为此，我们进一步开展体育文化办学特色的实践研究——让学校的体育文化回归生本，回归自然，回归社会和谐的美。艺术、智慧的美让学校办学特色充满健康与魅力。我们老师善于拓宽体育、艺术、科技等教育的视野，为学生的进一步发展竭尽全力地搭建平台。因为有了美的追求和审美情怀，孩子们的心灵更加丰富通透，个性彰显，智慧激扬。在老师的精心辅导下，足球、体操、游泳、艺术团、舞蹈、合唱、剪纸、动漫、电子制作、科技创新、无线电工程、小实验家、船模、航模、建模等团队在市区参赛都能获得优异的成绩。近年来，我校艺术、科技学科的综合实力在区内上升到上游位置，其显著的教育成果促使学校体育文化的办学特色更加完整，更加充满健康与魅力。

（四）示范——为学习树立榜样

我们认为，课改的成效体现在课堂教学中，只有深入课堂，才能获得教研的发言权、课改的领跑权。因此，我们行政人员不管校务工作有多忙，始终扮演着教学改革的参与者、研究者的角色，深入教育教学第一线，亲自任教主科，带领一个以上的教研组，充分发挥教育教学领导力，及时地解决问题，营造良好的学术氛围，使教师工作更加舒畅。

（五）搭台——让教师快速成长

首先，学校为教师提供信息资源服务，为教师订购教育书籍，创建教育教学资源库，鼓励教师阅读与写作；尽心满足教师外出参观学习和培训的需求。其次，为教师的课改研究提供理论与实践的指导，除了校内行政人员亲自为教师讲课，还邀请专家来校讲学，与教师直接对话，力促教师专业化发展。同时依托市区各种教学活动，争取让教师在市区举行课堂教学亮相展示活动，为教师提供锻炼和展示的平台。最后，我们还开展了丰富的文化交流活动，如好书推介活动、读书分享会、课堂策略交流、班主任工作经验交流等。

（六）反思——让思考更加理性

学校和师生健康持续发展，教师的认识是关键。因此，我们倡导教师要提高反思力，反思教学得失，通过对理论的梳理和升华，使自己的专业水准在反思中快速成长。在一次别开生面的教师思想政治教育感悟实训活动中（实训活动共设计了三大内容，“合作双赢”、“激情挑战”、“盲人足球”，每一项活动都需要组内成员互相配合完成），我们让老师们用笔写下自己的感悟，其实这也是教师反思的一个过程。老师们互相诉说着自己的感受：“互相配合，找到窍门，帮助他们也就是帮助自己”；“射门，首先要搞对方向，心急吃不了热豆腐”；“是否遵守规则决定输赢”；“团结、友爱、协作才能成功”；“沟通无极限，人的潜能是无穷大的”；“勇于挑战，才能超载自我”；“默契、沟通、理解、配合才能轻松愉快地工作”；“轻松、快乐让我发现了身边十分美好却忽略的东西”；“大家都是那么可爱，有趣”；“我的嗓子喊哑了，原来为别人的胜利喝彩，会收获更多快乐”；“真正合作，又何止是双赢……”正所谓：“思广则能活，思活则能深，思深则能透，思透则能明。”

二、以师生的发展为本，关注每一位学生，不断培养学生的创新精神和实践能力

学校通过开展研究性学习和探究性活动，丰富了教学内容，在小组合作学习活动中，引导学生主动参与学习，积极参加实践活动，通过举办各类竞赛文娱活动，激发学生的学习兴趣，丰富学生的知识，张扬学生的个性，发掘学生的潜能。让他们走进校园是快乐的，走出校园是自信的，使他们充分享受学习的融融乐趣。

三、以师生的发展为本，提升教学质量，提高个人的幸福指数

这几年的研训常规、质量分析等教学活动使广大教师的质量意识深深扎根。我们进行教学质量分析，不回避数据，目的首先在于让老师们通过数据更清晰地了解学校的现状，以时常保持忧患意识和提升学校质量的使命感和责任感；其次在于找出个人教学质量的优劣势，有的放矢地提升教学质量，提升个人的幸福指数。我们认同清华大学校长、原教育部副部长周远清的观点：学校任何工作、任何改革最终都要落到质量上；要有质量，任何时候都要以注重教学为核心，以学风为灵魂，以质量为生命。眼睛要盯在质量上，功夫下到质量上。

为此，我们要求每一位老师都要注重质量生成过程的管理，抓好四个质量管理的要素，即“结局的质量在于过程，过程的质量在于阶段，阶段的质量在于细节，细节的质量在于精神”的质量观。

结局的质量在于过程：低年级部是扎根、打稳根基的过程，中年级部是开花的过程，高年级部就是结果的时候。质量不能等到最后才抓，到最后才抓已经来不及了。

过程的质量在于阶段：任何教学都讲求阶段，幼儿园阶段一开始是解决孩子爱哭的问题，我们低年级部阶段一开始是培养学生养成良好的站、坐、写等姿势。新课标的知识点对于不同阶段时期的学生要求有所不同，教师要熟知，方可把握好教学的度。

阶段的质量在于细节：最重要的在于细节，细节决定成败，所以优秀的老师都善于总结哪些是提高教学质量的细节、如何去抓细节。

细节的质量在于精神：同样大家都抓细节，为什么出来的效果不一样？关键在于精神。教师要懂得调动学生的精神力量，毛泽东同志说过“人是需要一点精神的”，教师要激发学生的成功感、成就感、荣辱感等。

按质量模型的三维目标，进行科学调控，优化有效复习。教师要善于做好复习考试的指导工作，让学生做到五个学会。

(1) 两点之间最短的未必是直线，要尝试碰碰困难，才能克服困难。

(2) 调节复习的最佳节奏，懂得劳逸结合，因为懂得停止的人才能真正懂得如何加速。

(3) 控制论认为：一个有效的行为必须通过反馈来获得。为此，要把握复习的最佳反馈时机，及时评讲作业和小测试，以便帮助学生尽快知错能改，巩固知识。

(4) 人不能被同一块石头绊倒两次，要避免在测试、考试中犯相同的错误。

(5) 宁可掉汗，宁可掉泪，不可掉队，所以要参与竞争，勇往直前。

提升学生的质量，也要提升教师的生活质量。每年我们挖掘教师的潜能，组织教师开展丰富多彩的活动，许多老师在活动中展示了自己的才艺，锻炼了身体，愉悦了身心，更为学校争取了荣誉：2006 学年，学校教师艺术团在区首届教师艺术展演中荣获区二等奖；2007 学年，学校教师体育代表团参加区教职工趣味运动会荣获出场仪式二等奖、团体总分三等奖、体育道德风尚奖；同年参加区教工乒乓球比赛荣获体育道德风尚奖；2008 学年，学校教工羽毛球队荣获区教工羽毛球赛团体第五名和体育道德风尚奖；本学年开学初，学校的集体朗诵参加区首届教师朗诵比赛荣获二等奖。这些活动都有益教职工的身心健康，大大调动了教职工的积极性，增强了学校的凝聚力，营造了“轻松、愉快、民主、和谐”的良好气氛。与此同时，也展示了教师们教学以外的才华，让老师们感悟到教师的工作充满生机，充满挑战，充满乐趣，是极富有创造性、灵活性和艺术性的工作，从而更热爱自己的工作。

我们坚信：教师群体是一个巨大的宝库，蕴藏着无穷的智慧和力量。每一个教师都是一颗金子，就看校长有没有胸怀去接纳百川，有没有驾驭这个群体的能耐和艺术，能不能把学校建成令教师向往、能实现其生命价值的精神家园。

2012 年 12 月 20 日

第二辑

师生的平等对话，是搭建心灵沟通的桥梁

由中国女乒失败所想到的

——国旗下的讲话

亲爱的老师们、同学们：

早上好！经过几天国庆假期的休息，同学们精神抖擞地回到学校。在这里，让我先告诉大家一个喜讯：我校足球队在国庆假期参加了在花都举行的全国少儿小甲 A 足球选拔赛，并荣获广州赛区第一名的好成绩，让我们以热烈的掌声表示祝贺，希望他们再接再厉，在新一轮的省以至全国赛中再创佳绩，也希望其他年龄组的足球队、游泳队、田径队向他们学习，在下一轮的区、市比赛中获得理想的成绩。同时，我们也预祝学校舞蹈队在本周四下午举行的区舞蹈节比赛中信心十足，超水平发挥，力争获奖，我们大家用掌声鼓励一下他们！

好了，言归正传，今天在国旗下我想和大家交流我由中国女乒的失败所引发的一些思考：中国女乒乓球队自 1991 年第 41 届世界乒乓球赛以来，从来没有失败过，这次的第 14 届亚运会却输给了朝鲜队，以 1 比 3 负于对手，也就是说 11 年来中国女乒首次在国际大赛中丢掉女团体冠军，这是强可以化为弱，弱可以化为强的一个生动写照。通过这次比赛，我们可以悟出这样一个道理：一个人在事业或其他方面无论取得多大的成就，都不能骄傲自满，以致沾沾自喜，裹足不前；而失败的时候，也要充满信心和斗志，勇往直前，争取新的成就。人生的道路永远不会是笔直的，肯定会有困难、挫折，遭受挫折的人只要奋勇拼搏就能克服前进道路上的各种困难。新的方法、新的途径、新的思路也随之而来，从而获得新的进步、新的成就。在这里，我们热切希望中国女乒乓球队能通过总结经验教训，在下次的世界比赛里反败为胜，由弱变强。中国女乒团体赛的失败，也为我们提供了一个人生的启示：强可以化为弱，弱可以化为强，两者可以在一定条件下互相转化，只要我们胜不骄，败不馁，奋勇向前，成功仍是属于我们的。

同学们，过去在师生的共同努力下，江南二小评上了区一级学校，与其他的一些学校相比，二小是先进的学校，是强校。但是，如果学校不进一步改革创新，不再接再厉，仍停留在原来的水平，那么，不进则退，学校就会落后，由盛变衰。现在的成绩只能代表过去，学校的未来前途由我们来创造。因此，我校制定了创建市一级学校的目标，目的就是发展学校，创品牌学校，提高办学层次和办学水平，提高学校在社会和家长心目中的美誉度。好的做法、好的传统要保留，如体育传统项目、体育精神，但做得不好的就要整改，例如，同学们的礼仪、行为规范、环保意识、学习习惯等与省、市级学校的学生形象仍有差距，一定要改进，这需要全体同学发扬团队精神，提高自觉性和主动性。为了我们的共同目标，为了我们美好的校园，请全体同学齐心协力，细心观察学校、同学们之间好的以及有待改进的地方，在星期五下午的班会课上出谋献策，为我校争创市一级学校提出宝贵的建议。相信，有了大家的关心与支持，我们的学校将变得更加美好，市一级学校的目标指日可待。

2002 年 10 月 8 日

教育，心灵的碰撞

——2003 学年上学期校本培训课题

现在流传着一句话：教师这个职业，想说爱你不容易，想要做更难。因为，今天的学生不同于上世纪的孩子，他们观念之新、信息之灵、个性之飞扬，都为今天的教育提出了许多新的问题。他们多为独生子女，娇嫩、脆弱，家长普遍对子女期望值过高，而对什么是子女的幸福和快乐，什么是成功与成才缺乏真正的了解，仅仅把一些庸俗的社会功利性的观念作为来衡量学生成功的尺度，平时对子女严格要求甚少，却要教师成为这些学生的“救世主”。社会对学校要求也很高，只要学生出一点事，媒体和民众就会争论来争论去，最后总是把矛头指向学校和教师，指责我们的教育。现在的媒体基本不宣传绝大多数呕心沥血的教师，而对个别教师有违师德的事大肆渲染，横加指责。这些给我们的教师造成很大的精神压力，对学生影响更大，一些不公平的舆论错误地引导着我们的同学。

家庭教育的不恰当、社会的负面影响，使心理、道德品质出现问题的学生更多了，归纳起来有以下方面：厌学、对学习失去兴趣；冷漠、毫无责任感；团队意识薄弱、合作精神缺乏；信息观念薄弱，判断是非能力低等。但是，我们既然选择了教师这个职业，就不能回避这样的事实，只能勇敢地去面对，面对教育改革困难、教师竞争激烈这些现实。我们排除家庭、社会这些因素，应该反思我们的教育观念、教育思想、教育行为，学生出现这样的问题与我们的教育有没有关系？老实说：有。我们的教育行为也存在不少问题：观念陈旧，课堂教学毫无生趣、乏味；教师言行不一、管理欠缺整体性；没有情感上的投入，对学生缺乏人文关怀；师与师之间不团结、师与生之间不和谐；教育艺术欠缺及不恰当的教育惩罚行为等。以上这些都直接影响教育效果，使我们的学生离学校、教师越来越远。今天，我们应该怎样开展教育，怎样教育现在的学生？我认为今天的教育应从“心”开始，需要老师与学生进行心灵的碰撞，进行心灵的对话。因此，今天我把课题定为：教育，心灵的碰撞。

一、全身心投入、全心全意地爱学生

我很赞同一个观点：当老师一定要心地善良，一个人如果有善心、有爱心，那么他干哪一行，都会爱哪一行，都会全身心投入，因为他懂得尽责尽职，对得住自己，也会对得起别人。当我们老师面对的是一个个天真无邪、娇嫩的生命体时，我们更要善待他们、爱护他们，全心全意地爱他们。爱不是施舍，爱是真诚的，绝不能带半点虚伪，爱是讲方法、讲技巧的，否则就会出现这样的尴尬：老师满腹经纶滔滔不绝地讲解，学生却不爱听，老师满怀爱心毫无保留地给予，学生却不领情。

二、激发学生正确的学习动机，改进教学策略

从事过低年级教学的教师都有过这样的体会，教师奖励给学生一个小红星或一朵小红花，往往会令学生激动好一阵子。于是，我们的教师便经常采用这样的办法来提高学生的学习积极性。这种奖励方法的确能调动学生的积极性，可促进学生养成某些好的行为习惯。但随着时间的推移、学生年龄的增长，越来越多的学生对这种奖励已不在乎，这是为什么呢？

美国心理学家爱德华·德西进行过一项有趣的实验：他让学生在实验室里解答一组有趣味的智力题，不动脑筋便难以回答。德西把测试学生随机分成两组，实验组和控制组，同时在不同的教室进行。实验组的学生每做完一道题便可得到1美元的报酬，而控制组的学生做完后无任何奖励，隔一段时间后所有学生休息一会儿再继续实验。观察发现，控制组的学生继续解题的人数明显多于实验组，时间越长，这种反差越显著。由此，德西得出结论：当一个人正对活动充满兴趣时，给他提供外部的物质奖励，反而会减少这项活动的吸引力，这就是著名的德西效应。教育心理学的研究表明：学生对学习材料本身的内在兴趣是学习的最佳动机，此时最好的奖励办法是引导学生进一步探究、尝试和交流。因此，在德西的实验中，那些有一定难度的有趣问题能激发学生的探究兴趣，解出难题又正好满足了学生的成就感这一基本的心理需求，增进了学生的学习动机。而此时如果给学生以奖励，则会使学生把主要的学习目标置于脑后而不顾，只在乎当前的奖励，甚至把奖励当成学习的主要目标，转移学习兴趣，降低学习效果。德西的实验结论对我们改进教学工作很有启迪：作为一个教师，应该从开发课程资源着眼，在研究教材、重组教材、改进教法上下功夫，也就是我们所提倡的要超越教材、超越课堂、超越老师，提高教学的趣味性，增进学生对学习的情感和兴趣，帮助学生获得成功和乐趣，只有学生达到“乐学”这个境界，才不会计较有没有得到奖励和表扬。就如同我们教师对工作有兴趣，从中获取成功感、满足感，达到“乐业”这个境界，也就不会去计较个人得失。

三、欣赏学生，让每一个学生的人格更健全

周弘的赏识教育曾轰动整个教育界，令我们教育工作者为之一振。经过教育实践，我们发现，老师的“金口玉言”确实威力无比。赏识教育也来自皮格马利翁效应，相传古代的塞浦路斯岛有一位年轻英俊的国王叫皮格马利翁，他精心雕刻一具象牙少女像，他十分欣赏和迷恋“她”，每天都含情脉脉地凝视她，日复一日，年复一年，无限的深情终于使这个“少女”活起来，“皮格马利翁效应”由此而来。心理学家罗森塔尔也做了有趣的实验：1968 年，心理学家罗森塔尔等人在美国的一所小学选择了 3 个班，对这些班的学生作了一番“煞有介事”的预测未来潜能发展的测验，然后将最具发展前途者名单（随机抽定）悄悄交给校长和有关教师，并反复叮嘱他们千万保密，否则会影响实验的正确性。8 个月后心理学家返校进行复测，奇迹果真出现了：名单上的学生的平均智力发展水平高于其他学生，成绩进步快，而且个个充满自信，求知欲旺盛，并与科任老师建立了融洽的感情。原来，由于老师对心理学家的预测深信不疑，他们经常在教学中自觉或不自觉地流露出呵护的表情和赞许的暗示。学生则从教师的眼神、笑貌、激励中受到鼓舞，更加自尊、自信，从而比以前更勤奋地学习，成为班上的佼佼者。这种由于教师的期待和激励而产生的影响，就叫作“罗森塔尔效应”。日常生活中也经常出现这种令人不可思议的现象：有的病人服下名医所配制的“特效药”（其实只是一种常用药），居然产生了显著的疗效，这是受心理暗示的结果，也是“罗森塔尔效应”。

两年前我在一份报纸上看到端木先生的一篇文章，记载的是关于他在国内读书被老师称为“没有数学脑子、只能上文科班”的垂头丧气厌学的女儿，到了国外读书短短三个月后，取而代之的是一个看起来正全面获得发展，甚至出类拔萃的女儿的故事。请听听国外老师推荐他女儿上大学时写的推荐信：①法语老师的推荐信——亲切、自然和对学生细致的观察使人感到新鲜又温暖；②数学老师的评语——“优雅”而“创造性”地解决难题，恰恰反驳了“没有数学头脑”这句话；③英语老师的评语——对一个学生的品质“以生命来担保”。以这样宽阔的视野对孩子作出评价，对中国的教育文化来说都是陌生的。虽然，三封信有点言过其实，但有一点很明显，对于小学生来说，你说他行，他就会加倍努力，其特长、个性就会得到发挥和发展；你说他不行，他就会丧失信心，就会走向平庸。在教育教学全过程中，我们要以平和、进取的态度去对待、欣赏学生，营造一个宽松、民主的育人环境，尊重学生的个性，给每一个学生以希望，使教学充满生机和活力。

四、发挥自身的人格魅力

“亲其师、信其道”，学生往往因尊重和喜爱教师而去爱教师所教的学科，不

要以为只有你们同学生谈心，批评、表扬他们的时候才是教育。教师在生活的每时每刻，甚至不在场的时候也在教育着学生，老师怎样穿戴、怎样和别人谈话、怎样谈论别人、怎样对待朋友和敌人、怎样笑、怎样看书、怎样吃饭都对学生有着重要的教育意义。俗话说："近朱者赤，近墨者黑。""物似主人形"的例子很多，学生就是教师的一面镜子，从学生的身上就可以看到老师的影子，从这点看老师的影响力是巨大的。我们老师为人师表更要注意自己的一言一行，更要充分发挥自身的影响力去感染和影响学生，用自己的人格魅力和高尚师德去感染和引导学生：①不恰当的教育行为不做（体罚、变相体罚、语言暴力、辱骂学生）；②不恰当、不准确的评价不随便说；③不能将个人恩怨带到课堂上（师生矛盾、老师与老师间矛盾）；④班主任要支持专科老师的工作，主动了解和给予帮助，提升专科老师的威信。

五、营造良好的集体氛围

教师要注意营造一个良好的育人环境，营造平等、和谐和友爱的集体氛围，树立积极的舆论导向和行为榜样，引导学生不断进取，使学生处在较佳的心理状态，使学生在情感上认同、信赖自己的班集体，从而增加集体的凝聚力。

我们应善于反思，以生为镜，及时调整自己行为，要做一名园丁，更要做一名伯乐。

2003 年 5 月 20 日

遵守公共道德，从我做起

——国旗下的讲话

亲爱的老师们、同学们：

大家好！

《羊城晚报》曾经有一篇文章报导：五一假期，北京天安门广场地砖被口香糖残渣污染 40 余万块，除了人力浪费外，清除一块残渣的成本达 1.1 元；而广州上下九步行街每天客流量达 100 万人次，口香糖残渣则达 100 公斤，政府更是要花费高昂的费用去清除。

同学们，在人流繁杂的公共场所，如车站、广场、公园、商场乃至供路人休息的座位等地方，如果人们随地乱丢口香糖残渣，我们可以想象到口香糖残渣粘到人们衣服、鞋子，甚至头发上所带来的诸多不便。这不但污染环境，传染疾病，而且浪费了国家不少人力物力去清除残渣。因此，作为社会公民的我们有责任、有义务，从我做起，遵守公共道德，杜绝这种不文明现象。我们多次强调禁止在校内嚼口香糖、禁止乱丢乱吐，为此，口香糖残渣污染问题在学校得到了有效的控制，但是我们发现仍有个别同学在校内嚼口香糖，仍有同学乱丢乱吐。如上星期，个别男同学把胶袋、空罐和空牛奶盒扔到了厕所里，导致一楼男厕所堵塞，这既要学校花费人力物力去疏通，又影响了校容。为了提高大家的文明程度，为了让大家拥有一个优美、洁净的校园环境，同学们要发挥小主人翁的精神，关心学校，从我做起，从身边的小事做起，发现同伴中有违反公共道德的不良行为，要及时劝阻，帮助他改掉不良习气；老师们也要有针对性地不断教育，大家齐抓共管，才能形成人人自觉维护校园环境卫生乃至社会公共道德的良好风气。

同学们，我们学校成功申报了市一级学校，成功确实令人无比欣喜。但是，成功喜悦的背后，我们必须冷静地思考：作为市一级学校，我们师生对自己的要求更高了，我们肩上的任务更艰巨了。这是一个新的起点，我们全体师生现在只是站在一个从零开始的新跑道上，我们要倍加珍惜政府、区教育局以及学校所给予的丰富的学习资源，努力学习，争取以更优异的成绩来回报；我们要继续齐心协力，把主人翁的精神发扬光大，共同塑造市一级学校的美好形象，努力向着省一级学校的目标迈进，去迎接更新、更高的挑战。

2003 年 6 月 23 日

珍惜自己

——国旗下的讲话

亲爱的老师们、同学们：

大家好！一个生在孤儿院中的小男孩，常常悲观地问院长：“像我这样没人要的孩子，活着究竟有什么意思?”院长总是笑而不答。一天，院长交给孩子一块石头，让他拿到市场上去卖，但不是“真卖”，并交代小男孩无论别人出多少钱，绝对不能卖。第二天，孩子惊奇地发现，不少人对他的石头感兴趣，而且价钱越出越高。第三天，在黄金市场上，石头的价钱比前一天高了10倍。最后，当石头被拿到宝石市场上时，石头的身价又涨了10倍，更由于男孩怎么都不卖，石头竟被传为“稀世珍宝”。后来，院长这样对他说：“生命的价值就像这块石头一样，在不同的环境下就会有不同的意义。一块不起眼的石头，由于你的珍惜而提升了它的价值，竟被传为稀世珍宝。你不就像这块石头一样？只要自己看重自己，珍惜自己，生命就有意义、有价值。”

同学们，珍惜自己是因为这世上只有一个自己，珍惜自己是因为“天生我材必有用”！如果我们连自己都不珍惜，又怎么会懂得珍惜其他人与物呢？如果我们自己都不看重自己，不肯定自己的存在，又怎么去要求别人来肯定我们呢？是的，在别人肯定你之前，你先要肯定自己，肯定自己存在的价值。然而，没有真材实料毕竟是不行的。一块石头，无论再怎么珍惜，价钱再怎么上涨，也不过是一块石头，它不会因此而改变什么。若是把珍惜化作动力，去细心地打磨块这石头，那么，纵使它并不是什么宝石美玉，但总会有其独特之处，它最终会被人们认可。生命的价值首先取决于你自己的态度，珍惜独一无二的自己，珍惜这短暂的几十年光阴，努力地改进自己，充实自己，挖掘自己的潜能，释放自己的光和热，最后世界一定会认同你的价值。

本周是充实而具有挑战意义的一周，我们将迎来两个重要的活动，第一个是周四下午五年级同学要参加广州市数学学科学习质量抽测；第二个是我们有两节课将作为区新课程优秀课例在全区展示交流。这些都是直接体现我们学校教学水平和学习质量的重要活动，我们要高度认真对待。因为质量是我们学校的生命线，没有质量，学校不可能前进、发展。为了发挥市一级学校的示范性作用，请我们全体师生勇敢地伸出双手，为自己鼓掌，为自己加油，努力学习、天天向上，大家齐心协力，让我们学校以良好的质量、优美的环境取胜，得到大家的认同。

2005 年 4 月 11 日

我们如何表达爱国感情

——国旗下的讲话

亲爱的老师们、同学们：

大家好！最近，日本在对其侵略中国等亚洲国家的历史等一系列问题上的错误态度和通过修改教科书来篡改历史的做法，激起了深受战争之害的亚洲人民包括中国民众的无比愤慨。广州部分群众未经人民政府批准，在市内路段非法举行对日抗议示威活动，表达对日本的强烈不满，展现爱国主义热情。这是非常不理智的行为。在民族尊严和民族感情遭受伤害之际，我们理应表达我们的义愤，但是，仅仅表达义愤是不够的，采取一些有违法制的过激行为并无助于问题的解决。

历史的经验告诉我们，爱国既要有热情的表达，更要能够从维护国家和民族利益的大局出发，爱国需要激情，更需要理性。非理性的举措不仅无助于揭露日本右翼分子的真实面目，反而会被人抓住把柄，给日本右翼分子攻击中国、欺骗日本民众增加口实，伤害一些真心与中国交好的日本朋友。也会让想蓄意破坏中国政府、人民利益的人有机可乘，在活动中鱼目混珠，做出一些更坏的事。

为此，我们要相信我们的政府，我国被世界公认为近年外交工作最成功的一个国家，我们要相信中央能处理好国与国之间的问题。我们也期待日本政府能认真对待中国人民的合理要求，妥善处理好历史等涉及中国人民感情的敏感问题。希望我们民众能够以冷静理智、合法有序的方式表达自己的意愿，将爱国热情化为发奋学习、做好工作的动力，坚决不参加未经批准的游行活动。

爱国主义是对祖国最纯洁、最高尚、最神圣的感情，爱国是一种尊严、更是一种信念，面对一些涉及国家利益的大是大非的问题，合法作出理性的表达，认真学习、认真工作才是爱国热情的具体表现。

2005 年 4 月 19 日

献上一份爱心，早行动一秒，多救助一人

——国旗下的讲话

亲爱的老师们、同学们：

早上好！大家通过收看电视新闻都应该知道前天 5 月 12 日下午 14 时 28 分，我国四川省汶川县发生了7.8 级的强烈地震，地震造成四川、陕西、甘肃、重庆、云南、山西、贵州、湖北八个省市死亡人数超过 1.2 万人，受伤人数超过 2.6 万人，上百万座房屋倒塌，通讯、交通完全中断，有的县城至今音讯全无，多所学校倒塌，近千名学生被埋，至今还有不少人被埋在废墟里。许多人第一次感受到死亡离自己这么近，许多人在一瞬间失去了亲人，灾情真是触目惊心、惨不忍睹。地震发生后，胡锦涛总书记立即作出重要指示，要求尽快抢救伤员，保证灾区人民的生命安全。温家宝总理也赶赴四川灾区指导救援工作，慰问失去亲人、伤心欲绝的父老乡亲。此刻，全国人民众志成城，以各种方式投入到抗灾救灾工作中，四万名官兵通过海陆空向灾区紧急开进，加入抢救伤员的队伍中，其余民众也纷纷加入到捐款、捐物、捐食品、献血等行动中。

同学们，这是一次深刻的生命教育，自然灾害突如其来，我们无法阻挡。但社会各界在突发灾害面前的团结奋进，是我们战胜一切困难的信心和勇气的保障。灾区人民在强烈地震面前保持冷静和理性，使中国抢险救灾工作及时迅速，正如温总理说的：“只有冷静，我们才能战胜恐慌；只有冷静，我们才能想出更好更多解决困难的办法；只有冷静，我们才能争分夺秒地第一时间抢救伤员！”

我们无法控制地震，但是我们要懂得应对地震的自救、逃生知识，懂得生命如此的宝贵，懂得珍惜现在美好幸福的生活。只有懂得珍惜，你才会尊重生命、尊重生存的价值，好好保护自己和他人的生命安全，保护环境生态，保护地球！利用这个短会，我简单说说地震的预防小知识。

（1）地震时，如果你在室内，为了自己和家人的人身安全请选择在重心较低

且结实牢固的桌子等坚固家具下面躲避，并紧紧抓牢桌子腿。在没有桌子等可供藏身的场合，无论如何，也要用坐垫等软物品保护好头部。

（2）地震摇晃时立即关好煤气熄火，免得物品震动落进火炉引起火灾，一旦发现明火要尽量在1—2分钟之内迅速灭火，不能依赖消防车来灭火。

（3）地震发生后，不要慌张地往户外跑，因为如果此时碎玻璃、屋顶上的砖瓦、广告牌等掉下来砸在身上，会更危险。

（4）由于地震的晃动会造成门窗错位，所以要将门打开，确保出口畅通；平时要事先想好万一被关在屋子里如何逃脱的方法，准备好梯子、绳索等。

（5）如果在户外，大家要保护好头部，选择空旷的地方，避开那些不牢固的东西，也不要扶着墙壁，因为这些东西砸下来也是非常危险的。

以上只是其中的一些自救方法，同学们还可以通过向老师、家长了解或从书本、网上了解更多的生存自救本领，并且在遇到险情时要保持冷静和理性，及时应对。

同学们，四川救灾仍在紧张进行，我们相信，有党中央、国务院的高度重视，有人民子弟兵的英勇奋战，有全国人民的共同关注，我们一定能战胜困难，取得抗灾救灾的胜利！在此，学校也发出倡议：希望每一位师生、每一个家庭向灾民伸出援手，我们可以通过捐款为远方的灾区同胞们带去在废墟中重建家园的勇气和力量，我们可以向中国红十字会、中国扶贫基金会、中华慈善总会等救灾资金会捐款，献上你的一份爱心，早行动一秒多救助一人！我们衷心祝福远方正承受痛苦悲伤的兄弟姐妹们：希望你们能平平安安度过这次灾难，千万不要放弃希望，哪怕是渺茫的生存机会，我们与你们同在！整个中华民族是你们的坚强后盾！一定要坚持到最后，我们要有信心，我们一定能渡过难关，早日重建我们美好的家园！让我们一起呐喊："加油，四川！""加油，中国！"

2008年5月14日

不平凡的2008年，不平凡的中国

——国旗下的讲话

亲爱的老师们、同学们：

大家早上好！今天是12月29日，有的同学马上会想到2009年元旦节快到了，但对于更多的中国人来说，我们都会不约而同地回顾即将逝去的2008年。2008年是中国不平凡的一年，是大家百感交集的一年。

先让我们坐着时光车回到2008年的春节：一场突如其来的大雪灾，无情地让回家的人们停住了脚步，让人们受苦，更让整个中国受尽磨难。我们每一个人都关心着灾情，一个个互助互爱、令人感动的场景牵动了我们的心，让我们明白，灾难并不可怕，雪可以被人心的温暖融化，我们可以在雪地里挖出一条回家的路；也让我们明白，在困难面前，我们需要团结，我校全体师生心手相连，献出爱心，共捐款16 146.40元。

但是，灾难并没有停止。5月12日，汶川发生了特大地震。无数鲜活的生命在一瞬间消失了。我们心如刀割，我们痛彻心扉。不管是不懂事的小孩子，还是连自己生活都顾不上的乞丐，全国人民都纷纷慷慨解囊，捐钱捐物。我校全校师生也一共捐款63 911.87元，大家在灾区撒下了感动，撒下了鼓励，撒下了温暖，同时也增强了中华民族的凝聚力。

四年一度的奥运会、残奥会在北京的成功举行，为世界展现了一个富有实力和魅力的中国。不仅是中国媒体，就连外国媒体在报道上都用上了许多“完美”、“创造辉煌”、“前所未有”等此类的词语来形容北京奥运会。国际奥委会主席罗格先生也称赞道：“这是一届真正的无与伦比的奥运会！”北京奥运会不仅让世界看到了全新的中国，更让每一个中华儿女更加自信和自豪！

随后，中国又向全世界宣布了一个好消息，神七飞船将会载着三位宇航员飞入太空，并在太空漫步！这令全国上下都为之激动！当翟志刚在茫茫太空中挥舞着五星红旗时，电视机前一片沸腾，从这一刻起，中国成为继美国、俄罗斯之后世界上第三个实现太空行走的国家，这是中国人民攀登世界科技高峰的又一壮举！此外，台湾地区与中国大陆两岸关系更上一层楼，“海、陆、空”直航的启动以及不久前国宝熊猫“团团”和“圆圆”到台湾的定居，都象征着台湾重回祖国母亲的怀抱指日可待！

不平凡的2008年，不平凡的中国人，中国在灾难中选择了坚强，在感动中凝聚了人心，在反思中更加成熟，在情感激荡中升华精神，这就是中国人善良、勤劳、勇敢、团结、奋进、有生命力、有灵魂的民族精神。我们坚信，我们中华儿女民族精神会代代相传，中国将会越来越强大，在世界舞台上担当无可替代的重要角色！

2008年12月29日

创建广州市安全文明校园评估工作动员讲话稿

亲爱的老师们、同学们：

早上好！这一周已经是第十七周了。还记得开学典礼的那一天，我校举行的“两评三聘”启动仪式吗？虽然隔了十几周，但是我相信这么大型的活动同学们还是记忆犹新的。在开学典礼那一天，学校在会上聘请了法制副校长、法律顾问和卫生指导员。这个启动活动宣告我校的两评创建活动正式开始。一评，评广州市依法治校示范学校。通过创建依法治校示范学校，促使每个同学加强法制观念，增强责任意识，遵守做人的准则。

二评，评广州市安全文明校园。有了前面的评估，同学们应该有了一个清晰的认识，一个人只要懂得遵纪守法，那么他自我保护的能力就比较强，能规规矩矩做人，危险自然会远离他。会议上，我还向同学们宣布了创建安全文明校园这一决定，同学们在当天展示了暑假制作的安全文明手抄报。如今十几个星期过去了，我们的创建工作如何？应该说为了创建安全文明学校，我们做出不少努力，在硬件上不断完善，清除了安全隐患。本学期更是开展了一系列教育活动，现在最关键的是同学们的安全观念、文明礼仪是否养成。

我曾经说过，安全与文明就像亲兄弟，两者相依为命，缺一不可，有了文明的举止行为，安全就有了保障；相反，举止粗鲁，出言不逊，总会引发矛盾或者容易发生意外。明天广州市教育局的督导评估员、专家会到我校进行考核验收，同学们的遵纪守法意识，文明礼仪能否经得起考验就看明天了。在上一周，我让每一位同学都为学校创建广州市安全文明校园出谋献策，同学们积极参与，用自己的智慧和实际行动，告诉同伴们应该怎样讲文明、讲安全，还为这次创建活动编写宣传口号，真了不起！下面我挑一些好的建议、好的口号读给大家听，希望大家能从中明白我们该做什么，不该做什么……

以上是同学们给的好建议、好口号，还有不少好的建议，由于时间关系就不一一道出了，总之在这里，我代表学校感谢大家的热情参与。由此也可以看出同学们对学校创建广州市安全文明校园充满信心，也充满期盼，衷心希望大家能齐心协力，共同营造安全、文明、和谐的校园文化氛围。

明天就是我校代表全区唯一一所小学参加市创建评估工作的关键时刻，这是一件值得骄傲的事。可以说每一位师生不仅仅是在为创建安全文明的学校，也是在为创建安全文明的海珠，为创建安全文明的广州而贡献自己的一份力量，所以，明天创建的成败，在于同学们的言行举止是否讲文明、是否重安全。现在我们来比赛，看谁做得最好，看谁的榜样力量大。大家认识鹦鹉吗？鹦鹉会说话人人皆知，有两户人家各养了一只鹦鹉，可它们的差别却很大，因为一只鹦鹉经常说一些粗俗的话，不仅骂人“八婆”，还叫人“快去死”，而另一只鹦鹉却经常说“您好”、“谢谢”、“欢迎光临”、“恭喜发财”。难道说动物也有道德高低之分？原来鹦鹉没有道德高低之分，它的道德高低是养鹦鹉的人给的，如果鹦鹉的主人平时很讲礼仪，自然鹦鹉也是懂文明礼貌的鹦鹉，相反，养鹦鹉的人粗言秽语，鹦鹉学舌，也会说不文明的言语。鹦鹉如此，人也一样，我希望我们800多位同学都有良好的文明言行，都能成为一只鹦鹉的好榜样。人人都是好榜样，那么我们的良好行为一定会给别人带来无穷的榜样力量，江南二小一定会开创一个良好的育人氛围。

明天，请老师和同学们记得穿校服，少先队员规范佩戴红领巾，进入校园，请讲普通话，杜绝脏话。大家除了上课外，在课间交流也尽量使用普通话。

此外，在评估当天，评估员要收集同学们对创建安全文明校园的意见，同学们可以把我们开展的文明活动告诉他们，因为评估员在学校的时间只有短短一天，不一定了解学校开展安全文明教育的情况，所以我们可以写在纸上告诉评估人员。同学们，只有你们做到心灵美、语言美、行为美，江南二小才会更美，同学们才会更健康快乐地成长！让我们齐心协力，共建安全文明的校园，让我们尊重生命，缔造安全，使校园以及自己的人生也变得更加美丽！

2007 年 12 月 24 日

2007 学年第二学期开学典礼致辞

亲爱的老师们、同学们：

大家鼠年好！今年寒假开心吗？很多同学会回答“当然开心”，因为放假和过春节是许多同学非常期盼的快乐事。我们老师也非常开心，因为我们看到同学们都平平安安地回到学校了。在这里，欢迎同学们重新回到学校这个大家庭，同时，也让我们用最热烈的掌声欢迎新转入我校的同学们。

同学们，你们有没有关注到，今年春节特别的寒冷，但今年春节也最让人感动，你们知道为什么吗？今年，一轮罕见的雨雪天气袭击了中国南方多个省市。我们打开电视看新闻，都知道今年春运因为连日暴风雪的原因，很多火车、汽车、飞机都延迟或者暂停，有的城市也因为暴雪天气冻坏电缆而停电，飞机场也要关闭。火车站、汽车站挤满了想回家过年但又不能回家的旅客和外来工。由于连日下雪，京珠公路地面积起三十多厘米的冰雪，车不能正常行驶，所以上万辆车、数万名乘客被困在冰天雪地之中几天几夜，司机、旅客都只能待在车里，甚至没有吃的、喝的。持续不断的严寒冰冻吞噬了许多人的生命，造成数百亿元的经济损失。冰雪压垮了电塔、封住了道路，却没有压弯中国人的脊梁、没有冰冻中国人同甘共苦的热心。在这场史无前例的破冰抗灾行动中，我们看到了那些坚强、温暖的身影，这让我们坚信春天总会来临。党和国家领导人亲临现场指挥救灾工作，在塞车路段附近居住的居民纷纷献出爱心，有的为滞留人群准备了热腾腾的饭菜，有的拿出自己的棉被给他们取暖。广州和其他地方的市民都捐了许多食物、棉被和钱。每当记者采访这些市民的时候，他们都会这样说：“他们回不了家都是天灾带来的祸，我们很明白他们急切的心情，同时我们也希望他们能够平平安安地回家，因为我们都是中国人，我们都是一家人。”这让我们知道了中国为什么会这么强大，因为每一个中国人的心都是火热的，在困难中都会发出强烈的光芒。在火车站里，还有一直以来毫不松懈的公安干警和武警解放军们在岗位上维持秩序，让旅客们安全进车，保护旅客们的人身安全，不管旅客有什么需要，有什么困难，他们都竭尽全力地帮忙，有的干警已经在公路上、火车站里连续站了几天几夜，好多天没有回家了。有位公安为了坚守岗位，带病上岗，终于熬不住倒在地上，他的精神令等候坐车的旅客非常感动，纷纷表示既然干警们为我们人民贡献那么多，我们也要遵守纪律，排好队伍，这样既可以保护自己，也能让公安、巡警们更好地为大家服务。还有，那些一直冒着生命危险在电网铁塔上抢修电网的叔叔们，没有他们的无私奉献，一些城市甚至广州也将陷入断电、断水的严重困境。同学们，这真是冰雪无情人有情啊！它见证了中国人的团结，见证了中国人的爱心与责任。同学们，你们有没有亲人参与这个抗灾救灾的行动呢？你们身边的人有没有亲身经历过这样感人至深的事情？无论有还是没有，在这里，都让我们把热烈的掌声献给那些英雄们，感谢他们的无私奉献！感谢他们带给我们的平安和感动！

我之所以用那么长的篇幅来讲这件事，其实是想告诉同学们，我们虽然年龄小，但我们应该懂得为人处世的道理。国家就是一个大家庭，一方有难，各方救援，全国人民众志成城，团结一心，共同抗击雪灾，定能共渡难关。同样，学校也是大家庭，是我们师生赖以学习、成长的家园，作为家庭里面的成员，我们每一个人都要有一颗真诚的爱心，更重要的是对学校有责任心，尽自己所能保护身边的同学和公物，爱护学校的荣誉；每一个人都要刻苦学习，积极奋进；每一个人都要心胸宽广，互相理解和支持，团结进取，这样学校才能强大，才能不断进步，更加兴旺。

去年的春节晚会上，由一群农民工子弟表演的节目特别感人，当他们用稚嫩的声音朗诵出“别人和我比父母，我和别人比明天”时，亿万观众的心灵被震撼了，这句话代表了农民工的孩子们内心真实的表白。今天，我想借用这句话作为对同学们新学期的寄语：好好把握今天，我和别人比明天！

今天是最容易得到的，就像空气和阳光一样，因而，没有多少人给予它特别的关注。人们往往宁愿沉浸在对昨天的追忆和对明天的憧憬中而漠视今天的存在。今天又是最容易失去的，时光不会倒流，过去的将永远成为过去，今天将会不断地沦为昨天。一个学期的时间是短暂的，它就像手里捧着的水，无论你怎么利用你这双手，水还是会从你手指的缝隙中流走，想留也留不住。抓住今天，认真做好今天的事，才是最实在的。比如今天上学、上课都不迟到，认真上好今天的每一节课，认真做好今天老师布置的功课，认真复习今天学到的知识，今天做操精神一点，今天和老师、同学相处礼貌一点、友好一点，今天回答问题积极主动一点，还有很多很多可以做好的事情。脚踏实地地把握好今天，做到每天都有一点进步、一点收获，那么，明天就会有成功的可能，因为成功来源于每天点滴进步的几何叠加，每天进步一点点，最终你的明天与昨天将会有天壤之别。此外，这个学期是六年级同学毕业升初中的关键阶段，希望你们能珍惜在母校的时光，找准方向，增强对学习的热情，刻苦钻研，争取更大的进步！

同学们，努力吧！因为你们拥有最好的老师，拥有美丽、舒适的书香校园；同学们，加油吧！老师相信你们一定会勇于负起责任，不断努力。新学期，同学们比赛一下，看谁能把握好每一天，大家也比比明天，看谁在新学期里取得更多、更新的成绩。最后，我在这里送上美好的祝愿，祝大家新学期身心健康！开开心心！学习、工作、生活更上一层楼！

2008 年 2 月 18 日

让我们与学校共同健康成长

——2008 学年下学期开学典礼致辞

亲爱的老师们、同学们：

大家早上好！在 2009 年阳光明媚、充满生机的春天向我们走来的时候，我们又迎来了新的学期。记得在上学期散学典礼上，我向同学们作了“学校因你们而美丽”的发言，向大家谈了我们收获的许多感动，因为同学们团结合作而感动，因为同学们勤奋学习而感动，因为同学们文明有礼而感动。我们希望本学期通过大家的努力，继续创造这些感动，让这些感动甚至更多的感动延续，让我们全体师生与学校共同健康快乐地成长。所以今天我讲话的题目是“让我们与学校共同健康成长”。

新的牛年开启新的希望，新的空白承载新的梦想，为了让我们与学校共同健康成长的梦想成为现实，新学期，作为校长我向同学们提出五点期望。

一、与好书为伴，让好书滋养我们的生命

今天，媒介的信息飞速发展，物质极为丰富，大家的生活有了多种选择的可能。读书这种传统的生活方式是否值得我们坚守呢？答案是肯定的，读书的意义依然存在，而且还需要同学们重视。

过去的 2008 年是坎坷的一年。这一年，我们一起经历了南方大风雪、四川大地震等灾难。这些事件向人类昭示了一个事实：发达的现代科技，并不能消除人类的灾难；人类依然需要直面灾难的勇气。这一年，一个简单的道理被人们重新认识：当灾难来临时，心灵最需要支撑。于是，读书的价值在 2008 年再次被提起。

在南方雪灾期间，火车站的书报摊生意很火。阅读，让大家的心情平静下来。汶川大地震中那个在废墟中借着手电光看书的四川女孩，最终获救，她明白了这个道理：读书让人感到温暖，从而产生一种力量，缓解心中的恐惧。灾区的

孩子们也正是因为以最快的速度重新捧起了书本，才有效地获取了抚平心灵创伤的能量。

当然，我并不是倡导为准备抵挡灾难而读书，而是告诉大家读书的意义，尤其在这个充满诱惑的时代，人的心灵容易迷失，因此这个时代我们更需要读书。冰心老人说过这样一句至理名言：“读书好，好读书，读好书。”这里面包含了三个意思，一是说读书意义重大；二是说好读书，爱读书、热衷读书的意思；三是读好书就要与好书为伴，如关于文学、艺术、知识、科技、生活、历史的等，只要是好书，就能获益，只有与好书为伴，我们的思想才不会贫瘠，身心才能得到陶冶，生活才能充满情趣，才能有百折不挠的毅力和恒久的学习动力。本学期，我们将会开展一个“寻找我们身边的读书小英雄”活动，继续让书香飘溢我们的校园，让好书伴我们健康成长。

二、做文明事，说文明话，让文明之花处处开

本学期，我们将评选“文明礼仪小标兵”，评选的标准是怎样的呢？很简单，就八个字：“做文明事，说文明话。”课堂上，你认真听讲，积极回答问题，课后认真完成老师布置的作业，你就是文明礼仪小标兵；课间你和同学们做些有意义的小游戏，不追逐打闹，你就是文明礼仪小标兵；看见地面有垃圾，你主动弯下腰捡起来丢进垃圾桶，你就是文明礼仪小标兵；在校园里，见到老师和同学，你主动上前打招呼，听见有同学讲脏话，你去纠正他，你就是文明礼仪小标兵；上学和放学的路上，你遵守交通规则，乘车时自觉排队，你就是文明礼仪小标兵；不小心踩了别人的脚，会主动说“对不起”，别人帮了你，会说声“谢谢”，你就是文明礼仪小标兵。像上学期我表扬五三班杨承浩同学捡到手机主动交公，还有五三班杨艺同学在广东科学中心捡到100元交公，六三班赵慕雯、何海滢在学校拾金不昧，五二班义工小队自发清洁厨房旁的泔水池等好人好事，这些同学都是文明礼仪小标兵。只要同学们注意自己的言行举止，从行为规范做起，从身边的小事做起，从点点滴滴做起，为班集体、为学校多做好事，你就是合格的文明礼仪小标兵。不久，学校将迎来广东省安全文明校园的评估，这是一次对学校全体师生校风及精神风貌的大检阅，我希望在任何地方、任何时候都可以看到我们江南二小师生的文明风采。

三、珍爱生命，提高安全防范意识

“安全重于泰山”的警钟时刻在我们耳边敲响，学校对安全工作也十分重视。我们有幸来到这个世界，应该感谢我们的父母，是他们给了我们鲜活的生命，是他们让我们看到了这五彩缤纷的世界。但我们也越来越意识到提高安全防范意识对生命的重要性，交通事故、校园伤害事故、火灾、疾病、犯罪等，它们无时无刻不在威胁着我们的生命和健康。因此，我们要珍爱自己的生命，对自己负责，

对父母负责，对社会负责，提高安全防范能力，只有这样，我们才能平安每一天，快乐每一天。

四、成为学弟学妹的表率，做合格的毕业生

毕业班的同学们，你们就像乘公交车过了这一站就要驶向下一站一样，过完这个学期，你们就要离开学习、生活了六年的江南二小母校，奔向另一所新的学校，去学习更多更高深的学问，感悟更多的人生哲理。在座六年级的同学，即便是中途转学来的同学，都对学校有着深厚的感情吧。校园的一草一木将印在同学们的脑海里，老师同学们的一颦一笑也将成为大家永远抹不去的记忆，教室里同学们激烈讨论、操场上同学们尽情游戏的场景都将成为一幅幅清晰的画面录入大家的脑海里。我们这一届六年级的同学都很优秀，你们在学校努力读书、刻苦钻研，在不断进取中取得了一个又一个好成绩，为学校争光，这些学校的老师都非常清楚。我上学期表扬了一些学习小状元，其实还有很多状元，比如体育、科技、艺术等明星。即使成绩一般，很少受到表扬的同学，也有很多自己挖掘不到，但老师已经发现的优点。我们一直坚信，只要有良好的道德品质，并且继续努力，长大后肯定会有出息的。在小学阶段的最后时光里，我希望你们能遵守纪律，用高标准严格要求自己，尊敬师长，爱护学弟、学妹，以个人的良好表现为学弟、学妹做出表率，给母校老师留下最美好、最难忘的印象。

五、调整好自己的作息时间，按时上学，勤俭节约

本学期开始，学校不再提供早餐，同学们在家里吃完早餐再到学校上课，学校8:00开校门，8:15分做早操，也就是说同学们不用太早到学校，在8点到8点15分之间到达学校就可以了。做完早操直接上第一节课。这里学校强调以下几点：①要体谅父母的辛苦，不要挑吃家人辛苦做的早餐；②学校不提倡同学们在外边小食店吃早餐，但如果有特殊情况并且家人又同意的，那么一定要选干净卫生的小食店，并做到勤俭节约，做好开支计划，培养自己的独立能力；③要有时间观念，不要因为吃早餐拖拖拉拉而错过了上学的时间，迟到是不应该的；④不能把早餐带到学校吃，因为在学校没有吃的时间，而且存放不当，食物容易变质，反而会影响身体健康，也不能带零食进校，一旦发现一律没收，并批评处分。

老师们、同学们，“日出江花红胜火，春来江水绿如蓝”，春天是百花盛开的季节，是千帆竞发的季节，让我们踏着青春的脚步，勤奋学习，积极工作，锐意进取，让学校的明天更加美好！让同学们的未来更加幸福！衷心祝愿同学们新学期学有所获！教师们事业进步！谢谢！

2009年2月11日

让学校以你们为荣

——2008 学年下学期毕业班动员大会校长讲话稿

亲爱的同学们：

你们好！

此时此刻此境，让我觉得今天的大会是给将要出征奔赴战场的精英们召开的一场誓师动员大会。

2009 年 6 月，同学们将迎来人生中第一次大的挑战——小学毕业考试。它是对你们六年来的学习效果的一次综合性的检验，是对你们学习能力的一次最有力的证明，它将翻开你生命崭新的一页，它会让你的梦想绚丽如画，让你的前程灿烂如星，让你的生命完美如歌。也许六年级的路有些崎岖，有些坎坷；也许六年级的路上少不了犹豫和彷徨、懈怠和忧伤；也许你认为自己不够聪明，但无数成功的经验告诉我们，影响个人成功的因素排在第一位的是目标准确，第二位的是胸怀宽广，第三位的是信心充盈，第四位的是坚持不懈，第五位的才是聪明。

说到目标，毕业在即，我希望每一位六年级的同学都能根据自己的切身情况，制定一个明确的学习目标，不断努力，不断突破。因为只有志存高远，才能激发自己的潜力，向着目标不断前进，不断进步。

说到胸怀，一方面要有良好的心理素质，面对如山的学习任务和各方面的压力，我们都要热情地拥抱它！调整心态，变压力为动力，因为这是我们成长的必经阶段，与其一味地逃避，不如勇敢地迎上去。另外，在学习中遇到不懂的地方要主动向老师请教，向同学请教，同学之间要团结合作，互帮互助，共同努力，共同进步。

说到信心，同学们，没有比脚更长的路，没有比心更高的山。你们必须保持自信心，自信和拼搏是决定命运的重要因素。凭借过去的努力，你们已经积淀了一定的知识和能力，只要勇敢冲刺，你们就能赢得胜利，赢得未来。把学习当作一种快乐，把考试当作人生必需的锤炼，把成绩当作一种收获。六年级的学习的确会比较辛苦，但只要孜孜不倦地执着于学业，你们就不会被失败和挫折击倒，你们就会一步步地向着自己的理想迈进！

说到坚持，俗话说有志者立长志、无志者常立志，同学们保持一周的旺盛斗志可能没问题，但随着考试时间的一步步逼近，免不了有人会因紧张而对自己失去信心，会因压力而茫然无措。对此我想请同学们记住爱迪生的一句名言："很多生活中的失败，是人们没有认识到，当他们放弃努力时，距离成功是多么得近！"

同学们，时间老人正从你身边悄悄走过，珍惜时间，珍惜家人给你的一切，珍惜校园美好的时光，抛却那些让你沉溺的无聊游戏！扔掉那些不必要的烦恼！拿起你的书本，它们会增强你的自信，提高你的学习境界，指引你走向成功。面对六月毕业升初中的挑战，我相信你们每一个人都不会做消沉彷徨的懒汉懦夫，你们会牢牢把握好未来！用拼搏实现希望，用勇气收获未来！用优异的成绩回报家长，回报老师，回报社会！相信经过大家的努力，明天，你们一定会展翅高飞，飞得更高、更远，学校将以你们为荣！

2009 年 3 月 16 日

爱，竟让我们如此感动

——2009 学年第一学期开学典礼校长寄语

亲爱的老师们、同学们：

大家新学年好！快乐的时光总是过得很快，同学们休闲、欢乐、有意义的暑假生活结束了，新的 2009 学年将带来新的气息，迎来新的挑战，欢迎同学们精神抖擞地回到江南二小大家庭。

每年的 9 月 1 日都是一个特别的日子，因为我们要迎来一支最年轻的队伍，这就是一年级的新同学，还有新转入我校的同学和老师。让我们以掌声对这些新老师、新同学的加盟表示热烈的欢迎。

新学年承载着许多新的希望，以往我都要向同学们提出好几点要求，但今天我对同学们说的关键词是一个“爱”字。

爱是什么意思？在国外一所学校，一群 4 至 8 岁的小朋友被问到这个问题时，他们给出了各不相同却同样精彩的答案。6 岁的克里希说：“爱就是当你出去吃饭时，你把自己大部分薯条给朋友，却并不在意他是不是也给你。”6 岁的汤米说：“在钢琴演奏会上，我在台上很紧张，望着台下，所有人都在看着我。我看到爸爸和朋友冲我挥手微笑，我就不再感到紧张了。”8 岁的辛迪说：“爱就是在妈妈把最好的鸡块给爸爸的时候。”有一个作家谈到一次评选“最有爱心的小孩”的比赛，获胜的是一位 4 岁的小男孩，他的邻居是一位刚刚失去妻子的老人，这个小男孩看到那个老人在哭泣，便走进他的院子，爬到他的膝上，然后就坐在那儿，后来他妈妈问他对那个邻居说了什么，小男孩说：“什么也没说，我只是帮着他哭。”同学们，你们发现了吗？原来爱就在我们身边，对别人关爱多一点，能让人感到温暖。

2008 年，在抗击南方大风雪、四川大地震的灾难中，一个个互助互爱、令人感动的场景牵动了我们的心：有用自己生命保护学生，把生的希望留给学生的十位优秀人民教师；有用自己的奶水喂养多个孤儿却没喂自己的孩子喝上一滴奶的女民警蒋小娟；还有冒险挺进灾区、在余震不断的废墟上以命救命的十几万名解放军和武警战士等。这些英雄们用生命向我们诠释了什么是爱。人们在无数次热泪盈眶、痛彻心扉的同时，纷纷慷慨解囊，捐钱捐物，我校全体师生也捐出了8万多元。2009年8月，莫拉克台风袭击了台湾南部，使台湾南部遭遇近半个世纪以来最严重的水灾，原本沉浸在父亲节欢乐气氛里的许多人瞬间无家可归，死亡人数不断攀升。同学们，台湾是我国不可分割的领土，台湾的灾情也牵动着大陆同胞的心，在祖国各地，爱心在涌动，每个人都在用自己的方式表达着对台湾受灾同胞的关爱。相信爱仍在不断延续着，它不仅让我们感动，更让我们团结、奋发进取。

8月的广州，是百花盛开的广州，是文明之花盛开的广州，为了创建国家文明城市，我们看到了许多志愿者、教师、学生、民警、清洁工等团队纷纷走上广州的大街小巷，为创建文明广州作贡献，我们可以看到广州的道路整洁了，秩序井然了，闯红灯的人没有了，不文明的言行少了。大家虽然辛苦，但都有一个共同的想法：广州是我家，创文靠大家，我们都爱我们的家园——广州！

同学们，心中有爱，就有希望和信心；心中有爱，就能懂得关爱他人，爱自己、爱亲人、爱老师、爱同学、爱学习、爱公物、爱学校、爱班级、爱广州、爱祖国，还有珍爱生命、善待生命，提高安全防范意识和自我保护能力。爱，让我们的世界变得更加文明、和谐，让我们的生命更加充实。新学年的期望是让我们在座的同学们更加懂得爱，从自己做起，从小事做起，从现在做起，一起参与爱的行动，一起创建全国文明城市、创建和谐文明校园、创建书香班级。9月10日教师节即将到来，10月1日又是新中国成立60周年庆典，同学们，赶快加入我们爱的行动，想到如何以爱的行动迎接教师节、国庆节的同学，可以把你的想法告诉我，或放在校长信箱，或发到学校网站留言处。请大家关注，我们校门口两条醒目标语——“沉醉书香、分享智慧、收获快乐”，“花儿用美丽装扮世界，我们用言行美化校园”，让我们全体师生一起努力！

最后，衷心祝愿同学们新学期学有所获！教师们事业进步！谢谢大家！

2009年9月1日

2009学年第二学期开学第一次教师会议致辞

各位亲爱的老师：

新年好！

欢迎大家重返校园，今天是大年初十，祝大家新春快乐，开工大吉！

新的学期将会有人员的调整和工作的变动，在这里，我向大家介绍两位新来的老师：一年级二班的语文老师兼班主任王穗英老师，四年级二班的语文老师兼班主任冯艳芬老师。希望我们继续发扬团结互助的优良传统，帮助新来的老师尽快熟悉学校的环境和工作上的要求以便更好地开展新的工作。另外一些老师任课方面的变动安排稍后将由李慧敏主任宣读。

今天的安排如下：首先，我要向大家汇报一下假期学校的一些工作情况，并提出新学期期望；然后，几位行政人员就老师们任课调整及本学期初的工作进行布置及提示；会后，请未交教育行动研究案例参赛作品的老师尽快交给刘丽萍主任。

第一，我们行政人员以及工会委员代表慰问了退休老师，其中有两个老师还获得区工会的扶困慰问品及慰问金，一位是周炳森老师（患帕金森病），另一位是郑志红老师（患运动性神经元病），运动性神经元病与艾滋病、癌症齐名，为五大绝症之首。前段时间，学校工会为他们申请了困难扶助，这也体现了学校和区对他们的关心。此外，我们还探望了前段时间做了耳朵手术的杨敏帆主任和做了鼻子手术的许广玲老师。

第二，计划总是比不上变化快，放假后基建图纸好不容易经过设计院、教育局、招标代理与学校四方会审通过，可没过几天，我校接到通知：关于我校创强剩余的80多万资金，财政局不再拨给学校了。为此，我们基建项目计划又要有所改变了。现在，我们将在本学期删减项目，以便减少资金，再调整计划进行招标，力争在暑假完工。

第三，这个假期，要表扬坚持体育竞技训练的张淑红老师和温建荣老师，几位家长见到我，都说“这种精神很难得”。在天气那么冷的情况下水，学生也很难得，不过这种状况很有可能会改善，因为学校体育场地向社会开放是必然的一个方向。学校如果自己管理，从安全上，从保证学校游泳队的成绩方面都难于操作，因此，我们在区教育局的指导下，会借鉴宝玉直、万松园小学的做法，与区体育局宝岗体校泳池合作，委托他们管理，但我们有个前提就是争取区体育局的资金支持，将泳池改为恒温（暖水）泳池。现在一些具体事项还在区教育局的指导下磋商中。

第四，大家一回来就看到我们一直引以为豪的一道亮丽风景线——葡萄架，没有了，觉得很可惜。是的，平时老师们工作累了，抬起头看看绿色植物，心情也舒畅很多。但是由于这个铸铁花棚已有十多年的历史，经过风吹雨打，外壳包的水泥已经裂开，随时会脱落，上学期我们发现了这个问题后，把那些即将脱落的水泥敲掉，进行人工脱落，并想连同今年的基建项目一起重建，但随着资金变化，要重建已没什么可能了。为此，经过研究，并在征求了局基建科的意见后，我们决定把它拆除，并按相关文件规定，让废品收购公司来校处理这批废铁，办好报废手续。现在我们先保留花基，还会修整花棚留下的凹凸位置。总之，安全第一，我们这样做也是为了师生的安全着想，学生问起缘由，老师可以借此进行安全教育、爱护绿化等教育。

第五，我们本着节约、不超拨款钱，并且能在开学前使用的原则挑选了这款教师办公桌。春节假期，很多工人都要回乡过年，所以办起事来还是很难的，能赶在节前调整好桌椅位置，并且把网线全部调整好，已经很不容易了，这方面温建荣老师想了很多办法。现在，网线重新调整后，中间的水泥地可能会稍微难看些，但总体还是比较好的，还腾出了不少位置。我们重新安排了座位，希望大家就按照这个位置不要调整了。硬件的东西有时很难一步到位，因此，我们将逐步更新，以后会更加美好。至于建设新多功能电脑室，还要经过相关程序才能进行。

第六，假期李幸中主任回校继续和资产管理公司对学校财产进行清点，核准哪些需要报废，届时将按上级规定安排报废工作。这项工作可能还要延续到今年四月份，目的在于加强学校的资产管理工作，希望大家能支持。

以上就是假期学校的工作情况，接下来提几点新学期的期望。

第一，新学期，新的起点，新的开端，新的期望。我想美好的祝福大家听了很多，但是百听不厌，就是希望大家能健康、开心——身体健康、心理健康。有时连医生都说心理健康比身体健康还重要，心态好，心境开阔，身体自然好。所谓心态要好，就是不管想什么多往好处想，记住解决困难的办法总比困难多，记住自己的职业虽不能大富大贵，但是培养了很多富贵之人、国家之栋梁，那么自豪感、荣誉感、幸福感就会油然而生。多关心、多帮助有需要之人，不要小肚鸡肠、斤斤计较，这都是为人处世之道，更是养生之道，这样工作、生活才开心！

第二，踏踏实实地做好各项工作。教书育人是良心工作，来不得半点虚情假意，来不得半点浮夸浮躁。学校近几年在教育领域取得了一定的成绩，但教育的创新离不开“务实”的工作作风。我想举几个例子说明，假期里比较轰动的事情是什么？①中国足球的扫毒反黑风暴，已使不少高官下马，大家扬言2010年是中国足球的反思年；②2月10日中国男女足全胜韩国，男足更是以3:0大胜，结束了32年来的恐韩症，有人说这是献给全国人民最好的春节礼物。

这次的胜利让中国足球重燃希望。正如报道中这样评论：“这是一次发现中国足球深层次问题和找到解决办法的契机。我们不能被一次意外的胜利而冲昏头脑，也不能被一次胜利掩盖了所有既存的问题，正确的态度是借用这次胜利的东风，更好地研究问题、解决问题。我们应该考虑，这次国家队之所以能有焕然一新的面貌和发挥，是不是主要因为中国足坛近期的‘风暴’和‘地震’给队员们形成了巨大威慑和震撼，逼着他们放下了所有的私心杂念和小算盘，只能通过一心一意去比赛来证明自己。而以前国家队一些队员那种出工不出力、各自为战的表现是不是因为利益的驱使，是不是因为只考虑在俱乐部的奖金而看轻国家荣誉。如果说这次的胜利是被逼出来的，那国家体育总局、中国足协和公安机关应该继续通力配合，继续将‘风暴’进行下去，继续逼着教练和球员们将心思集中到如何提高水平上。以后还可以不定期地对中国足坛进行假球、赌球、黑哨行为的抽查，并斩断各种赌博公司伸向中国足球的触角，制定对参与假球者更严厉的惩罚措施。”

中国足球之所以在社会的形象跌到最低点，都归咎于管理层的放任和懈怠，归咎于人的贪婪和堕落，归咎于谎言和欺诈。所以“老实做人，好好踢球”这八个字从来没有像今天这样显得这么重要，这么令人沉思。我也借题启发大家，任何行业都离不开“踏实”二字，尤其是学生教育工作，离开了踏实，就更不用谈认真做事，那么等待他的绝对不会是成功，只会是失败甚至出现更为危险的意外。新学期，老师们一定要不厌其烦地落实一些工作，踏踏实实做好新学期的工作。这个大家都要切记！

第三，弯道超车，科学跨越。这最早是湖南省省委书记张春贤同志提出的经济赶超战略，后来广东省省委书记汪洋同志在谈论东莞经济时再次提出“弯道超车”，并提出“腾笼换鸟”，意思也同样要大家以科学发展观为指导，抓紧改革开放的时机。后来我在深究“弯道超车”时，发现它非常有哲理。“弯道超越”，本是赛车运动中的一个常见术语，意思是利用弯道超越对方。弯道是每个车手都必须面对的。相对于直道而言，弯道上困难更多。过弯道时，原来领先的车手可能因弯道而落后，落后的车手可能因弯道而领先。现在这一术语已被赋予新的内涵，广泛用于政治、经济和社会生活的各个领域，其中“弯道”被理解为社会进程中的某些变化或人生道路上的一些关键点。这种特殊阶段充满了变数，极富风险和挑战，充满了超越对手、超越自我的种种机遇。这个词语可以引发很多思考和感悟，也因此成为安徽省2009年的高考作文题目。冬奥会的短道速滑就是这样，选手往往在弯道上改变自己的命运，周洋就是这样抓住最后弯道的机会反超对手，成为奥运冠军，并打破了奥运记录。2010年，我们面临着很多新的机遇与挑战，这如同弯道一样，如果我们懂得扬长避短，把好的作风、好的传统继续传承与发展下去，还可以利用我们自身的优势在弯道胜出，把我们的劣势转换为优势，从而提升学校的整体形象。这需要我们老师积极参与书香校园创建活动，以你们的热忱感染学生参与读书、学习，提高师生的阅读水平和文化底蕴。当然从大环境来说，需要大家团结一致，集思广益，给予我们领导班子支持和帮助，共同营造一个同心同调、蓬勃向上、风清气正的良好氛围。这也是坚定我们信心的理由所在。就小环境来说，老师们个人一定要积极进取，踏实认真工作，积极进取就是要求老师们要不断学习，不断超越原来的自己，这样才能承担起沉重而光荣的教育使命，这样才能用智慧和本领去教书育人，这样学校的发展才能不断跨越。

让我们共同努力吧！最后祝大家新学期事事如意，工作进步！

2010年2月23日

让我们为依法治校喝彩，为依法治校复评加油

——江南二小广州市依法治校示范校复评工作动员校会

伟大的诗人歌德说："带来安定的是两种力量，一是法律，二是礼貌。"所以我们学校为了营造一个民主、文明、和谐、安定的校园，继成功申报广东省一级学校之后，就坚定不移地以"依法治校"为基本方略，尊重生命，缔造安全，在2007年12月成功申报了广州市依法治校示范校和广州市安全文明学校，2010年上学年的10月我们顺利通过了广州市安全文明学校复评。今天下午我校将迎来广州市依法治校示范校的复评，由广州市教育局督学组成的评估专家团一行4人将到我校检查学校的依法治校工作。为了争取高分地通过复评，今天，利用校会的时间，我向大家做个动员，主题是"让我们为依法治校喝彩，让我们为依法治校复评加油"。

中国有句老话："没有规矩，不成方圆。"这规矩是什么呢？这规矩就是规章制度，就是法律、法规。依法治国，已成为今天中国的治国方略。依法治校，有三层含义。

第一层含义是校长要依法办学，必须根据相关法律规范办学行为，要真心实意地把教师、学生当作学校的主人，理解、尊重、赏识他们，调动全体师生积极参与学校民主管理，投身学校的改革与发展，为创建和谐共生的幸福校园出谋划策。还记得在争创广州市安全文明学校时，我们动员全校学生都来为创建文明学校献计献策，还记得你们自己提出的良策是什么吗？我们将较好的建议制作成展板，让大家谨记，让大家互相监督；还记得，我们在评选师生最受欢迎的教师时，我们通过抽学号挑选一些学生进行无记名投票，对老师教育教学行为进行评测；还记得，有的同学爱校如爱家，看到学校公物被破坏很痛心，就会直接告诉老师，甚至告诉我和其他行政人员，让我们及时修理，并及时教育破坏者；有时，同学们还会向学校表达自己的意愿，我们也会酌情考虑，接受部分意见，比如上星期五的秋游，很多同学都很担心学校秋游会不会因冷空气、雨天而改期，于是一些同学找到了潘校长，表达了很多同学都热切盼望秋游如期进行的愿望，后来我们行政人员专门召开会议，经再三研究，决定在确保师生平安的前提下如期举行秋游，这让老师、同学们皆大欢喜。不过，决策的制定还是要根据实际情况而定，如果真的是雷鸣电闪、台风暴雨，那是一定要改期的。此外，同学们现在开设的课程都是严格遵守课程计划而设置的，不能多，也不能少，比如体育课一二年级是每周4节课，三到六年级是每周3节课，为了保证每天一小时的体育运动量，我们现在还开展"阳光与我同行"的冬季长跑活动及大课间活动；我校

还按照课程计划，让法制教育走进大家的课堂，一二年级是《消防安全知识读本》，三到六年级是《法律读本》，老师们会利用品德课、班会课的时候进行教学，五、六年级第二学期还要专门进行法律知识测试，其测试成绩占品德考试成绩的20%。校长的依法办学，就是坚持以人为本的理念，坚持民主与法治，建设一个师生和谐共生的校园。这是第一层含义。

依法治校的第二层含义是教师要依法治教，要遵守《中小学教师职业道德规范》，具备高尚的职业道德情操和高度的责任感，该做什么，不该做什么，都要清清楚楚，不能体罚和变相体罚学生，不能有偿家教，不能接收家长的送礼，并教育学生在学会学习的同时更重要的是学会做人。

依法治校的第三层含义是学生的依法治学，懂得应该按照国家《义务教育法》正常上学，接受学校教育；懂得作为未成年人应该履行的职责、权利与义务，遵守《小学生日常行为规范》；懂得《道路交通安全法》，如未满十二周岁不能上马路骑自行车，过马路要走人行通道等最基本的知识；懂得遵守社会道德规范，孝敬父母，尊老爱幼；懂得《预防未成年人犯罪法》；懂得并遵守不得有的一些不良行为，如偷窃、故意毁坏财物这都是违法的，打架斗殴、辱骂他人也是违反《预防未成年人犯罪法》的，同时，我们同学也要懂得《未成年人保护法》等法律法规，懂得用法律法规保护自己。

近年来，一些地方的学校频频出现违法违规行为，如学生作弊、教师师德出轨、学术腐败、校园学生伤害事故等，这一丝丝杂音袭扰着校园的安宁，一双双黑手玷污着校园的圣洁。林林总总，无一不呼唤着用法的力量，肃净学校；用法的力量，营造和谐；用法的力量，确保一方平安。为此，学校要坚持依法治校，这也是我们江南二小创建广州市依法治校示范校的重要原因。所以有人说，法治是人们自由翱翔的风筝线，是社会安定的保护神，是和谐校园的守护者。《义务教育法》的出台，让成千上万的失学儿童圆了读书梦；《妇女儿童权益保障法》的颁布，使大批被漠视的女童迈进了学堂；《未成年人保护法》的实施，使广大未成年人触摸到了法律的温暖。依法治校，使我们握住了法律亲切的手，找到了一把学校的保护伞。

我国战国时期著名的思想家、教育家墨子说："天下从事者，不可无法仪。"我在这里想要再替墨子补上一句：有法仪而不治者，难成其事也。回忆往昔，学生的伤害事件让教师揪心，教师被家长辱骂、殴打却得不到处理使学校寒心。今天，当"法"真正掌握在我们手中的时候，法治的力量让我们看到了曙光。《学生伤害事故处理办法》明确了11种学校应当承担法律责任的学生伤害事故，也明确了5种由于学生或者监护人过错造成的伤害，学校将不承担责任的情况；同时由于不可抗力或意外因素造成的伤害，学校在已经履行了相应职责的情况下，也不承担法律责任。这一处理办法的出台让学校、教师和家长有法可依，知道并不是所有发生在学校的学生伤害事故都是学校的责任。前段时间，某年级的两位同学在课间你推我，我推你，结果其中一个同学新长出来的牙给撞缺了一小块，安全教育学校老师常抓不懈，下课前老师刚好还进行了安全纪律教育，课间就弄出这样的事情，这补牙的费用由谁承担？只能是这两个同学及家长共同承担，学校老师只负责处理这件事和教育批评这两个孩子。还举个例子，某校教师因学生教育问题与家长发生意见分歧，家长蛮横无理，大骂老师，甚至动手打人。要是在往日，我们的老师只能忍受满肚子的委屈而无处申冤。可是在今天就大不一样了，事情发生后，该校立即报告了派出所，根据《中华人民共和国教师法》第三十五条的规定："侮辱、殴打教师的，根据不同情况，分别给予行政处分或者行政处罚；造成伤害的，责令赔偿损失；情节严重，构成犯罪的，依法追究刑事责任。"派出所对该家长作出拘留五天的处罚决定。

大量铁的事实雄辩地证明：依法治校，事关千家万户；依法治校，打造平安学校；依法治校，提升教师师德；依法治校，让同学们遵纪守法；依法治校，造就和谐校园。所以，让我们从内心深处为依法治校喝彩吧！当然，学校要真正达到依法治校，需要校长的依法办学，教师的依法治教，同学们的依法治学，需要全员参与。为此，借今天下午广州市依法治校示范校复评的契机，我向同学们呼吁：让我们为此而加油！学好法律，用好法律！刚才所讲到的那些法律法规同学们要熟悉，要求各班一定要落实法律知识读本的学习，学校还根据实际情况制定了学生、家长须知手册，稍后学校会派发下去，一年级的已经发到你们家长手中，同学们回去可以问家长拿来看看，里面有学校关于学籍、请事假病假的要求以及在学校一天的生活、学习制度，包括上课、课间、吃饭、午休等安全纪律要求，突发气象灾害预警信号及防御指南等。国有国法，校有校规，家有家规，同学们要遵纪守法，遵纪为什么放在守法前面呢？那是因为任何法律法规都是从遵纪开始的，遵守纪律是守法最基本的行为，所以要守法就要先从最基本的遵守纪律开始。下午的评估工作，让我们大家一起加油！努力做好迎检的工作！学校上周三向全体师生发出了倡议，希望全体同学齐心协力，在迎接评估团的全程中做到"六个好行为"，争取评估工作的最后胜利，共同提升学校和海珠教育的美誉度！

学生迎接评审团要做到的"六个好行为"如下：

（1）仪表大方，穿好校服，佩戴好洁净的红领巾；

（2）积极主动、有礼貌地向来校的叔叔、阿姨、老师微笑点头问好；

（3）尊师守纪，声音响亮、自然大方地回答评估组老师的问题；

（4）上课专心听讲，善学善思，积极举手发言回答老师的问题；

（5）课间活动要文明，做到上下楼梯轻声慢步靠右行，不追逐，不喧哗，不打闹；

（6）不乱丢，不乱吐，不乱画，人人争做"保洁小先锋"，人人争当"爱护公物小能手"。

同学们，教育迎盛世，风好正扬帆。学校已经顺利打开了“依法治校”工作的新局面，那么就让我们携起手来吧！全力推进依法治校工作，倾心打造和谐校园，为江南二小教育的新发展，为推进海珠教育先进区的建设，写下浓墨重彩的一笔！预祝在全校师生的齐心协力下，学校广州市依法治校示范校的复评工作圆满顺利和成功！

2011 年 11 月 21 日

明确目标，端正态度，以良好的心态迎接考试

——2011 学年上学期第 17 周校会

亲爱的老师们、同学们：

早上好！

今天是 12 月 19 日，第十七周的星期一，2012 年 1 月 5、6 日即第十九周星期四、五就是本学期期末考试时间。这样一算，只有两周时间就要考试了。考试就是对同学们一个学期以来学习情况的大检阅，它就像一面镜子，让同学们对自己的学习情况有一个清晰而系统的了解。我想，同学们对考试是既期待又紧张，有的同学期待是因为他们已经做好准备，在为考取优异的成绩认真复习，所以对考试他们是摩拳擦掌，跃跃欲试，想和大家在考场上一试高低。有的同学一听考试二字就头疼，哎，平时单元测试成绩就不咋样，现在还要进行一个学期知识和能力的大检阅，能不担心吗？当然，有的同学还在心里偷偷乐，为什么？因为他们更期待考试后的春节寒假这快乐的时光！

无论大家有什么样的想法，我想目前有两件事同学们都要妥善解决：一是端正你的学习态度，提高你的学习能力；二是克服学习困难，提高你的学习效率和应考能力。我相信就“如何克服学习困难，提高学习效率和应考能力”你们的任课老师更有权威和说服力，老师们会根据同学们的实际情况在课堂教学中不断渗透学法指导，教会同学们必要的应考技巧，提高应考能力，也会针对不同情况，对个别学生进行学习辅导。本周五，我们老师还会精心备课，邀请个别家长来学校召开主题为“学法辅导，提高应考能力”的部分学生家长会。今天我在这里主要讲第一个问题，主题是“明确目标，端正态度，以良好的心态迎接考试”。

有个哲学家说过：“如果开船的人不知道他要驶向哪个码头，那么任何风都不会是顺风的。”这告诉我们考试要争取成功，争取进步，就必须建立一个适合自己的目标，并向着目标努力迈进。制定目标时，定位要适当，比如平时你测试都是不及格的，那你就不能制定考试满分的目标，而是根据自己的实际情况定位在“进步多少分”这个目标，要知道，比以前多几分也是有进步的；如果以往不

及格，从现在开始，端正了学习态度，重视了复习，上课也专心了，作业也认真了，或许可以把目标定位于“考试努力达到及格”。如果把目标定位过高，就会为难以达到目标而增加焦虑，影响正常发挥；但如果定位太低，也会影响潜能的发挥。制定好目标后，关键就是自己对学习的态度了。有什么样的态度就有什么样的成绩，前几天，我和一位数学老师谈及同学们的学习时，这位老师语重心长地说，现在的孩子都很聪明，但为什么成绩那么差？关键还是学习态度的问题，不肯付出努力，学习何以进步呢？期末考试即将来临，我们希望同学们以认真的态度对待考试，既要制定合适的目标，又要全身心地投入到复习中去。这种认真学习的态度，也是珍惜自己，对自己生命负责的表现。有些同学成绩和别的同学相比有明显的差距，所以往往到了考试就垂头丧气，或者到了考试前夕就患焦虑症，这些同学千万不要灰心气馁，只要不放弃，只要态度认真，要相信自己肯定有进步的一天。

有了认真的学习态度，还要有昂扬的斗志和相信自己能行的自信心。大自然赐给每个人以巨大的潜能。对于人类所拥有的无限潜能，世界顶尖潜能大师安东尼·罗宾曾讲过这样一个小故事。一位已被医生确定为残疾的美国人，名叫梅尔龙，靠轮椅代步已十二年。他的身体原本很健康，十九岁那年，他赴越南打仗，被流弹打伤了背部的下半截，被送回美国医治，经过治疗，他虽然逐渐康复，却没法行走了。他整天坐在轮椅上，觉得此生已经完结，有时就借酒消愁。有一天，他从酒馆出来，照常坐轮椅回家，却碰上三个劫匪，动手抢他的钱包。他拼命呐喊，拼命抵抗，却触怒了劫匪，他们竟然放火烧他的轮椅。轮椅突然着火，梅尔龙忘记了自己是残疾，他拼命逃走，竟然一口气跑完了一条街。事后，梅尔龙说：“如果当时我不逃走，就必然被烧伤，甚至被烧死。我忘了一切，一跃而起，拼命逃跑，直至停下脚步，才发觉自己能够走动。”现在，梅尔龙已经找到一份职业，他身体健康，与常人一样走动。世界顶尖潜能大师安东尼·罗宾这个故事告诉我们，只要你抱着积极心态去开发你的潜能，你就会有用不完的能量，你的能力就会越用越强。相反，如果你抱着消极心态，不去开发自己的潜能，那你只会叹息命运不公，并且越消极越无能！

同学们，现在很多学科即将完成新课教学，进入系统复习的阶段，很多之前被遗忘的知识或者掌握不牢固的知识又会重现，老师会教我们一些小方法、小技巧去掌握和熟记一些较难的知识。所以有人也把考试前的这个复习阶段称为提高学业成绩的黄金时期。同学们要抓住这个最好的黄金时机，绝不要昏昏然地、糊里糊涂地错过。因为有些事错过了将会很可惜。比如你曾经买了一件很喜欢的衣裳却舍不得穿，一直放在衣柜里；许久之后，当你再看见它的时候，却发现它不合身了或者已经过时了。所以，你就这样与它错过了。你也曾经买了一块漂亮的蛋糕却舍不得吃，一直放在冰箱里；许久之后，当你再看见它的时候，却发现它已经过期了。所以，你也这样与它错过了。没有在最合适的时候穿上的衣裳，没有在最可口的时候品尝的蛋糕，就像没有在最想做的时候去做的事情，都是遗憾。生命也有保存期限，想做的事该趁早去做。如果你只是把你的心愿郑重地供奉在心里，却未曾去实行，那么唯一的结果，就是与它错过，一如那件过时的衣裳，一如那块过期的蛋糕。所以，同学们，现在开始，如果你心中已燃起了奋发向上的学习念头和开始计划复习考试的目标，那么，请你付诸行动，以积极认真的态度投入学习和复习中来。相信，勤能补拙，一分耕耘一分收获，日积月累，从少到多，你的潜能就会进一步发挥，你的学习成绩也会一次比一次有进步！

同学们，迎接考试，除了明确目标，端正态度，还要拥有良好的心态，所以我还要送同学们两句话。第一句是诚信是做人之本，学校教育的目的就是追求真善美，抵制假恶丑。所以每次考试，我都要反复强调“实事求是”四个字。考试时绝不能偷看别人的试卷或者夹带学习知识点的纸张作弊，这是一种自欺欺人的行为，作弊者就如《皇帝的新装》中愚蠢的皇帝，就如故事“掩耳盗铃”中可笑的盗铃者，一时蒙蔽的是别人，终生受骗的是自己。我们必须树立这样的观念：真实才是真本事，真本事才是真英雄。我们应该严守考纪，诚信考试，诚实做人，亮出真实的成绩，亮出真实的自己！我们可以在学识能力上逊于他人，但绝不能输在诚信这份答卷上。第二句是平和是应对之策。一位专家说：“考试，六分考实力，四分考心理。”就是说一个人心理调节成功与否，将会极大地影响到他的考试成绩。所以同学们要以平和的心态对待考试，要态度认真、树立自信、发挥潜能，在考试中不慌张，沉着应对，反复检查试卷，努力发挥应有的水平。

同学们，选择了恰当的目标、认真的态度、平和的心态迎接考试，那么相信成功也会垂青于你，成绩更上一层楼将不是一句空话！最后我们全体老师衷心预祝同学们在期末考试中考取理想的成绩！

今天利用校会，我还要表扬一群为学校争夺荣誉的老师和同学们。在师生的热情参与下，我们学校的校园生活丰富多彩，同学们的素质得到全面提高。刚刚结束的二、四、六年级的家长听课开放日活动给家长留下了深刻美好的印象，家长们纷纷留言：感受到老师用辛勤的劳动和对工作的敬业换来了灿烂绽放的朵朵鲜花，孩子们成长了；在课堂上感受到孩子们的天真可爱，勤奋好学，善学多思，积极举手回答问题的人很多，大家都很专心听课；也感觉自己回到了孩童时代，很美！是啊，老师们为了上好一节生动有趣的课，不知花了多少心思精心备好这节课，所以为了表扬老师的敬业精神，请同学们来一次“爱的鼓励”感谢我们可敬可亲的老师。

此外，筹备已久并艰苦训练两个多月的学校艺术团在岑卓红、张慧纶、贾小艺三位老师的辛勤栽培下，终于在区里获得优异成绩，接着代表区参加广州市第三届艺术展演比赛一举获得“广州市优秀艺术团”称号，并荣获两个市一等奖和一个市二等奖的优异成绩。那天比赛，我还记得，在灿烂的阳光下，我们的小演员们个个神采飞扬，展现了青春与活力，那是好美的一幅画！在此，让我们也用一次“爱的鼓励”表扬这群50人的舞台小演员和他们的辅导老师!

近期，我们不少同学利用课余时间积极参与科技创新大赛、电子制作、建筑模型和绘画大赛，他们认真参加科学老师许老师和美术老师梁老师的培训，并利用周末参加比赛，有些已经获知取得优异成绩，有的还不知道。无论成绩如何，这都是一次发挥潜能的锻炼，我们也要表扬!

前天下午，我们学校六年级三班有三名学生特别兴奋，因为他们在班主任吴欣老师的带领下，光荣地参加了由广州市教育局、《广州日报》、大洋网联合主办，《中学生报》、《岭南少年报》协办，广州百万葵园赞助支持的“2011‘念师恩·感谢有你’广州市中小学生网络征文大赛”颁奖典礼。这三名同学就是本次征文大赛从7 674篇投稿作品中脱颖而出的240篇获奖作品中荣获广州市二等奖的三名学生。值得一提的是六年级三班的梁同学，她参加海珠区语文能力竞赛也获得了区一等奖的好成绩，希望她再接再厉，再获殊荣。下面的时间交给大队总辅导员进行颁奖。谢谢!

2011年12月19日

学校因你们而充满活力

——2011学年上学期散学典礼讲话

尊敬的老师们、亲爱的同学们:

你们好!时光荏苒，忙忙碌碌之中我们又度过了一个学期。当农历新年的脚步向我们走来的时候，回首就要过去的这一个学期，大家都有一个共同的感受，那就是:既紧张又兴奋，既充实又愉快。很多老师和同学都说:“这个学期好短，只有二十周，真是一转眼的功夫就过去了，真快!”我们觉得9月1日开学好像就在昨天;一年级新生入学就在昨天;那萦绕着如雷的助威声，挑战智慧与团队精神的班际足球比赛就在昨天;那洋溢着欢声笑语，挥洒着拼搏汗水的趣味体育文化游戏活动就在昨天;那迎接语文能力竞赛、英语听力竞赛、数学口算竞赛、游泳、体操、足球、田径、艺术团展演、绘画、建筑模型、电子制作等各类比赛挑战的紧张日子就在昨天。直至上个周末，那充满魅力，让许多同学对科学产生奇思妙想的广州市科技创新大赛刚刚落下帷幕。总之，一项紧接着一项的活动让我们应接不暇，也让我们深深地体会到了什么叫作“一寸光阴一寸金”。生活充实，我们累但快乐着，一个又一个的好消息让我们始终保持着好心情，因为我们收获许多的感动，学校因同学们而充满活力。今天我们说一说其中的一些感动。

首先，因为团结合作，所以感动。“三人行必有我师”，“人心齐，泰山移”这些话都告诉了我们团结合作的好处。美国著名的教育家卡耐基认为:“学习中有两样东西最重要，一是自信心，二是与他人合作。”在这学期学校的多次活动中，同学们充分发扬了团结协作、奋发向上的“江二”精神，令人感动。在参加广州市第三届艺术展演比赛中，艺术团小演员的精彩演出令在场的家长、教师和评委赞叹！一举获得两个市一等奖和一个市二等奖的好成绩，并荣获“广州市优秀艺术团”的荣誉称号。在星光熠熠的背后，同学们可知道小演员们和并肩作战的辅导老师们付出了多大的心血吗？岑老师开学前一周还因病躺在医院的病床上，她一出院后马上连同音乐科的老师制订好培训计划，并在最短的时间内把艺术团组建起来，开始了长达三个多月的紧张训练，接连参加区的比赛，再进入市的比赛，又多次在区里进行表演，演员们也积累了许多舞台排练和比赛经验。对于同学们来说，这是一次印象极其深刻、累并快乐幸福着的体验活动。期间，在老师们的精心栽培下，他们一个个脱颖而出，懂得了很多书本上学不到的做人道理，比如，懂得了若想家人和老师支持自己的课余训练，那就必须自己牢牢抓住时间好好学习，保证学习训练两不误！他们还懂得感恩，知道老师们的辛苦，知道平时要刻苦训练，比赛尽力发挥就是回报！他们更学会了发扬团队精神，知道艺术团50人的队伍就是一个大家庭，大家宁可牺牲个人的娱乐时间也要保证大家在一起的训练和比赛的时间。五一班胡羽竹同学在参加广州市艺术展演比赛时，刚好碰上他一家人购买了飞机票准备周末短途旅行，但是他决定不去旅行留下来坚持比赛，他的坚持得到了爸爸妈妈的支持，结果机票退了，学校艺术团一个大团队的顺利演出得以保证。还有，当其中一个队员生病不能参加时，四年级一班刚刚大病痊愈的邹文慧同学马上顶上。正是因为艺术团的老师和同学们团结合作，顽强拼搏，才取得一个又一个优异的成绩。从艺术团的团队精神我们收获着一份感动，正如五二班徐炜怡同学在赛后谈及体会时说道：“通过艺术团，我认识了舞功精湛的‘小蜜蜂’和一群不怕苦不怕累的同学们，还让我知道了‘滴水能把石穿透，万事功到自然成’，在老师的精心辅导下，我们刻苦训练，我们的付出终于没有白费！”吴曼葵同学说道：“在艺术团中，我更学会了永不放弃、坚持、守信，我们非常努力地排练，不畏困难，在一次次进步中，我们努力让排练更精湛，我们这样不只是为了荣誉，还为了老师开心的笑脸，我们一起加油，终有一天，我们会获取好成绩！”正如许多演员们在赛后感中提到的，艺术团展演比赛的成功就是师生齐心协力，刻苦训练的果实！

在本学期还有很多这样的例子，在拍摄大课间活动的过程中，很多时候需要我们同学们反反复复地去重复某个活动或者某个动作，这是为了追求良好的整体效果。此外，班际足球赛、体育游戏活动等，增强了班集体的荣誉感，增进了同学们之间的团结和友谊，大家为自己班的老师和小运动员加油助威！场景激动人心！大家就是在相互的团结合作下获得了一个又一个的荣誉。科技组的所有赛事几乎是利用所有的周末参加的，科学老师许老师和她的科技组队员们牺牲了不少课余活动时间，很多同学都是在科技创新大赛、电子制作比赛、建筑模型比赛等训练中经过了不少次的失败才获得了比赛的成功！虽然过程又苦又累，但是同学们告诉老师这样的活动很有意义！自己收获满满的！是的，收获的不仅仅是成绩所带来的荣誉，收获的更是意志、心理、学习、为人处世等的历练！就是这样，在辅导老师的专业指导和大家的齐心协力下，我校参加广州市中小学大课间体育活动成果征集活动荣获广州市一等奖的优异成绩，学校科技组在许广玲老师的精心辅导下，取得了丰硕的成果，荣获广州市电子制作大赛优秀组织奖。因为这几年学校科技组参加各类市区乃至全国的比赛都取得优异的成绩，所以学校被海珠区教育局评为2009—2011年海珠区教育系统青少年科普教育工作的先进集体。

其次，因为勤奋，所以感动。杜甫说："读书破万卷，下笔如有神。"勤奋刻苦、一生孜孜不倦的读书使杜甫成为一代大文豪。类似的榜样，在我们的身边不断地涌现，也使我们感动。这次期末考试前，为了奖励那些学习勤奋、学习成绩优秀的同学，我们评出了33名免试生，其中有4名是双科免考的小状元，还有1名语数英全科免考的小状元，让我在这里再次表扬他们，因为他们是大家学习的好榜样，是我们身边了不起的英雄。这些小状元不仅学习成绩优秀，他们兴趣爱好还很广泛，在其他方面也很有才华。比如，一三班语文免考的姚楠同学参加区建模比赛还获了奖；二三班语文免考的罗希月同学是游泳健将；三一班语文免考的汪丽娜同学的舞蹈特别棒，曾在全国魅力宝贝模特赛中获得"十佳"、"活力"奖，近期还参加了一个品牌模特大赛；三二班语数免考的王一米同学不仅是足球小将，小提琴还拉得特别好；三二班英语免考的吴伊霖同学不仅是绘画、陶艺能手，还是游泳冠军；三三班语文免考的车越轩同学是市运会游泳两块金牌得主也是科技小能手，这次建模比赛也获了奖；三三班数学免考的岑芷缘同学参加钢琴比赛获得过市三等奖；五一班数学免考的黄浩罡和英语免考的胡卓贤同学兴趣广泛，参加科技创新比赛、建筑模型、电子制作比赛、绘画比赛都能获奖；五三班数学免考的苏美琪同学也是科技小能手；五二班三科免考的徐炜怡同学舞蹈、古筝、唱歌样样精通，我记得她一年级的时候，就曾经代表学校参加区的比赛。六年级是同学们在母校学习的最后一年，六年级学生也认识到最后一年要勤奋上进才有考上优秀中学的机会，所以不少同学学习态度有了明显的改观，虽然是第一学期，但是很多同学已经在发力，本学期的六年级全级前五名的获得者也产生了，他们是：第一名六二班黄文怡、第二名六一班林毅珊、第三名六三班梁芷欣、第四名六一班邓龙延、第五名六三班张子婧。

这些状元都是德智体美全面发展的优秀学生，当中有大队长、班长，有体操健将、学校小司仪，有小画家、科技小能手，有语文能力竞赛一等奖、三等奖的获得者，有省征文比赛二等奖的获得者，他们兴趣广泛又有自己的专长，这与我们学校培养目标非常吻合，我们希望培养出来的孩子都是品学兼优，学会生活、学会发展之人。我们期待今后拥有更多像他们一样有个性特长的学生。

再次，因为文明，所以感动。有人说过：礼貌可能是人类文明史上最伟大的发明，它可以帮我们解决很多问题。同学们在校内外，对待老师彬彬有礼的态度我们有目共睹，如许多同学在见到老师时轻轻地说一声“老师好”，这让老师们感动。在学校各种活动中，同学们对待来宾热情礼貌的态度令老师和上级领导赞不绝口。这些文明的行为是多么令人感动啊！如果，今后同学们之间也经常使用礼貌用语，做到彬彬有礼、落落大方、温文尔雅，那么同学们一定会收获更多的感动！因为这些感动让同学之间少了许多矛盾，增添了友谊。校长在这里还要表扬那些默默无闻为学校做好事的同学，自从学校开展文明班评比之后，执勤队员肩负着维护正义、纠正不良行为的重任，既要一早到校维持学生纪律，做到公平公正，又要不怕被扣分班级的同学责骂，这真是一件不容易的事啊！每天早上7：30，在操场上我们都会看到张老师带着一批国旗护卫队的队员还有一群鼓号队新队员在不断地反复练习。正是因为有他们的刻苦训练，我们才能更好地执行《国旗法》，进行规范的升国旗仪式。本学期，经过大队部的评选，评出了优秀大队委、优秀执勤队员、优秀国旗护卫队队员和优秀鼓号队队员，等一下大队总辅导员再宣读名单及颁奖！据队部不完全统计，本学期，二三班、四三班、六二班、六三班中队都有队员拾金不昧，主动向少先队辅导员上交不属于自己的钱物，受到学校的表扬，还有五二班中队执勤队员岑思睿同学经常主动到一年级协助老师帮助小同学分汤。这些好人好事很值得我们在座的同学们学习。

回顾这一学期，在感动之余，我们觉得还有美中不足的遗憾。第一个遗憾是仍有一部分同学言行举止不文明，有的同学课桌椅下面长期堆积着纸屑等垃圾或者是自己掉下的文具、作业本，没有收拾好；有的同学很喜欢和同学们打打闹闹，时不时还出现一两句脏话，这种现象主要出现在中高年级部的男同学当中；有的同学乱扔垃圾、乱倒剩饭剩菜，不仅脏了地面，还会堵塞厕所和饮水机，搞卫生清洁的阿姨已向我反映多次了；有的同学争论不过别人，就用武力解决，而打架的方式只会令同学们之间矛盾加深。第二个遗憾是尽管学校老师对安全教育常抓不懈，但有些同学的安全意识还是很淡薄，因为课间奔跑而导致的流血意外还时有发生。2011年，广州市创建国家文明城市，终于成功申报，根本的原因就是评审的那段日子乱扔垃圾、随地吐痰、过马路闯红灯等现象大大减少，有效塑造了广州现代大都市的良好形象，也让评审团的专家们给众多申报国家文明城市当中的广州打了高分。广州创建国家文明城市是所有市民的期盼，它的申报成功来之不易，我们是广州市民的一分子，我们要珍惜这个成果，大家一起讲文明、树新风，一起互相监督。当看到那些不符合文明要求的行为，我们同学们要主动纠正，如家长讲脏话时，同学们要制止他；家长过马路闯红灯时，我们要制止他。大家齐心协力，这样即使不是在评选，广州市的文明程度也一定会提升。我校是一所省一级的规范化学校，还是广州市安全文明校园，我们的一言一行都将代表学校的形象，希望同学们做文明人，做文明事，大家一起为广州这座国家文明城市增添光彩。希望在新的学期里，这些不文明现象都渐渐地远离我们。

到今天为止，我们本学期的校园生活将画上一个圆满的句号。假期来临了，在我们辞旧迎新，即将跨入中国农历新年的时候，我代表学校向一个学期以来为培养学生而辛勤工作的各位老师道一声“辛苦”，也代表全体老师向同学们送上我们最美好的祝愿！为了过一个健康而有意义的寒假，我们向同学们提出以下几点建议。

一、过个祥和年

时时处处注意安全，人人争做安全小卫士。

和家人一起学习家居安全知识、户外运动安全知识和防拐防骗知识，注意防火防盗、防煤气中毒，注意饮食卫生。未经家长同意，不独自外出。在遇到突发事件时用恰当的方法寻求帮助。另外，必须远离不良文化，远离非法聚众、不去娱乐场所和网吧，自觉抵制毒品、健康上网、拒绝邪教，不燃放鞭炮烟花，做守法小公民。

二、过个丰收年

每个同学在认真完成寒假作业的同时，必须每天看一个小时以上的课外书，给头脑充电，让读书滋养我们的生命，让我们拥有更深厚的文化底蕴，一起参与下学期的读书系列活动。

三、过个自立年

学会有条理地生活。假期内，要防止生活上的无规律，如晚睡晚起、贪吃贪睡、迷恋电视等，这不仅达不到休息的目的，还会让我们变得懒散。制定合理的假期生活安排表，对作息、学习、运动、娱乐等都作出明确而又合理的安排；学会勤俭节约，如用好利是钱，作为储蓄、交学费、买文具书籍、孝顺长辈、补贴家用、助困等，作好理财的计划，自立成长。

祝愿同学们过一个平平安安的寒假，过一个开开心心的春节！我们2月13日星期一再见！

2012年1月13日

2012学年上学期江南新村第二小学教师开学致辞

各位老师：

早安！

大家享受了一个有史以来最长的暑假，不仅休整了身心，还到各地旅行增长见闻，获益良多，与家人度过了一个开心假期，这是令许多行业羡慕我们教师的地方。今天，新的学年起航了，尽管我们与暑假难舍难分，尽管我们的心情开始紧张，甚至对工作产生焦虑，但是我希望大家多想想当我们老师面对孩子时的那份责任心、使命感，那份童心、爱心，还有当我们的付出有所收获时那种成功感和满足感，这是我们老师只有在工作时候才有的幸福感，希望大家多想想这些幸福感，消除不必要的上班焦虑感，以积极认真的态度投入工作中。

本学年，行政的分工因学校的需要加以调整，上学年所有挂职干部回原校工作，两位挂职干部的工作表现是令人满意的，民意测评也很好。接区教育局通知，本学年刘丽萍主任到区教育发展中心挂职主任助理，但并没有再派人员到校挂职，为此，学校调整行政分工并压担子，让总辅导员张慧纶老师兼任行政助理工作，在教导处办公。本学期有两位临聘老师加入我们团队，现在让大家认识一下，朱颖老师担任二年级二班语文老师和班主任，黄如花老师担任一二年级的英语老师，解决我们英语科老师长期不够的状况。这两名老师都是专业对口、综合素质不错的老师，希望他们在自己的努力和大家的帮助下，尽快熟悉学校业务，争当一名优秀的教师。

这个假期我要表扬一些行政人员和老师，他们为了学校的工作放弃了很多宝贵的休息时间。两位办公室主任假期经常回校工作，尤其是温主任只有周末休息，其他时间都回来跟进工作。采购工程、校安工程、学籍管理的不断规范使如今的采购、基建、毕业升初中、转学工作多了好几道程序，两位主任经常往教育局跑，还要颇费心思又要很有耐心地在区教育局、监理公司、设计单位、施工单位、建设单位之间周旋。这里也要表扬小刘姐，表扬原六年级吴欣、冯艳芬、余子慧三位老师回校派发中学录取通知书工作，表扬李幸中和赵建恒两位教练带着十几个足球队员乘坐长途车往返吴川县参加广东省传统项目足球比赛，整整奋战一个星期，并荣获第四名的好成绩。假期刘福利老师也回学校配合两位教练训练这支足球队长达两个星期，也要表扬。张淑红老师在假期认真备战游泳锦标赛，放假一点都不轻松，她团结一切可以团结的力量，做好家长的思想工作，调动队员的积极性，争取在开学初九月份的区小学生游泳锦标赛中拿到最好的成绩。假期队部开展带学生参与消防演练活动，总辅导员张老师作好精心安排，吕秋萍老师不仅配合学校动员了自己班的学生，还积极配合总辅导员做好带队工作，这是值得我们学习的。她总在学校有需要的时候挺身而出，且从来不谈任何报酬。这里还要表扬，昨天黄蔚老师回学校看到李慧敏主任和后勤人员正在分书，刚好空调又坏了，每个人都大汗淋漓，二话没说也主动帮忙分书。看到这些场景，想到这些我就很动容，我觉得大家你帮我、我帮你，少些计较，多些互助，则彼此相亲相爱，哪还有什么隔阂呢？学校怎么会不和谐共进呢？这里还要表扬艺术科梁丽茹老师开学几天前每天回学校指导几位学生参加区的绘画比赛，张慧纶老师回来训练鼓号队，周建光老师配合学校后勤完善网络等工作。为了做好交班工作，刘丽萍主任经常回学校整理档案、帮老师审核申报小学高级教师的资料，配合学校与潘校长、张慧纶老师一起准备创文迎检资料。感谢以上这些行政人员和老师，感谢老师配合学校开展与家长校讯通安全提示的工作。

新的学年，新的起点，新的期望。我想借用局长在这次校长学习班上提出的几个重点与大家共勉。

一、抓好"起点"

这个起点内容广泛，包括：每位老师抓紧做好开学前和开学初的准备工作；一开始就要注重学生的行为习惯、学习品质的培养，尤其是一年级的老师；每个班要开好开学第一天与学生的见面会；上好开学的第一节课。抓好起点，就是一个良好的开端，就让自己的教育教学工作成功了一半。

二、关注"过程"

一是重视安全的问题，最近海珠区假期事故频发，整个海珠区的形象受损，学校是未成年人密集的地方，一旦发生意外事故，受害的都是未成年人，影响的是整个家庭乃至整个社会。这个假期尽管我们和区教育局很努力地协商学校正门校安工程工作，但是报批手续烦琐，可能要开学后才能进行商铺围墙的拆卸和围蔽工作，这一定会影响到学校正常的教学秩序。再加上，江南西人防工程第二期即将开工，造成交通不便，校园周边安全的隐患等，虽有如此多的困难，但是我们仍然要齐心协力、认真做好安全防范工作和学生的教育工作，一定要确保师生的安全。

二是关注个人的专业素养的提高和学校的发展，作为省一级学校，教师是学校发展的第一资源，也是最重要的资源，应该体现良好的师德、价值取向、优雅气度和风范。每个人不能只停留在过去，不能总贪图工作的轻松，不能总强调个人的种种困难。而是要有一种对新教育的追求，对个人专业可持续发展的目标，不断地拓展自己的研究能力，如此一来，才能让自己的专业修养与我们省一级学校的品牌相匹配。我们的付出换来了学生的快乐、健康与智慧，无须去痛苦地计较名利上的得失，我们要永远记住淡泊名利才是快乐的！

三是提升教学质量，教学质量不是减轻工作量，减少课时数，减少任教的班数就可以提升的，关键在于责任、水平、能力、教学方式。这几年我们海珠区在众多优质学生流失外区的劣势下迎难而上，教育教学质量稳步提升。我们学校要继续强化质量监控、强化质量分析以及强化教学过程管理。

三、勤于"反思"

反思是教师对教育教学实践的再认识、再思考，以此总结经验教训，更好地提高教育教学水平。我希望大家能通过写教育案例、教育故事、教育随笔来提高教学的质量，更要通过读书、再继续教育、科研实践等研训活动找出自己理念上的差距，从而提升自己的专业素养。

四、正视“结果”

其实正视结果就是要正视自己在一段时间内的得失，良好的结果必定源于自己的努力、智慧或许还有一点幸运，这时，我们就要继续发扬自己的优点，再接再厉。结果不好，比如质量分析出来，成绩不理想，那么不能逃避，不能总是强调自己以外的学生、家长等原因，应正视自己的薄弱之处，确定努力的目标和策略，迎头赶上。

各位老师，2012 年是十八大的稳定年，安全和稳定摆在了很重要的位置，局长强调师德教育，今年投诉得较多的师德问题是辱骂学生，违规进行有偿补课，教学水平低、出现知识性错误，行政人员、老师借推荐儿童入学收受钱财成为中介专业户等问题，由于师德问题或水平问题家长上访要求撤换老师。以上这些都是我们要警惕的，不能逾越的鸿沟千万不要去涉足，否则，不管你曾经多么优秀，也要受到严厉的惩罚。师德缺失更会误人子弟，如因此造成责任事故将会影响孩子的一生，自己也将抱憾终身。望全体教师遵纪重教，维护自己和学校的名誉，维护我们党和国家以及人民的利益。

最后，预祝各位教师开工大吉，新学年身体健康，万事如意！希望通过我们的努力，我们学校能成为一所特色品牌的强校！

××年××月××日

获取正能量，告别陋习，争做文明好学生

——2012 学年下学期江南二小开学典礼致辞

亲爱的老师们、同学们：

新年好！相信大家都过了一个开心、果实累累的春节假期。因为，在这个假期，有的同学做了公益活动，有的同学外出游学，有的同学利用自己的利是筹划着如何做更有意义的事情，比如购买学习书籍和文具，比如在节假日买一件礼物孝敬长辈，比如参与献爱心捐款活动。总之这些同学的假期生活是充实的、快乐的，他们收获的是正能量，带给别人的也是正能量。在刚刚过去的 2012 年，有一个词被赋予了全新的内涵，并当选为网络热词，那就是“正能量”，它指的是一切给予人向上和希望、促使人们不断追求、让生活变得圆满幸福的动力和感情。其实，每个人心中都有正能量，今天在新学期的开学典礼上，我也想带领大家回顾那些带给我们温暖感人的正能量的人和事，点燃我们每一个人心中的爱心之

火，让我们学会积极地传递正能量，传递心底的善意，用我们的正能量去感染身边的每一个人。

2012 年是世界末日年的说法被 2013 年新年的钟声打破，寻常的日出日落演绎着不同的悲欢离合，2012 年仍有不少人、不少事给我们带来希望，带来温暖，带来感动。这些感动抚慰着我们的心灵，激励着我们前进，值得我们学习。有一个叫吴思涵的女孩子，7 岁那年，父亲卧病在床，母亲离家，她就一边上学，一边照顾生活难以自理的父亲。转眼 6 年过去了，这个即将年满 13 岁的小女孩依旧精心照顾着重病的父亲。她说，为了父亲，再多的苦难，她都不怕。困难并没有压垮她稚嫩的肩膀，她认为有父亲的地方，就是最温暖的家。虽然身处这样的困境中，吴思涵的学习成绩在班上一直都处于前五名。有时候，一个简单的信念就足以支撑我们走过最艰难的时刻，成为我们勇往直前的无限动力。吴思涵认为有父亲的地方就有温暖的家，就是这个信念让她不管有多大的困难，都要坚守在父亲身边，多么孝顺的一个孩子！同学们能做到孝顺父母和老人家吗？

我们中国是一个拥有五千年历史的文明古国，虽然这些年，有不少不文明的行为影响了中国的形象，但是 2012 年，在我们的身边，出现了许多好人好事，让我们感动。例如 2012 年 5 月 29 日，杭州司机吴斌驾驶大客车行驶于高速公路上，前窗玻璃被突如其来的铁块砸碎后刺入其腹部致肝脏破裂，一般人可能会按住自己受伤的部位，但是他双手紧紧握住方向盘，强忍剧痛将车停好，拉手刹、开启双闪，并提醒乘客疏散和报警，保护了 24 个乘客的生命安全，而他自己却光荣牺牲了。最美丽司机吴斌那 76 秒的坚守，正是当下社会最稀缺的品质：职业精神。还有，2012 年 5 月 8 日，在佳木斯市胜利路北侧第四中学门前，一辆客车在等待师生上车时，因驾驶员误碰操纵杆致使车辆失控撞向学生，该校的张丽莉老师将学生推向一旁，自己却被车子压到了双脚，双腿截肢，导致终身残疾。张丽莉老师说，每个人心中都有大爱，只不过不是时时刻刻都能彰显出来。张丽莉老师是人民教师的骄傲，无愧于“最美丽教师”的称号。还有一个最美女孩的故事，在 5 月 10 日甘肃特大雹洪灾害中，中学生梁春霞和同伴共同身处即将被山洪冲走的危难关头，她让同学踩着自己的脚和膝盖逃生，自己却被山洪卷走，好在被石头拦下，她再用平时学到的自救技巧成功逃生。甘当“垫脚石”，她的心灵是向善的；能沉着冷静展开自救，她的意志是坚强的。梁春霞同学把生的希望给了同学，这举动让大家齐口称赞她为最美女孩。2012 年 6 月 3 日，广州也发生了一件令人感动的事，一个独自在家的 3 岁女童失足跌出四楼阳台，头部卡在阳台花架上，身体悬空。23 岁的外来工周冲从三楼阳台爬出，冒着危险用一只手托举住女童，坚持了 10 多分钟，女童被救下后他却不辞而别。面对社会盛赞，周冲说，每个路人都会这么做，如果当时没有街坊的出手相助，他可能也会失败。他还说做一件好事是一件开心的事。周冲被街坊称为最美托举哥，称赞他托举向善的力量。

同学们，像这种带给我们感动和温暖的例子还有很多很多，就是这些好人为我们传递着责任、善良与正义的正能量，为2012年的中国绘出美与爱的注脚，组成了一道道亮丽的风景线。社会是一个大家庭，和我们息息相关，只有相互搀扶，相互为善，世界才可能变成一个美好的人间。这就是我们同学们要学习的正能量。同学们，身为学生，就是要做有学问之人，而要成为有学问、有文化的人，首先就要修德行，其实要做一名合格的小学生很简单，无非是规范自己的言行和养成良好的行为习惯。但令人遗憾的是我们老师看到不少同学身上还存在着诸多不文明、不符合学生身份的不良习气和行为，这不但给我们的健康成长带来了危害，而且损害了我们的班级形象、学校形象。因此，借今天的开学典礼，希望同学们能获取正能量，在新的学期抛弃陋习，争做文明好学生。上学期期末散学典礼的时候潘校长作了主题为“知爱、知学、知行、知礼”的讲话，我也深受启发，因为将近放假的时候，我就分别在低中高年级部个别学生中做了调查，询问大家最不喜欢同学们的哪些陋习。通过这个简单的调查，我发现大家不喜欢的陋习非常接近，它们分别是：①说脏话，给同学甚至老师起绰号，有的同学认为自己习惯了便认为这样做和别人关系会更密切，但是在别人看来，讲粗话，叫别人绰号极为刺耳，更有损形象；②涂污课桌与墙壁，破坏学校的公共物品；③课间大声喧哗，吵吵闹闹，连吃饭时也大声讲话；④没有认真完成作业，等第二天一早回来就抄同学的作业；⑤不维护学校公共厕所卫生，把自己用过的纸巾随处乱丢，方便自己，麻烦别人；⑥浪费粮食和水电；⑦没有主动和老师、同学问好；⑧上课不专心，总是搞小动作、说话，影响老师和同学上课；⑨喜欢搞恶作剧，比如把别人的鞋子、枕头藏起来，让同学干着急，这些都是让同学们很痛恨的不道德行为。另外还有一些陋习让同学生厌，如喜欢丢三落四，总是找不到文具、找不到校服，让家人为他担心，即使借别的同学的文具也不好好爱护，总是弄丢，这是缺乏责任感的表现；还有个别同学总是不认真对待自己的学业，学习成绩上不去，拉低了班级的平均分，这些也是令同学们很不满的。

以上这些不文明现象和行为都是我们在座相当一部分同学身上表现出来的。这些与文明格格不入的陋习，就像毒品一样将会在不知不觉中把我们引入歧途，让我们一步步变得不道德、不文明。因此，开学典礼上我就将这些陋习都摆出来，让大家也自查一下，自己有没有这些不好的言行。以下是我对同学们提出的几点建议。

一、规范文明言语

习惯成就未来。著名教育家叶圣陶先生说：“什么是教育？简单一句话，就是要培养良好的习惯。”中国是一个礼仪之邦，讲文明、懂礼貌是中华民族的传统美德。但今天这种美德在部分同学身上却很难发现，甚至荡然无存。例如有的同学之间平时有过节，没有好好宽容对方，一旦遇上新的矛盾就立即恼羞成怒，脏话连篇，素质极为低下；有的同学在课间、教室内、宿舍内大声吵闹、喧哗，显得非常没有教养；有的同学热衷于给同学、老师起绰号，以不文明的方式显摆自己的本领，殊不知这种缺乏修养的行为只会令自己蒙羞；有的同学被老师批评了之后就在背后骂老师、诅咒老师；还有的同学喜欢讽刺、挖苦、取笑他人，在往他人脸上抹黑的同时也损坏了自己的形象，贬低了自己的人格。上述所提到的这些不良言行不但影响个人形象，而且影响学校美好的形象。习惯成自然，在此我讲一个小故事，请同学们思考、反思一下。英国曾有一位卡车司机饲养了一只鹦鹉，有一天鹦鹉因在公共场合说话带脏字，司机被罚款10英镑，并被责令用一周时间将鹦鹉说话带脏字的习惯纠正好，否则卡车司机将面临拘留15日的严厉处罚。对一只动物的语言习惯都如此重视，何况是人呢？可见，国外对语言不规范的惩罚是非常严厉的。在巴黎，公共场合有中文的地方并不多，但去过巴黎圣母院的中国人都会看到“请保持安静”这句中文告示。这是专门示意给爱在公众场合大声喧哗的中国人的，这其实是中国人的耻辱，如果你在国外看到这种现象，你内心会有何感想？

你骂人、给人取外号、耻笑他人，说明你做人的素质低，更重要的是对他人人格的一种侮辱，对他人自尊心的一种伤害，即便你不是故意的，也一样会造成一些严重的后果。我们的教室在课间里经常是吵闹喧哗、起哄的景象，看似热闹非凡，但这种现象是对学校、班集体规范的一种蔑视，严重影响了他人的生活、休息和学习。

文明用语不仅体现了一个人的认识、水平、地位、层次，也反映了其道德素质。每个学生都应该遵守这个规范，作为学生更应该学会、习惯使用文明用语、规范用语，不要说话随便，更不要恶语伤人，为将来踏入社会打好基础。当我们的行为影响到他人时，都应该学会说“对不起”、“我不是故意的”、“请你原谅”。同时，还要习惯于说“谢谢”、“没关系”等规范用语。同学之间应和谐共处，相互理解，相互支持，共同进步。

二、爱护校园环境，守护生态文明

不久前，我曾看到这样一则有关新加坡公共标语的报道。新加坡是一个通用英语的国家，公共场所的各种标语大多用英语书写。但其中一些标语，如“不准随地吐痰”、“禁止吸烟”、“不准进入草坪”等却用中文书写。为什么呢？人家回答：“因为有这些不文明行为的人大多数是中国大陆的游客。”中央电视台曾经报道，国庆节后的天安门广场随处可见口香糖残渣，40万平方米的广场上竟有60万块口香糖残渣，有的不到1平方米的地面上，竟有9块口香糖残渣，密密麻麻的斑痕与天安门广场的神圣和庄严形成了强烈反差。美国人的环保艺术很到位，在珍珠港景区，与园林互为一体的垃圾桶是很难发现的。为此，美国人特意在垃圾桶前写下“垃圾桶在此”的中文告示，这是专门提醒没有耐心找垃圾桶的中国人。泰国皇宫的洗手间都有“请便后冲水”的中文告示。这是皇室人员专门叮嘱经常忘记冲厕所的中国人。很多同学都很喜欢韩国，喜欢韩国明星，但有没有想过韩国人喜不喜欢中国呢？最近看报纸，说韩国人最不喜欢的国家里面，中国排在第二位。中国人的盲目追星和盲目整容被韩国称为丑陋的行为。这些事例应该引起同学们的深刻反思，这些事例也充分说明了我国整体道德素质与国外相差甚远。一个国家的人民有没有良好的社会责任感，往往体现在这个国家和民族的科学文化水平以及道德面貌上。

我们有的同学很不爱护自己学习、成长的校园环境，垃圾随手一扔，很不以为意；卫生值日应付式地草草了之，把打扫卫生当成一种负担；还有的把吃剩的水果、饮料瓶等杂物扔到厕所，堵塞管道。这样的思想和行为又怎能保护好环境？从天安门广场上的口香糖，到国外的中文提示语，再到我们平时的不良卫生习惯，这都说明了我们的公共卫生意识差，道德水平亟待提高。我们都知道“躬身是美德”，清除身边的垃圾无非是举手之劳，但我们做了多少？学校作为我们生活、休息和学习的场所，单靠一两个人自觉维护无法做到干净整洁，有句话说得好“学校是我家，清洁靠大家。”国外的公民教育也有一句话就是不麻烦他人，要想不麻烦他人，自己必须要有高度的责任感，做好自己的事，不让别人担心，就是不麻烦别人。所以，我们也希望江南二小的每个同学都自觉地维护好身边的环境卫生。从自身做起，从现在做起，自觉爱护好我们的校园、我们的家，营造一个干净、整洁、美丽的校园，只有这样才能心情愉悦地生活、休息和学习。

三、懂得感恩

感恩也是一种习惯。我们都是社会人，同住地球村。在这个社会大家庭里，人人为我，我为人人，世界只有充满爱，社会才会和谐发展，人类才会更加文明、进步。因此，感恩是一种美德，每个人都应当让感恩成为一种习惯。正如一则短信所言：“常怀感恩之心，常念相助之人，常忆相聚之乐。”作为一名小学生，应该具有这样的思想觉悟：一是要知恩。凡是对自己的生命、生活、学习提供帮助的，都是恩情，这些人（或团体）都是自己的恩人，包括父母的养育、老师的教诲、朋友的关心、社会的帮助等。我们每个人每天都沐浴着“恩”的光辉，享受着社会的“恩”赐，我们还浑然不觉，今后要知道，这就是“恩”。二是要感恩。首先，感谢父母。“慈母手中线，游子身上衣。”天下所有的父母为了养育儿女，都要承受着巨大的痛苦与艰辛。同学们不妨进行一次探究性学习，算一算一个人从母亲十月怀胎到二十岁独立，父母要花费多大的财力与物力。不算不知道，一算吓一跳，计算后我们将会发现那是一个多么庞大的数字。因此，我们没有理由不感激父母的养育之恩。其次，感谢老师。老师不仅赐予了我们知识，还教会了我们怎样做人，正是老师们春风化雨般的教育，解开了我们成长路上的心结，使我们由一颗嫩芽成长为参天大树。再次，感谢同学。是他们陪伴我们在人生旅途中度过了一个个春夏秋冬，我们在生活与学习中相互鼓励和支持，在交流中获取了欢乐与充实。最后，感谢社会。是那些不知名的好心人，自己舍不得享受，无私地帮助我们渡过了生活中的一道道难关，是社会的稳定、国家的强大，我们才能安心坐在教室里学习。感恩的方式很简单，一个电话、一则短信、一张贺卡，寥寥数语就可带去我们的感恩之心，表达我们的温馨祝福。在生活中，我们要尊重并包容他人，理解并关心他人，力所能及地帮助他人。国外有一个“感恩节”，就是要人们学会感恩。三是要报恩。“滴水之恩，当涌泉相报”。一个人回归现实生活之后，要不断完善自我，要把自己的勤劳与智慧回报给社会、奉献给社会，让人感受到你爱心的温暖。你会因此而崇高伟大。极个别人还没有离开母校，就对母校说长道短，对老师妄加评论，这是典型的忘恩负义，是小人之为。因为，伤害恩人就是忘恩负义，就是贬低自己的人格。

教师是我们前行的领路人、指明灯，是我们学习上的良师，是我们生活中的益友。我们犯错误的时候，他们严厉呵斥、严格惩罚、教育我们，让我们知错改错，专心学习，这都是为我们的将来着想，避免我们误入歧途。可惜一番好心有时换来的是我们的不理解、不配合，甚至是谩骂与敌对。把老师对我们的好，看成是故意找毛病，鸡蛋里挑骨头，甚至一脸的不服气，无任何感激之情，更谈不上感恩。我们的班主任老师从上任的第一天开始，就全程陪同我们，比我们起得早，睡得晚，指导我们、关心我们、帮助我们、呵护我们，俨然就是我们的第二父母。他们对自己的付出从没有怨言，始终如一，不求任何回报，只求我们一天比一天进步，这是他们最大的心愿。

同学们，文明礼仪是我们学习、生活的根基，是我们健康成长的保证。没有了文明，就丧失了基本的道德底线。所以，我们首先应该做一个堂堂正正的人，一个懂文明、有礼貌的人，然后去追求成功成才，这才是我们所说的德才兼备。文明是我们素质的前沿，拥有文明，我们就拥有了世界上最为宝贵的精神财富。学做文明人，创建文明校园，必须从我做起，从每一件小事做起，让文明礼貌之花在校园处处开放。最后，祝愿老师和同学们在新的一年里身心安康！万象更新！学习、工作更上一层楼！

2012 年 2 月 13 日

母爱，传递温暖，传递希望，传递幸福

——国旗下的讲话

亲爱的老师们、同学们：

大家好！今天是雅安芦山震后的第十七天，相信大家仍然关注灾区地震后的消息吧。虽然不断上升的遇难人数刺痛人心，但是生死攸关之时，我们也发现了

不少人性的光辉！灾难虽然夺取生命，却挡不住一个个温情镜头的存在。在芦山县西江村，一位十九岁的男孩，大声喊着妈妈，时而用手刨墙，时而用棍子撬砖石，最后费尽周折将母亲从倒下的墙下救出。在芦山县龙门乡，当消防战士把废墟中掩埋的母亲救出时，她的双手还紧紧地抱着孩子。地震中，一位儿子被埋在房间掉下的天花板下，母亲冒着余震的危险去救儿子，眼见三楼的床也要掉下去了，儿子苦苦哀求母亲赶紧逃生别管他，但是母亲救儿子的意志和决心非常坚定，她使出全身力气，居然一个人把重达上百斤的水泥板挪开，救出了儿子，事后，她说自己也不知道从哪里来的力气。芦山双石镇一名八岁的小男孩，获救时他母亲已经死了，死的时候还护着儿子，正是因为有母亲的保护，所以他才没有被砸到，只是手指受伤而已。这让我想起了五年前汶川地震中感人的一幕，一个三四个月大的孩子因为有母亲的庇护而毫发未伤，被救出来的时候还在安静地熟睡，当随行的医生解开被子帮婴儿检查的时候，发现一部手机塞在被子里，医生发现手机屏幕上是一条已经写好的短信："宝贝，如果你能活下来，一定要记住，妈妈爱你！"看惯了生死离别的医生，却在这一刻落泪了。手机传递着，每个看到短信的人都落泪了。

同学们，这就是母爱，崇高而神圣的母爱。母亲可以为了孩子倾其所有，付出一切而不求任何回报，让我们记住伟大的爱，尊重她！孝敬她！大家知道每年五月份的第二个星期天是什么节日吗？对，母亲节！母亲节即将到来了，请同学们记住对妈妈说上一句：妈妈，我爱您！这是我今天国旗下讲话的第一个内容。

下面，我代表学校发出爱心倡议：四川雅安芦山地震已导致近两百人死亡、一万三千多人受伤，他们当中有本该幸福成长的孩子，有力撑家庭重任的父母，有希望安享晚年的老人。每一个人的离去，都意味着一个家庭的坍塌。作为中华民族大家庭的一员，我们需要以实际行动献出力所能及的爱心，帮助雅安芦山重建家园。中华民族从来都是一个和衷共济的民族，我们曾经抵御过洪水，抗击过非典，战斗过冰雪，帮助过汶川地震的灾区。危难见真情，人间有大爱。各位老师、同学，明天学校将响应区教育局的号召，开展"奉献爱心，抗震救灾，向雅安芦山灾区人民捐款献爱心"活动，希望老师和同学们积极行动起来，献出你们的一份爱心，明天上午把平时节省下来的零用钱、利是钱带来，我们不需要攀比谁捐得多，谁捐得少，只要能付诸行动，捐献一点，那也是一份关爱。让我们携起爱心之手，一起为雅安芦山灾区人民传递这一份爱！传递温暖！传递希望！传递幸福！

2013 年 5 月 6 日

第三辑

丰富的实践活动，是孩子们美丽的生命之旅

江南新村第二小学足球队远赴法国参加2004年“达能少年国际杯”全球总决赛欢送会发言稿

尊敬的各位领导、各位来宾，亲爱的队员们：

大家好！今天我们欢聚在一起，召开这个简单而隆重的欢送会，此事得到了区教育局、区体育局领导以及各界人士的热情关注并亲临学校指导，在此，让我代表江南二小的全体师生，感谢各位的支持，欢迎各位的光临。

明天下午，我们的足球队员就要远赴法国巴黎，代表中国唯一的一支少年足球队参加一个全球性的足球比赛，这是一件大喜事，也是我们海珠区、我们学校的荣耀。在这里，除了祝贺他们，同时也寄予他们殷切的期望：希望队员们做到自主、文明、合作、发展，为中国人争光！

一、自主

作为中国新一代的小主人，到了异国他乡，一定要维护我国尊严，不做有辱国格的行为，主动自觉遵守当地的法律法规，尊重他人，服从管理，听从指挥，比赛完毕要按时回国。

二、文明

大家都知道，我国是世界四大文明古国之一，有着悠久而灿烂的文化历史。这次队员们远赴法国，既是参赛球员，又是中法两国友好的文化交流小使者，承担着向欧洲人民传播我国优秀文化的使命。因此，在出访的整个过程当中，希望队员们发扬中华民族传统美德，讲文明，讲礼貌，杜绝在公共场所大声讲话、乱丢乱吐等不良行为，争当文明好队员！

三、合作

我们这支球队是一个集体，是一个团队，从领队、教练到每一个队员都要发扬团结合作的团队精神，无论在学训中、生活中，还是比赛中，都要谨记“合作”二字，懂得关心他人，学会乐于助人，学会与人交往。

四、发展

这次比赛是寓学于赛的项目。虽然我们没有夺金的压力，但是我们要向中国体育健儿学习，发扬奥运精神，发挥应有的甚至更好的水平。把学习和享受运动结合在一起，通过这次比赛，发展自己的体育技能、团队精神和公平竞争的意识，而不单是竞争意识。

今天，我们有幸参加这么高规格、全球性的比赛，我们就要抓住这个契机，通过我们的努力，把中华文明发扬光大，为建设我们五彩海珠、建设学校的品牌贡献应有的力量！最后，我们预祝队员们一路平安，载誉回国！谢谢！

2004 年 8 月 30 日

川粤少儿心连心，同舟共济渡灾情

亲爱的老师们、同学们、老前辈们：

大家好！四川省汶川县的大地震，至今已夺去了数万人宝贵的生命！这黑色的一瞬间，摧毁了他们昔日美丽的家园，留给当地人们无尽的伤痛！这黑色的一瞬间，让大半个中国震动，更让全中国人的心在揪痛！面对突如其来的灾祸，党和政府迅速实施营救。国家主席胡锦涛作出重要指示，紧急部署救灾；年过花甲的温总理不顾余震危险坐镇现场含泪指挥抗灾；道路中断，救援的勇士们冒雨日夜徒步抢险，他们早一秒抵达就意味着多抢救一个生命！面对残墙断壁，灾区人民展开了勇敢而坚强的自救，哪怕只有一线希望，也要尽百分之一百的努力去抢救生命。

尽管和灾区远隔千里，身在广州的我们却分明能感受到那一刻的痛楚！同在这一片蓝天下，同在这一片土地上，我们和灾区人民心连心，不分彼此，我们拥有的是共同的中华民族大家园！面对灾情，我们将手挽手无惧往前！凭借着不绝的爱心，我们曾骄傲地并肩击退 1998 年的滔天洪水，我们战胜了 2008 年那场百年不遇的雪灾，我们渡过了一次又一次的难关！

亲爱的老师们、同学们，今天，让我们再次行动起来，心手相连，以爱接力，通过捐款义卖活动向灾区人民献出一份绵力！您的一笔捐款，无论大小，都会帮助灾区人民更快地重建家园；您的一颗爱心，将会和其他市民的爱心一起，汇成一股强大的力量，抚平灾区人民心灵上的伤痕！

我们坚信，地震无情，人间有爱，我们万众一心、众志成城，一定会战胜这场特大地震灾害，一定能让灾区的人民早日重建美好的家园！

2008 年 5 月 16 日

2007学年下学期江南新村第二小学防震避震逃生演练小结

同学们：

大家好！5月12日的四川省汶川大地震至今已造成69 195人遇难，18 392人失踪，37万人受伤。而在这次大地震中，也有一些学校的学生由于掌握了正确的避震方法，在最短的时间内进行有序的疏散，获得了宝贵的生存机会。四川安县桑枣中学就创造了一个令全世界震惊的奇迹，由于平时学校多次进行避震逃生演练，因此，地震发生后，全校2 300名师生从不同的教学楼和不同的课室中全部冲到操场，以班级为单位站好，整个过程仅用了1分36秒，没有一个老师和学生伤亡。多亏了平时的演练活动，他们才能熟练地掌握避震逃生的技巧。

同学们，今天学校组织这次防震避震逃生演练活动，就是要增强同学们的自护自救意识，让大家掌握在紧急情况下机智逃生的本领。刚才，在全体老师的认真组织下，在师生的积极配合下，大家迅速、有序、成功完成了演练活动。在此，对本次活动中认真参与、表现出色的老师和同学提出表扬。我们期待在下次的演练活动中，大家逃生更加有序、更有效率，让大家在更短的时间内逃生。

在今后的漫长人生中，各种自然的灾害和人为的灾害可能还会在我们的身边不时地出现，学会科学地避险和逃生技巧，可以使我们减少受伤的机会。同学们要借这次活动，认真学习安全知识，并向家人、亲戚朋友积极宣传，让更多的人关注生命，关注安全，珍爱生命。最后，我希望全校师生以这次防震逃生演练为契机，把学校的安全教育工作落实，把安全隐患消灭在萌芽状态，为创建平安校园、和谐校园而不懈努力！

2008年7月3日

第二十四届教师节庆祝会致辞

尊敬的老师们，亲爱的同学们：

大家好！今天，我们全体师生在这里隆重集会，共同庆祝第二十四届教师节，在此，让我们向全体老师致以最崇高的敬意和最真诚的祝贺，祝老师们节日快乐！

我们学校已经有20年的办学历程了，教育教学各项工作正不断地进步和发展。未来的日子里，学校还将向着更新、更高的规范化优质学校目标迈进。教育工作任重道远，因此，我们承诺：我们全体老师将一如既往地忠诚于人民教育事业，愿用我们所有的知识、技能以及满腔的热情，履行教书育人的神圣职责。努力做到：育人为本、敬业爱生、传承文明、启智求真、志存高远、勇于创新，为学校的未来与发展、创建和谐新海珠作出新的贡献！

老师桃李满天下，老师因学生而年轻，老师因学生的快乐而快乐！前几天，学校一位已毕业六年的学生回来了，他叫作廖志伟。当年六年级的时候，他没有辜负老师的辛勤辅导，凭着刻苦学习的精神，在广州市“华罗庚”杯数学竞赛中考取一等奖第二名的好成绩，被华南师范大学附属中学直接录取升上初中。今年，这位19岁的小伙子回来学校向母校报喜，因为，他以长期优异的成绩、良好的道德品质，被华南师范大学附属中学保送到中国最高学府——北京大学。看到他和老师们的合照留影，看到老师们的一张张笑脸，那是一幅多么令人感动的画面，让人感到温馨、感到快乐。同学们，为了感谢老师辛劳的工作，为了祝福老师节日快乐，请用你们的真心、诚心送上这些礼物吧！那就是对老师的尊重、对老师的关心、对老师的宽容、你们的懂事、你们的刻苦学习、你们的点滴进步，这都是送给老师的最好礼物。

今天，为了庆祝教师节，一些同学在短短的几天里排练了两个小节目，表达他们的敬师之情，让我们用热烈的掌声表示感谢！最后，我们也祝愿同学们在老师的悉心教导下和老师一同快乐成长！

2008年9月10日

江南新村第二小学建校20周年纪念大会致辞

尊敬的各位领导、来宾，亲爱的老前辈们、同学们：

大家早上好！

首先让我代表全体师生对各位的光临和指导表示衷心的感谢。很开心，在这不平凡的2008年的金秋十月，江南二小迎来了二十华诞。20年，在漫漫历史中只是短暂一瞬，但对于一所学校来说，却是丰富而厚重的。从1988年创建到现在，江南二小致力于为每一位师生营造最大的发展空间，让进入江南二小的每颗金子都发光发亮。如今的江南二小充满诗意，它把学生带进一个温馨、愉悦、和谐的书香天地，让孩子们学会学习，学会做人；如今的江南二小充满激情，它把学生带进充满生机的幸福课堂，让师生共享成长的快乐；如今的江南二小充满智慧，它把师生心中的智慧火花一一点燃，让大家快乐生活；如今的江南二小更关注对生命价值的追求，以先进的办学理念、幽雅宜人的校园环境、现代化的教学设施、严谨规范的管理、鲜明的办学特色、优良的教风和学风赢得了良好的社会赞誉，获得了一个又一个殊荣。学校先后被评为“广东省一级学校”、“广州市爱国卫生运动模范单位”、“广州市群众体育先进单位”、“广州市安全文明校园”、“广州市依法治校示范学校”等，如今的江南二小焕发勃勃生机，犹如一颗璀璨的明珠，在海珠区冉冉升起。

20年薪火相传，20年力铸辉煌，江南二小坚持“健康第一”的办学思想，传承和发展体育特色工作，为提高区的体育事业作出了突出贡献。学校足球队在2004、2005年连续两年代表中国少年足球队出征法国参加“达能少年国际杯”全球总决赛，取得至今为止中国最好的成绩。学校体操队代表海珠区参加广州市第十四届运动会，荣获市金牌榜第一、总分第二的好成绩，并获“体育道德风尚运动队”称号。

抚今追昔，感慨万千。江南二小的每一次发展，每一次进步，无不凝聚着各级领导、各界人士的亲切关怀和殷殷厚爱，无不浸透着历届全体师生的点滴心血和辛勤汗水。在这里，请允许我代表全体教职员工，向关心支持学校发展的各级领导、各界人士、历任教职员工、各位家长道一声最诚挚的感谢。我们深信：凭着我们对教育、对孩子那份执着的爱，凭着我们对教育改革的那份热情和不懈的追求，我们江南二小定会继往开来，与时俱进，越办越好。谢谢各位！

2008年10月

江南新村第二小学创建广东省安全文明校园动员讲话

亲爱的老师们、同学们：

早上好！北京奥运会成功举办后，人们就把目光投向了广州，为什么呢？没错，因为2010年，广州市要举办高水平的亚运会。为了迎接一个祥和、精彩、成功的亚运会，我们也参与到了广州的创建爱国卫生城市、创建全国文明城市、创建广东省教育强市等精神文明创建活动中。通过这些活动，我们看到了广州的文明程度在不断提升，广州的大街小巷也在发生变化，变得越来越整洁、越来越美丽。的确，只有当人的文明程度不断提升，社会才会不断进步。2007年，我们学校申报广州市安全文明校园，目的也是希望提高同学们的安全文明意识，构建和谐校园。本学年，我校将在成功申报广州市安全文明校园的基础上，向更高的目标迈进，那就是申报广东省安全文明校园。因此，开学至今，学校大队部不断利用周一和周五中午的红领巾广播对同学们在文明礼仪、课间安全活动、环保意识、体育游戏活动等方面分别提出了明确的要求，并借校庆20周年的契机，开展“微笑进校园”、“当好江二小主人，文明有礼迎宾客”等活动，结合“119”全国消防日，开展了两次全校师生的消防逃生演练，上学期还结合四川省汶川地震，进行了防震减灾逃生演练。所有这些教育活动都是在向同学们传递一个信息，就是“以尊重点亮生命，以责任缔造安全”，生命是宝贵的、神圣的，需要每一个人去尊重、去珍惜，并尽自己的责任去保护。学会保护自己的本领，有能力保护自己的生命才有力量、有能力去保护他人，这是尊重自己、尊重他人的一个很好的体现。

同学们，在这一周，我们将迎来两项检查工作，一项是广东省安全文明校园评估专家组的督学们来学校现场检查我校的安全文明创建工作，时间就在星期三下午；另一项是广东省教育强区督导验收组专家来学校检查教育教学工作，时间是星期四或星期五。为了把两项迎检工作做好，老师们做了许多工作，身为江南二小的一员，同学们也要以热情、积极、主动、饱满的精神投身其中，把热爱学校、热爱老师、关心集体的热情转化为“讲文明、树新风”的自觉行动，只有提高个人文明程度，学校的良好校风以及安全文明工作才能得以保障。在此，我呼吁全校同学们努力做到以下几点：

（1）全校学生都要知晓学校创建广东省安全文明校园、海珠区创建广东省教育强区这两件大事，并积极向家人宣传，挖掘学校创建工作的亮点。

（2）全校学生在评估当天一定要整齐地穿好校服，佩戴好鲜艳的红领巾和队标志；执勤队佩戴好学校“安全文明小天使”、“安全文明小卫士”绶带。

（3）各班级针对自己年级或班级文化特色积极开展“安全文明特色小队”活动，确定学生名单及特色小队的职责，利用课间十分钟开展“文明礼仪、环保卫生、安全责任”等教育宣传、行为纠正等小主人自主管理活动。

（4）见到客人（包括进入学校的家长、来宾）都要主动迎上去，微笑鞠躬向叔叔、阿姨、老师问好或者敬队礼微笑问好。

（5）课间不追逐、不打闹、不打架、不喧哗、不玩危险游戏。每一个学生都是学校安全文明创建工作的形象代言人，通过你们的一言一行展现学校的安全文明教育成效。如果你们行为粗鲁，语言不文明，同学之间不团结友爱，发生争执，甚至因为一时麻痹大意，责任意识淡薄而发生意外，那么我校创建广东省安全文明校园工作将成为一句空话，很多人的劳动将前功尽弃。我曾经说过，我们学校的设施设备比起其他很多学校都要好很多，比如厕所，学校为了方便大家，每层楼都设了厕所，所以同学们利用课间十分钟时间上厕所是绝对够用的，根本没必要跑步上厕所，但是往往有的同学习惯不好，一下课总是跑出去甚至冲出去，这些都是违纪行为，这样鲁莽说不定某一天就会撞到别人，特别是在楼梯口或楼层转弯处，以前我们也有过这样的血的教训。所以，我们要大力遏制这种不文明、不安全的行为。

（6）爱护公物、珍惜粮食。每当午餐后看到一、二年级装剩菜剩饭的桶满满的，以及被损坏的桌椅和灯管，我都非常心痛，痛是因为很多贫困山区、灾区的孩子穷到没书读，一日三餐都不能保证，而我们的同学竟然这么浪费粮食，不爱护公共财物，真是身在福中不知福啊。打烂灯管虽说不一定是故意，但这种行为也发人深省，伤了人是我们谁都不愿意看到的结果。因此，文明、安全四个字要谨记。我们都是有知识之人，接受的是正规的教育，珍惜粮食、爱护公物是我们中华民族的传统美德，希望同学们都来继承和发扬我们中华传统美德，从今天开始展现一个新的面貌。

（7）搞好课室、包干区、专用场所的清洁卫生，并做好保洁工作，养成良好的卫生习惯。

同学们，广东省安全文明校园的评估以及海珠区创建广东省教育强区复评工作就在本周，它的成功与否关系到学校的未来与发展。希望全校师生上下一心，齐心协力，向评估人员展现一个热情、真诚、和谐、文明、安全的江南二小。

2008 年 11 月 17 日

广东省名师工作室授牌仪式上的校长发言

尊敬的各位领导、专家，亲爱的校长、老师们、同学们：

大家好！

在海珠区教育局、区教育发展中心的关心和具体指导下，以教师姓名命名的雷婷广东省名师工作室今日正式启动，这标志着学校着力提升现代教育内涵，倾心打造名师工程，促进教师专业成长又上了一个崭新阶梯。值此，我代表江南二小的全体师生对各位领导、专家表示衷心的感谢，并对今天莅临指导的各位领导、专家、朋友们表示热烈的欢迎。

作为一所省一级学校，要在未来竞争中生存，并持续、超前地发展，其关键是教师的发展和进步。近几年，我校以“依法治校、文明育校、质量立校、名师强校”为发展策略，走上了快速发展的快车道，副校长雷婷光荣当选广东省语文特级教师、广东省名师，学校也相继被授予区校本培训先进单位、广州市首届语文学科优秀科组、广州市依法治校示范校、广州市安全文明校园、广东省现代教育技术实验学校等多项集体荣誉，这一切都得益于教师专业成长的快速提高。

逆水行舟，不进则退。我们和省市的一些名校相比，还有一定的差距，我们需要为教师的专业成长提供更高更好的平台，要为特级教师在省内发挥名师示范和引领的作用而创造更多、更宽广的空间，这也是我们申报省名师工作室，开展名师带徒活动的初衷。自从我们提出成立名师工作室的计划以来，得到全校广大教师乃至省内骨干教师的积极响应，并积极要求成为工作室的成员。同时，雷婷名师工作室也得到省教育厅、市区教育局、区教育发展中心的高度重视，特别是刘良华副院长、邓静红主任在百忙之中抽出时间莅临指导，让我们非常感动，使我们信心倍增。作为雷婷名师工作室所在学校的校长，我会竭尽全力为雷婷老师开展工作创造条件，在投入经费、培养名师和协调工作关系等方面给予大力的支持。

艺无止境，学海无涯，雷婷名师工作室能在江南二小启动，我们会倍加珍惜。我们的工作室活动必须植根于课堂，课堂精彩，生命精彩；课堂幸福，教师幸福，这就是雷婷老师对于名师工作室的独特见解。我们期待今天下午的名师雷婷语文课堂教学风采展示活动圆满成功，更期待在各位领导、专家的支持和引领下，雷婷名师工作室真正成为省市区小学语文教师交流、学习、提高和展示才华的平台，携手共创幸福教育的新篇章。最后，让我再次对各位的莅临指导表示最诚挚的谢意！

谢谢大家！

2010 年 5 月 24 日

给自己定位，选择你的人生

——2011 年元旦江南二小嘉年华活动致辞

亲爱的老师们、同学们：

大家好！不知不觉中，2011 年新年已悄然来到我们身边。在这美好的节日里，我们是否已经做好准备，迎接这崭新的一年呢？

相信大家还记得刚刚结束的广州亚运会、亚残运会，体育健儿顽强拼搏的体育精神以及广大安保志愿者辛苦工作为亚运护航的无私奉献精神给我们留下了难以忘怀的感动。他们的精神力量再次激活了我们心中的梦想。

古罗马哲学家塞涅卡说过：“如果一个人不知道他要驶向哪个码头，那么任何风都不会是顺风。”年轻的我们正在寻梦的海洋中畅游，外界的因素会让我们有些犹豫不定。幸好在这个时候，亚运健儿让我们领悟到成功的关键：我们要掌握好自己手中的舵，给自己一个明确的定位，向着目标勇往直前。

选择就是为自己把握人生命运。如果当年的鲁迅不选择弃医从文，就不会成为文学巨匠；如果当年的毛泽东不选择为中国人民的解放而斗争，就不会成为共和国领袖；如果霍金不选择天文物理，就不会写出《时间简史》这一伟大著作；如果贝多芬不选择音乐创作，也不会为后世留下那么多不朽的旋律。

在这个世界上，通向成功的道路何止千万条。布满荆棘、充满风险的路，却是能使人生放射华光异彩的道路，而看似平坦的路，也可能是平庸之路，你会怎样选择？如果眼前的一些事不那么尽如人意，也请你不要灰心。生活中的弯路总是多于捷径，人生中的磨难常常多于享乐。每个人的身上都潜藏着一种十分强大的力量，如果你无法发现它，它就永远处于冬眠状态；如果你选择不放弃，那么这种力量就会使你战胜困难，在人生的路途中体现自身的创造力，最终实现你的人生追求与梦想。考试将至，我衷心地祝愿每一位同学都能发掘出自身潜力，在短短几天的复习时间里更加付以恒心与毅力，走向本属于你的成功！

春天用绿意来感化我们的心灵，用风声来净化我们的灵魂，同时也时刻提醒我们时光的流逝。在已经来临的2011年中，没有比行动更美好的语言了，那么，在这个春意渐浓的2011年元旦，让我们扬帆起航。祝老师、同学们新年身体健康！家庭幸福！祝愿同学们期末考试更上一层楼！

2010年12月31日

2011年“阳光体育与我们同行”阳光体育冬季长跑活动致辞

亲爱的老师们、同学们：

大家好！

在这个洒满阳光的早晨，我们齐聚在这里，共同开启一项有意义的活动——“阳光体育与我们同行”的阳光体育冬季长跑活动。

我们永远记得“生命在于运动”这句名言，体育运动可以增强人的体质，使我们有一个健康的体魄；体育运动还可以磨炼我们的意志，使我们拥有健康的心理，而健康的体魄和健康的心理正是我们学习所必备的重要条件！

这次长跑活动是我们学校响应国家教育部、体育总局、共青团中央的号召，继2010年长跑活动之后于2011年11月16日至2012年4月30日开展的第五届全国亿万学生阳光体育冬季长跑活动，对增进学生体质和促进学校体育文化发展有着十分重要的意义。为了使这项活动真正发挥体育效能，我代表学校提出几点要求：

（1）要求正副班主任全程参与，注重安全教育和长跑指引，各班学生在长跑前应整队并进行热身活动，然后按顺序开始跑步；

（2）在跑步过程中，班级之间应间隔至少3米的距离，不能争先恐后，互相超越；

（3）在跑步过程中，每个同学应听从老师或体育委员的口令指挥，队伍要整齐，步调要一致，同学之间严禁说话、打闹，不得出现推、挤、撞等现象，以免踩踏事故等意外发生。

同学们，让阳光体育与我们同行，让体育运动成为我们的一种健康生活方式。

谢谢大家！

2011年11月16日

"感恩相伴，快乐足球"足球联谊会致辞

尊敬的邓锡权前辈、刘局长、蔡局长、冯会长、刘均洪主任，各兄弟学校的领导老师们，各业余体校的领导教练员们，各位家长朋友们：

大家晚上好！有道是，有朋自远方来不亦乐乎，非常感谢大家从百忙中抽空参加江南新村第二小学"感恩相伴，快乐足球"足球联谊会，在此，我谨代表江南二小向各位的到来表示衷心的感谢和热忱的欢迎！借此机会，感谢各位对我校足球事业的一路相随，不离不弃！1988年，我校在创办的同时就把足球特色的"种子"播种在江南二小这块沃土上，多年来在各级各部门的关心和大力支持下，这颗种子健康成长并开枝散叶。从20世纪80年代末90年代初的"贝贝杯"、"萌芽杯"到千禧年初的"U系列"、"达能杯"和"阿迪达斯绿茵足球"以及现在的"校园足球"，江南二小总能站在广州市的最高奖台上并代表广州参加全国乃至全球的足球盛事。2004、2005年我校足球健儿代表中国远赴法国参加"达能杯"全球总决赛分别荣获第十八、二十二名，2010、2011年连续两年荣获广州市"市长杯"青少年校园足球联赛第一名，并代表广州参加全国校园足球夏令营。学校积极探究"体教结合"之路，开展了广州市教育科学"十五"规划课题"小学课余体育训练与学习的协调发展"实验并成功结题，力求培养素质全面发展的学子。多年来，学校为全国各足球俱乐部输送了如吴伟安、卢琳、叶伟超等足球尖子；现役广州恒大足球俱乐部的队员有5人；还向各中学输送了像2011年考上北京大学的童炜、陈佳源这些学业优异、德才兼备的体育特长生。

学校取得的成绩离不开在座各位的支持，离不开各位教练、各位家长的鼎力帮助，为了开创江南二小足球事业更美好的明天，我们愿意聆听领导嘉宾们的良策妙计，我们将集思广益、反思总结，努力打造一个有智慧、有境界的足球校园。

我们感谢大家风雨同行，倾力相助，也感谢足球带给孩子们的成功与挫折，让孩子们体验自信与自强，分享健康与快乐！更让孩子学会感恩。为此，请允许我再次代表江南二小对一直以来关心、支持和帮助我们的领导、嘉宾和各界人士，表示最诚挚的感谢！我们热切期盼在大家一如既往的关心和支持下，江南二小的足球之根越扎越深，足球之路越走越宽！谢谢！

2011年11月25日

相约波兰，圆梦华沙

——2012 年达能少年世界杯启动仪式致辞

尊敬的各位领导、嘉宾，亲爱的老师们、同学们：

大家下午好！

今天春色满园，春天走进了我们的校园，来到了绿茵足球场上。很荣幸，我们江南二小成为本次达能世界杯启动仪式的协办单位。首先请允许我代表学校对各级领导、各位来宾、各校足球小将们的到来表示热烈的欢迎！对一直以来关心和支持校园足球工作的教育行政部门以及中国达能饮料的领导们表示衷心的感谢！2003 年，一艘承载着中国少年足球梦想的“达能少年号”起航了，经历多少风雨、多少征程，它依然对中国少年的梦想不离不弃，帮助一代又一代有梦的少年圆了梦想。达能少年世界杯所倡导的“校园足球”理念使众多学校圆了“走出亚洲、走出国门”的伟大少年足球梦想。我们江南新村第二小学是广东省足球传统项目学校，见证了达能少年世界杯起航十年的历程。从 2003 年至今，我们曾两次代表中国参加全球总决赛，获得第十八名和第二十二名的好成绩，两次举办达能杯少年世界杯启动仪式并参加 2003 年至 2012 年的全部赛事。我们享受着历程中的悲与喜、苦与乐，我们感受着成长和进步。如今，达能少年世界杯启动仪式再一次在我们海珠区、在我们学校举办，这是对我区足球事业的充分肯定，也是对我们校园足球的鞭策。相约波兰，圆梦华沙。梦想属于有梦的人，梦想更属于孜孜以求并努力奋斗的人。在此，对所有参加达能少年世界杯、为实现梦想而奋斗的足球小将们表示衷心的祝福和美好的祝愿！祝你们梦想成真！

2012 年 3 月 13 日

致香港姊妹学校乐善堂小学教师来访的欢迎辞

尊敬的周海杰校长，亲爱的老师们、同学们：

古人有云，有朋自远方来，不亦乐乎！今天，香港乐善堂小学的校长、主任、老师等 15 人来到我们江南新村第二小学，使得我们学校变得如此欢乐和喜庆，首先请允许我代表江南二小的八百多名师生，对你们的到来表示热烈的欢迎。

“香港海珠心相连，紫荆木棉并蒂开”，早在去年 2011 年 12 月 7 日，在香港特区政府教育局、香港教育工作者联合会、广州市教育局、深圳市教育局等多位领导的见证下，我们和香港乐善堂小学正式结为粤港姊妹学校，这不仅意味着我们学校和香港学校友谊的深化，还表示两地学校通过互访，将加强双方的交流与了解，促进两地教育事业的发展。

在这繁花盛开的季节，我们迎来了香港同行们的第一次莅临。昨天，我们已经向你们展示了我们新海珠、新江南独具魅力的风景线：广州地标广州塔和赤岗塔双塔辉映、万亩果园和海珠生态湖即将被打造成世界级“都市果林湿地”、广东省博物馆展示了广东的人文历史。今天，我们将向你们展示我们江南二小的教育，我们非常欣赏香港的教育，你们教育出来的学生彬彬有礼，且具有务实和拼搏精神，而我们江南二小的教育也独具魅力。接下来的时间，我们将请大家跟我们的小朋友一起走进课堂，一起学习、一起活动，听一节主题班会、一节语文课、一节音乐课。我们还将请大家参与我们的大课间体育活动，观看我们的足球特色训练，感受我们健康快乐的体育文化。

衷心希望我们给你们带来的是愉悦、充实和启示，最后让我们共同祝愿江南新村第二小学和乐善堂小学友谊天长地久！谢谢！

2012 年 3 月 31 日

2012 学年体育文化节活动闭幕式讲话

亲爱的老师们、同学们：

大家好！今天天气非常寒冷，但是阳光灿烂！就如同我们的心情，大家怀着开心的心情迎接2013年新年，怀着紧张、激动、兴奋的心情迎接即将进行的体育文化节的决赛活动。在这里我想说三个关键词，一是感谢，二是感动，三是期待。

感谢。感谢老师们，尤其是体育科组、班主任老师在学期末工作非常繁忙的情况下，为了让同学们有一个展示才华的平台而精心组织这次活动。感谢同学们热情积极的参与，正是有了大家的齐心协力，才有我们体育文化节活动的精彩、阳光和快乐！

感动。自从体育文化节启动后，我看到不少同学自发组队，早上很早就在操场上训练，即使在寒冷的天气也不间断，很积极很投入！我还看到班级足球比赛中那些激动人心的场面，有同学跌倒了再爬起来继续坚持奋战，有同学比赛失败了但没有气馁……体育竞赛中的集体荣誉感、团结合作、顽强拼搏等多种体育文化精神充分彰显，这种体育精神令在场的很多老师和同学们十分感动。

期待。2013 年，新的一年、新的期望。我们期望同学们把这种奋勇向上、积极进取、团结合作的体育精神融入学习、生活中，让体育精神促进我们的学习、照亮我们的人生大舞台。让我们每一个同学面对未来的困难，都能勇往直前。新的一年祝愿大家健康、快乐！更具美德和智慧！预祝我们体育文化节活动圆满成功！最后提前祝大家元旦快乐！

2012 年 12 月 31 日

2013 年校长新年致辞

尊敬的老师们、亲爱的同学们：

大家好！

满载收获的 2012 年已经过去，充满希望的 2013 年信步向我们走来。在这辞旧迎新之际，向一年来默默耕耘、无私奉献的全体老师和刻苦学习、追求进步的全体同学，致以最亲切的问候和最诚挚的祝福！祝全体师生在新的一年工作顺利，学习进步，身体安康，万事如意！

过去的 2012 年，成功和喜悦交织在一起，让我们刻骨铭心，让我们激情难忘。

回首 2012，全校师生众志成城，团结奋斗，锐意进取，使我校教育、科研、管理更上一层楼。教育科研成果显著：学校荣获“广州市教育科研成果”三等奖，获得“广东省现代教育技术实验学校”称号；共有 21 位教师、405 位学生在全国、省市各类比赛中获奖；教学质量稳中有升，在全体师生的共同努力下，体育、艺术、科学教育特色得以彰显，在省市级竞赛中屡获殊荣，学校“彰显个性、激扬智慧、提升文化”的特色文化被确认为“海珠区中小学特色强校培养项目”。所有这些成绩的取得，无不凝结着全校师生的心血和汗水。在此，我向全校师生表示衷心的感谢并致以崇高的敬意！

回首 2012，学校进一步加强师德师风建设，全体教师求实敬业、踏实工作、立足课堂，抓质量求发展，工作能力不断提高；年轻教师迅速成长，骨干教师队伍不断壮大，教职工队伍精神面貌焕然一新。

忆往昔，师生共勉，成绩斐然；望明天，百舸争流，千帆竞渡。展望 2013 年，我们将紧紧围绕“以师生的自主发展为本”这一办学理念，继续强化师德师风建设，提升师德水平，打造一支让学生爱戴、家长放心、社会满意的教师队伍；进一步实施“精细化管理”，扎实开展学校各项工作，使学生的综合素质得以全面提升；以科研为抓手，提高教学质量，再创辉煌！

尊敬的老师们，亲爱的同学们，新的一年开启新的希望，新的历程承载新的梦想。让我们从今天起，做一个高尚的人，文明守纪、诚实守信、思考交流、畅所欲言；让我们做一个勤奋的人，完成自己的职责，掸尽每一粒灰尘；让我们做一个乐观的人，忘却曾经的不快，笑对每一个黎明；让我们做一个知爱、知学、知行、知礼的人。愿我们相互信任，齐心协力；愿我们脚踏实地，步步提升；愿我们高抬头颅，永不言败；愿我们追逐梦想、努力拼搏。愿梦想插上翅膀，让遗憾不再重来，向着2013乘着梦想，扬帆起航！

祝老师们身体健康，事业有成！祝同学们学业进步，梦想成真！

2013年1月1日

“阅读点亮童年，书香浸润童心”读书活动前夕写给老师的一封信

亲爱的老师们：

晚上好！

明天是学校“阅读点亮童年，书香浸润童心”读书活动的启动仪式，也正式揭开老师们读书活动的序幕。读书滋养生命，让大家通过分享读书快乐的同时，不断地总结与提升自我。今天是2013年3月的最后一天，接下来的4月，有多达十几个节日（纪念日），有些是大家所熟知的，也有些可能是大家不太熟悉和了解的，今天我们将与大家一一分享，希望这些节日（纪念日）的由来和意义，能给大家带来一些灵感，供大家与孩子们参考，举办相关有意义的活动！如国际儿童读书日（4月2日）、清明节（4月5日）、世界地球日（4月22日）、世界读书日（4月23日）、世界儿童日（4月第四个星期日）等都是展开相关教育活动的不错契机！我们还专门收集并整理了《中国教育报》自2009年至2012年，连续四年评出的影响教师（教师最喜爱）的100本图书清单，与各位老师分享！欢迎老师们下载！衷心祝愿大家和孩子们在阅读中共同健康成长！

2013年3月30日

“阅读点亮童年，书香浸润童心”读书活动致辞

亲爱的老师们、同学们：

大家好！我很开心能够为这次读书活动海报设计的获奖者颁奖，他们能画出如此生动形象的读书活动海报，真的很不简单。我想这来源于他们对画画的喜爱和追求。

今天的读书启动仪式，我最想说两点，一是读书是为了实现我们的中国梦，人生是船，梦想是帆，每个人都有属于自己的梦，比如画家梦、作家梦、舞蹈梦、足球梦等，有梦想我们就会有为实现梦想而努力的奋斗目标，我们就会有更多主动发展自我的空间和机会。我们同属于一个国家，所以我们每一个人的梦想与国家民族兴衰荣辱紧密相连，天下兴亡匹夫有责，所以我们提倡为中华之崛起而读书！好书会滋养我们的生命，使我们胸怀理想，努力奋进，最终梦想成真。二是读书贵在坚持，我们的读书活动周期虽然是在四月份，但是读书活动应该成为我们生命中不可缺少的组成部分，它是我们发展自我的需要，更是实现我们无数个梦想的需要。所以我希望同学们每星期都能坚持读上一两本好书，我也希望通过好书轮流换着看的漂流方式让大家一起分享读书的快乐，让琅琅的读书声每天在校园里飘荡，让校园因书香更显魅力无穷。

2013 年 4 月 1 日

第四辑

丰富的学习生活，记录着教育生命一次次花开的轨迹

竞争：给教师提供发展自我的“支点”

——第六期校长提高班学习心得体会

2001学年，我有幸参加了校长提高班的培训，学习了当今教育改革的新理论、新观点，我的教育视野得以开拓，为我今后研究和探索学校管理的新经验、新问题提供了许多理论依据和素材。下面我就教师管理方面结合个人的实践谈几点认识。

中国加入世贸组织，我觉得对教育冲击最大的就是人才的竞争，我们迫切需要留住人才，培养人才，发挥人才的作用。因此，作为领导教师的校长，在教师管理中，需要以现代的竞争意识打破学校人际环境的平衡状态，促使教师在竞争中寻求新的平衡和创造。校长要做伯乐式的校长，要为教师提供自我发展的“支点”。

先说“识才之眼”。人才的鉴别是人才培养和任用的基础。只有“知人”，才能“善任”，而至“业兴”。很多时候，优点突出的人，其缺点也很突出。“人之才行，自古罕全，苟有所长，必有所短，若录长补短，则天下无不用之才；若责短舍长，则天下无不弃之士。”就拿我们学校来说，老教师经历“文革”时期的磨难，文化底蕴不高，延续了传统的教育观、陈旧的教学方法，但他们有从教的责任心，有丰富的教育经验；年轻教师在改革中完成学业，其人生观、事业观有着明显的时代特征，他们有扎实的知识功底，思想比较先进，重视个人的发展前途，但缺少艰苦奋斗的敬业精神。在骨干教师中，有的精于教学，不乏高傲之气；有的左右逢源，但机智敏锐，性格活泼；有的不善于言辞，但工作踏实，让人放心。面对教师的这些特点，作为校长应当有正确的评价，要准确、客观地识别和发现人才，既要全面地看，又要独特地看，见其所长，用其所专，使他们各展其能。

找准人才，就要重视人才、爱惜人才。在人才竞争的新形势下，学校赢得了高素质的教师，也就赢得了教育的成功。在这个指导思想下，我认为要尊重、理解、信任这些高素质的教师，放权让他们在自己的岗位上大显身手，大胆地干、创造性地干，最大限度地发挥他们的才能；对他们的过失或缺点，只要不涉及原则性的问题，那么应给予宽容和最大的帮助；对其付出的劳动，取得的成绩，哪怕是一点一滴，也要及时鼓励、表扬，让他们感受到自己在学校的价值所在，感受在学校有发展的空间。工作有了“奔头”，他们工作起来自然会表现极大的积极性、创造性，哪怕再艰苦也在所不辞。

人才要在爱护中使用，在使用中培养，这样学校的人才资源才会越来越丰富。事实上，大多数的教师是积极上进的，他们渴望得到帮助、培养和认可。作为校长，应当为每一个教师提供自我发展的“支点”，为学校创设良好的竞争与合作的氛围。这使我联想到“鲶鱼效应”：长途运输沙丁鱼的人们，都要把鲶鱼放入沙丁鱼的水槽里，给沙丁鱼创造一个紧张活动的环境，使沙丁鱼不停地游动，从而增强活力，提高存活率。“鲶鱼效应”给我最大的启示，就是要在安定的环境中创设竞争与合作机制。高素质的教师好比沙丁鱼，只有发挥他们的积极作用，才能让大集体充满活力，充满竞争。如：让他们与平庸者结对子，与散漫者结对子，把评先、评优、评职、奖金奖励以及福利等与教师实绩挂钩，但要注意做好教师的思想政治教育工作。我常对教师说：要把学校布置的每一项任务、每一次公开课都看作是机遇，学校给了你机遇，你不把握，你就错失了发展的机会。同时，我认为还要注意引导教师进行良性竞争，使教师把握好发展自我的机遇，在吸取别人好的教育教学经验的同时，发挥各自的潜能，主动迎接挑战。

一个富有哲理性的例子吸引了我：一只青蛙，如果把它投进热水中，它会骤然跃起，获得再生；如果将其放在冷水中，再慢慢加热，它会失去警惕，待有知觉时已无力逃生，终被蒸煮而死。在学校里，环境安定，生活安逸，管理者“不温不火”，守中庸之道，工作按部就班；教师没有追求，不去拼搏，就如同冷水里的青蛙，不可能有危难中的“骤然跃起”。拼搏的生命是最具活力的，所以，我认为校长要在管理中培养教师的忧患意识，制造“能者上，平者让，庸者下”的环境，促进教师奋发向上。当然，现行的人事制度仍需要加大改革力度。再者要在校内形成合力，把所有的力量拧成一股绳，让全体教职员工多来参与集体竞争。一所学校如果没有这种合作竞争的精神就不可能创造出优异的成绩。我校争创区一级学校，不仅仅提高了办学水平，还借此契机培养了教职工的集体荣誉感、集体竞争意识以及创优意识。如今，我校上升了等级，这将带来新一轮的竞争，那么，这个竞争的“支点”又将落在何处呢？我想：既要继承，又要发展，要挖掘人才、培养人才，与时俱进，并通过树立学校、教师的竞争意识和合作意识，潜移默化地影响学生，使他们成为具有强烈竞争与合作意识的优秀人才。

以上是我的点滴体会，若有不当之处，请批评指正。

2002 年 7 月

让精神的旗帜在校园猎猎飘扬

此次北京之行，我带回来一本《北京小学教师专业化发展丛书》之《建设学校精神家园》，这本书出自北京小学高玉丽副校长之手。或许是因为早在五年前我在梅园西路小学就已经提出“建设学校精神家园”的思路，刚好与高校长的观点不谋而合，因此我毫不犹豫地把这本书买了下来，迫不及待地想一睹为快。

这是一本非常感性而又充满智慧的书，细细品读之后，浮现在我脑海里的实在太多太多：一个个的教育故事，一张张的鲜活面孔，一份份真挚情怀都不断打动着我，启迪着我……作者以她良好的人格魅力和教育智慧丰富着我们的精神世界。我们可以感受到这位年轻的校长为事业倾注了多少心血，挥洒了多少汗水，我认为，这是一本用思索的心血凝成、用亲身的经历悟出来的书，更是一本指导教育工作者实践与理论提升的指南用书。

一、讲故事

本书作者高玉丽校长，一个理想中的教师形象。文中有不少她上课的精彩片段，她善于讲故事，因为生动形象的故事容易被学生记住，故事中所蕴含的哲理和道德价值容易被学生接受和理解。例如她执教一年级“品德与生活”的“爸妈爱我的故事”一课中，用“妈妈舍身救女儿”的故事引入，以真情打动学生。由于小学生具有不同层次的道德体验，通过故事与生活体验的结合，学生们不仅为母爱感动，同时也体会到失去母爱的痛楚和哀伤以及珍惜母爱的深刻情感。这是一个用讲故事的方式吸引学生的成功例子。

二、即场解说

在我们对学生的道德教育中，很多是在无丝毫预见性的、与学生交往的即时场景中实施的。高玉丽校长是一位睿智的学者，她认为“教师有必要结合当时的实际情境，就道德价值问题向学生解说”，从而帮助学生把抽象的道德价值转变为他们真实生活中具体的道德行为。文中写了这样一个生动的例子：“有一次，学生到饭厅用餐。五年级一个班的学生没有按要求自觉排好队伍，正呈现一种蜂拥而上涌进饭厅门的趋势。正好一个一年级班的同学排着整齐的队伍朝饭厅门口走来。我随即制止了五年级的同学，让他们暂且等待排好队，而让一年级学生先进去。有几个五年级的学生开声叫嚷：‘凭什么不让我们先进？我们先来的，这不公平！’‘无端浪费别人的时间，就是浪费别人的生命！’面对这样一个全校有名的散漫、矫情而又傲慢无理的班级，我必须向学生作解说，而且就在现在！不能退缩！我一边帮他们整好队形，一边静静心，然后用清晰而坚定的声音说：‘要知道，这世界上没有绝对的公平。所谓公平，是合情合理，不偏袒纵容任何一方。我认为我刚才的处理很公平。因为它合情合理。第一，作为五年级的学生，你们明明知道排队进饭厅的要求，可让我失望的是你们没有做到。第二，一年级的小同学为你们做出了榜样，你们应感到羞愧。第三，即使你们两个班都同时站好队，同时来到饭厅，让一年级先进，也没有什么不对。孔融四岁会让梨，你们几岁了？肯定知道大让小的道理。第四，哪个班秩序好，就应受到肯定；哪个班秩序不好，就要受批评，受制止。这很公平。说到浪费时间，请你们想一想，是谁的所作所为在浪费时间？还有一点我要说明白，你们用那样傲慢的语气与老师说话，是很不礼貌的。我想作为五年级的学生，你们应该知道怎样做，我看现在你们就做得很好，请进去吃饭！'"看！一番有理有节有力的解说，把守纪与秩序、礼貌与教养、公平与责任几大块道德细节融合得恰到好处。

三、共筑精神家园

教师本身就是课程，因为教育力量源自教师的人格魅力、心灵的纯净和丰富。学校正如这本书所昭示给我们的那样，应该成为师生共同拥有的精神家园，一个能让每个师生在宽松民主、开放多元的教育环境下去追求真知、奉献爱心、自主发展、实现自我、感受欢乐和成功的幸福乐园。正如本书作者所认识到的："在我看来，学校的精神家园是一个没有边界的无限美好的世界。在学生们的校园生活中，如果没有真善美的情感筑巢，那我们的道德教育就只能像一只倦飞的归鸟，久久寻不到栖息之所。""在我的理想中，学校的精神家园是儿童精神世界的发祥地，是至纯至真的所在。它的地基集聚着生命源头上的灵性和坚固；它的色彩浸染着初履人生的纯洁和鲜亮；它的风格展现着生活童话的瑰丽和灵慧。它沐浴着阳光，承载着坚强，环绕着绿洲，孕育着辉煌！"

认知、交往和审美，是人作为万物之灵本源性的精神需要。而教育过程就是师生共在的精神生活的过程，在这一过程中，通过感受人类文化的灿烂与辉煌，感受人性的美好、校园生活的美好。我非常认同和欣赏本书作者的观点：我们应该把学生道德成长的关切融渗在日常的、细微的学校生活中。"在生活中学习道德，在积极中引导消极，在冲突中追求和谐"，这些都是充满人文、智慧的教育举措。

2006 年 2 月

让教师走向成功

——江南新村第二小学赖海虹北师大学习心得

四月，我怀着兴奋而期待的心情参加了北京师范大学举办的"成功校长"研修班的学习，能在师范院校的最高学府进修，可谓幸运至极，十分感谢海珠区教育局给我们年轻校长这么好的学习机会。

此次北京之行，收获丰厚，体会深刻，我越发感到自己文化底蕴的不足，感到生命与学习同在，更渴望提高自身素质、走向成功。给我们讲课的都是感性而睿智、文化底蕴非常深厚的教授、博士生导师。一个星期下来，印在我脑海里的实在太多太多：一个个的教育故事，一张张的鲜活面孔，一份份真挚情怀都不断打动着我，启迪着我，不仅填充了我的知识，开拓了我的视野，还让我懂得在工作之余要学会放松，学会如何每天以阳光的心态迎接黎明的曙光，更让我懂得如何知己知彼，更好地策划个人和学校的未来，带领教师走向成功。

一、讲故事

课堂上，教授们不约而同地喜欢推荐一些励志书籍，通过讲故事的方式力求让我们从具体的事物中领会抽象而普遍的义理，将为人处世的道义融于故事的讲解中。例如，陈孝彬教授在“和谐社会与成功校长”一课中为了论证“校长要以积极的心态面对变化，从做好每一件事、快乐每一天开始”这一观点，向我们介绍了两本书，一本是英国学者罗斯·泰勒和约翰·休弗雷在调查了80位成功人士后写的《十诫》一书，证明当今时代的成功者都是具有积极心态的人，他们在处境艰难和困境中仍然保持建设性和创造性的心态，因为他们认为世界上困难虽多，但解决困难的办法更多。另一本书叫《礼物》，它是作家约翰逊·斯宾塞在《谁动了我的奶酪》之后的又一部作品，它告诉人们：工作的时候就要把握此刻，全身心地投入，当你全身心投入你正在做的事情时，你的心思就不会游离不定；当你欣赏自己的工作时，你就会享受工作，享受生活，精力充沛，干什么事都会有乐趣，而对名、利、地位都会看得比较淡。《礼物》还告诉我们要着手创造未来，无论工作还是生活都要提前做好准备，这样将会更加快乐，更有效率。我非常认同教授的观点，在当今市场经济社会中，如果缺乏对事业的执着追求，干什么工作都会觉得不顺心。我看过这样一段话：人生最短的路是心路，人生最长的路也是心路；人生最大的障碍是心的山，心的河；人生最大的敌人不是别人而是我们自己；人生最大的困惑也莫过于不能走出自己，超越自己。是的，态度决定一切！我们要拥有一颗平常心，也正是这颗平常心，才使我们拥有真正的冷静和安宁，才使我们面对灾难和挫折时不会惊慌失措，有条不紊地应对一切，才能让我们在面对鲜花和掌声时不会得意忘形，才能让我们静下心来，一点一滴地品味幸福。

二、即场实践

高层次的培训往往注重学习者的学习效果，教授们都很喜欢与学习者进行对话交流，合作体验，这些活动产生的思维碰撞让学习者感悟更深刻。例如，楚江亭教授的“学校发展与教师职业生涯规划”一课让我们在参与、互动中认识SIDR（思得）模式，这有点像团康活动中的破冰训练和对话分享，我们被分成十个小组，分别制作学校总体发展战略图、教师职业生涯规划图以及学校周边社区资源图，大家从沟通认识、划分小组到自觉合作、共同策划、共同分享的一系列体验中懂得了用战略的眼光为学校、为老师策划未来。在策划教师队伍建设战略时，必须对教师现状作出正确的评估，对教师的发展机会如实审视，对外部环境进行客观分析，把握优势，再科学、全面地确定发展目标和制定行动策略。又如，卢咏莉教授为我们讲“新课程课堂教学”这门课，形象生动。她以“赏析同一教学内容、不同名师执教的课堂教学”为引子，让培训者根据个人对新课程理念的认识程度评议不同上课者的课堂教学风格，说出自己赞赏的课，并解释为什么。通过观看课例，大家互动交流，达成了一个共识：真正影响学生的是教师的身教、德行以及教师对学科思想的认识，这些都会直接改变学生的视野。我们要当有思想的领导，有思想的领导就是要给予每一位教师思考的头脑，让教师自己在面对各种情境时能作到正确的判断和选择，而逐步走向成功。

三、让教师走向成功

我非常认同专家对校长综合素质的说法：成功的校长应该有一双能看到未来的眼睛，有一双能提供变化并能控制变化的双手，有一张能表达团体意愿价值观的嘴巴，有一对能听到不同声音的耳朵，是全身充满感人的人格力量、更新观念、创新观念、创造性行动的领导者和管理者。北京之行，我有了更深的感悟：真正的成功校长是一个能带出一批成功教师的校长。让教师走向成功应该成为所有校长的不懈追求。回到学校，我迫不及待地把这次北京之行的感受和心得与老师们分享，并把相关资料、课件发送到学校的 OA 网上，让全体教师共享资源，有选择地学习。我还结合教师近期出现的职业倦怠等心理情况，亲自给老师上课：“和谐社会与成功教师”、“和谐学校与教师的和谐”。我认为，成功的教师是一个甘愿奉献一生的心血浇注三尺讲台的教师，成功的教师是一个善于在与他人合作中彰显自身人格魅力的教师，成功的教师是一个教学充满激情与诗意的教师，成功的教师是一个心怀爱心、良心、诚心、善心、真心、关心、童心的教师。而真正的成功校长，是挺起风骨和胸膛为挚爱的学生、教师与学校教育事业而上下求索的勇士，我愿当这名勇士，为教师走向成功引路！

2007 年 6 月

新课程呼唤新型校长

——2007 学年校长提高班学习心得

新一轮基础教育课程改革如涌动的春潮滚滚推进，似浩荡的春风催人觉醒，既体现了时代精神，又对解决现行课程体系的弊端有所帮助，其根本任务、具体目标及课程结构标准、实施评价等，都对校长们提出了更新、更高的要求。

一、转变教育思想

“新课改”需要转变以往的许多思想、观念和教育行为及教学方法，但并不是要扬弃以往所有的教育理念，而是应该对过去的教育思想进行一番清理，只有明确新的教育观念，才能明确“新课改”的具体思路。这样，才能避免课程改革“穿新鞋走旧路”。为了使“新课改”顺利进行，校长必须懂得继承与发展，创新教育思想、教育观念，从总体和长远的角度思考学校的工作、规划学校的未来，分析、研究、探讨工作中的人和事，做好迎接“新课改”的充分准备；校长应深入研究和理解“新课改”对培养目标的重新解释，首先应该把学生培养成一个最基本的人，使学生具有中华民族的优点、民族意识、爱国意识和公民意识；校长要树立新的课程观、教材观，坚持以师生的自主发展为本，领导教师深入地开发新课程和教材，超越新教材，超越以往的课堂教学，让课堂不再是学生唯一的学习渠道，让教师把学科教学从课堂延伸到学生的生活活动中、情感活动中、心灵活动中，让课堂成为生活的课堂、艺术的课堂、生命的课堂，让学生在老师的引领和点化后学会思考、学会质疑、学会批判、勇于探求，成为学习上的小主人。

二、端正管理行为

过去，校长的角色是行政领导，是指挥员，是决策者。在新课程背景下，校长的角色发生变化，其管理行为也应发生变化。

（一）校长应从行政领导变为专业指导

校长要善于学习，使自己有深厚的知识底蕴、丰厚的专业知识和理论知识，否则，校长的办学理念就会落后、僵化，学校的发展就会失去灵魂和生命力，更谈不上教育思想、观念的创新。校长不能满足于抓管理常规，应以科学的态度、创新的观念，积极投身于教育科研，把主要精力放在课程和教学上，和师生一起走进新课程，亲自指导教师们研究、探索、奋进，只有这样，才能真正成为领头羊，得到教师的信服。

（二）校长应从指挥员变为协调者

新课程实验是一项艰巨的任务，它的到来，使教师的工作量、工作压力明显增大。同时，现在的课程资源、设施和图书资源仍有很大的缺口，而很多社会资源被荒废或仍未开发，这也是实践新课程过程中的困难之一。因此，校长应该善于调动各个层面的人员的积极性，充分利用一切可以利用的信息资源和信息管理技术，创建学习型组织，关心教师，鼓励教师学会与人合作，鼓励教师自我超越，形成集体探索、齐心奋力的气氛，达成共享的目标，形成学习的制度和习惯。此外，校长要积极为教师参加教研、科研和培训提供条件，为教师开展“新课改”提供帮助；校长还要实行民主管理，推行校务公开，全心全意依靠教职工办好学校，为实践“新课改”和教师的专业化发展构筑坚实的教学平台。

（三）校长应从决策者变为设计者

“新课改”不是一般性的教材改革，而是一个由课程改革牵动的整个基础教育的全面改革。因此，“新课改”要求校长必须提前作出规划，成立新课程实验领导小组，制订新课程实验方案；要把学校的教育教学、后勤工作的每一个方面、每一个阶段以及环境、人际关系等进行妥善梳理以及科学的规划设计，只有全面统筹，精心设计，才能人尽其才，物尽其用，才能保障“新课改”的顺利进行，发挥实验的最佳效益。

三、彰显“人文化”的管理

过去，我国的学校管理受泰勒的科学管理思想的影响，强调理性、法理，而缺乏人文精神教育。新课程真正体现了“以人为本”的思想，体现了以人为核心的价值取向，关注学生全面发展、终身发展的需要。整个新课程洋溢着浓浓的人文关怀。因此，要强调情感在学校管理中的运用，努力让校园多一份关怀，彰显“人文化”的管理。

（1）变有形管理为无形管理，强调人文色彩，以人文精神来管理教师，这将为学校创造既科学有序、有章可循、有法可依，又充满健康的、积极的、富有人情味的工作环境，激发全体教职工的积极性和创造性，使无形管理的效力大于有形管理。

（2）变慢板为快板，讲究实干、务实，讲究高效率、高质量。

（3）发扬民主作风，变“个体”为“群体”，强调合作与交流、竞争与协作。校长应走近教师，成为教师的指导者、合作者，鼓励和提倡互帮互助，取长补短、反思学习、共同进步，不断增强教师的良性竞争意识，构建蓬勃向上、充满活力的良好研究氛围。

四、立足校本培训

校长必须认识到：教师是实施新课程的关键，只有促进教师的专业化成长，提高教师的专业素养和教学能力，才能为实施新课程实验提供有力的师资保障。因此，校长应关爱教师，培养教师，千方百计为教师创造进修学习的机遇和条件，让教师借助培训提升理念、发展自我。但是，受条件的限制，不可能将所有教师送去参加专门的机构培训，所以，校长应立足本校，结合科研课题，制订培训计划，精心组织安排，扎实开展培训：开设新课程的专题讲座，组织教师们深入学习新课程，认真研究新课程，大胆实践新思想、新方法，不断总结新经验、新理论；让教师们走出去，把专家请进来，大家汲取新信息，共享资源；鼓励教师进行自修，强化自我培训，提高教师的专业技能；开展校本教研和示范观摩活动，举办导向培训，促进教师交流合作、集体研究。在“新课改”的过程中，校长要和教师与新课程一起同行，与学校共同成长，共同发展。

五、建立发展性课程评价体系

新的评价体系反映的是新的教育理念，它在课程改革中起着导向与质量监控的重要作用，是课程改革成败的关键环节。学校、教师和学生作为新一轮课程改革的主体，同时也是发展性课程评价体系的主要考察对象。为了能建立促进学校持续发展、教师不断提高、学生全面发展的评价体系，校长必须树立新型的“评价促发展”的发展观：要改变过去课程评价过分强调甄别与选拔的功能，而忽视改进与激励的功能；改变过分关注评价的结果而忽视评价的过程；改变评价内容过于注重学业成绩，而忽视综合素质和全面发展的评价。要通过建立科学的评价制度，为教师腾出反思和自由创造的空间；通过以校长、教师、学生、家长共同参与的评价制度，使教师从多种渠道获取信息，不断提高教学水平；通过发展性的评价制度，让教师多一把衡量的尺子，有效地改变学生自我认知的倾向性、自主行为的调控力，让学生找回失落的自信，从评价中看到自己的优势和不足，享受学习的乐趣；通过以教育行政部门、家长、社区共同参与的评价制度，提升学校管理水平，使学校获得长期的可持续发展。

“新课改”是一项长期的系统工程，是一项充满挑战的工作，校长必须打破以往的思维方式，建立新型的办学理念，树立开拓创新的精神，坚定信心和决心，才能在创新中脚踏实地走出一条符合本校实际的有特色的课改之路。

2007 年 12 月 28 日

让童心为学校新教育而跳

——关于教师队伍建设

尊敬的各位领导：

大家好！我谈的题目是“让童心为学校新教育而跳”。现在，儿童教育面临的最大问题是儿童生态被破坏，其中的一个主要表现就是儿童的学业负担过重，课余活动被挤压甚至被剥夺。我曾经读过一篇日本科幻小说《遥远的声音》，主人公是一位叫正彦的孩子，他做什么都要请示妈妈。假期来临，别人悠闲地去玩，他却要被妈妈逼着每天坐一个小时的电车去上补习班。有一天，妈妈记错了时间，害他白走一趟。正当他打电话问妈妈“我玩什么好呢?”的时候，不幸被车撞死了。后来，正彦家里总是接到死去的正彦打来的电话，都是那个犹犹豫豫的声音：“我玩什么好呢?”最后，表哥回答道：“去找伙伴们，一起踢足球、骑自行车。”死去的正彦从此没有来电话。这故事虽然很荒诞，揭露的现实却令人心痛：一个被剥夺了游戏、玩耍权利的孩子，死后竟然连灵魂都无所寄托！这个故事生动地揭露了功利主义教育给儿童带来的不幸，也给我们学校教育带来了启发。

今天，我们在这里说“解放思想”，解放思想，其实在于校长的办学思想。作为校长你关注的是什么？作为校长我关注的是师生的健康发展，我认为教师的健康发展是第一位，唯有教师发展了学生才能发展，才有学校的可持续发展，因此我关注师生的身心健康，尊重他们的生活，给师生营造最大的发展空间，更注重引导大家主动参与丰富的文体活动，让他们拥有健康、快乐的幸福课堂、幸福生活。每学期的学校质量分析，我们没有一味地追求主科分数的分析与对比，而是把各个学科、各类文娱竞赛、实践活动也做一个好好的总结，让师生们分享素质教育的成功与快乐。

解放思想也要关注教师的学习生活，教师的事业是一个能够把人的创造力、想象力和全部能量、智慧发挥到极致的永远没有止境的事业。教师只有不断学习，才能拥有创造力和智慧，否则连最起码的底气也没有。广东省委书记汪洋同志说得好：“一个国家、一个民族、一个区域，只有解放思想，开放兼容，不断吸收新鲜空气和营养，才能完善自己，才能与时俱进。”学习就如同不断吸收新鲜空气和营养一般，现代教育单凭老师已有的经验和知识解决不了一些新的问题、新的难题，这需要我们老师不断学习，不断更新教育观念，不断补充新的知识，不断调整和创新教育方法。实践证明，教师们通过学习拥有了健康，拥有了智慧，拥有了科学的世界观，拥有了童心和爱心。

我认为，未来的学校新教育是回归童年生命本真的儿童教育，我们校长要做的事情就是解放思想，让教师们都拥有一颗回归本真的童心，走进孩子们的世界，让师生童心飞扬，放飞梦想，使学校真正焕发出生命与活力。

2008 年 5 月 30 日

有感于香港学习之行

——海珠区江南新村第二小学赖海虹赴香港学习考察报告

在海珠区教育局的关心下，我很荣幸有机会到香港圣文德天主教小学进行为期一周的考察学习。出发前，局领导班子非常重视这次学习，召集我们十多位校长进行了学习总动员，并寄予厚望。邹正军书记和王局长都不约而同地谈道：“教育面向世界，到底世界的教育是怎样的？到外国学习只能走马观花，因为语言障碍、时间短等问题我们未必能真正得到收获。但香港不同，一方面，它体现的中华传统文化教育的烙印尤为突出；另一方面，近年来香港的多智能教育发展已获得许多先进国家的认可，香港大学在世界的知名度已赶超清华、北大，成为世界著名的学府。香港校长、教师的领导力、思考力，其工作态度、人格魅力和香港学校的礼仪教育等都很值得我们去学习。”带着局领导的教诲，带着思考，我下定决心，擦亮我的眼睛，好好看看香港小学的文化教育。

这次在香港圣文德天主教小学的学习行程非常紧凑，我们一行三位校长一共听了十四节课（中文、数学、英语、常识、普通话、资讯科技、体育、音乐、戏剧），参与了低年级部、高年级部的训辅活动，参加了中文、数学的科研（即集备）活动，领略到了香港教师的教学风采，感受到了他们课程改革的可喜成果和浓厚的文化氛围；我与校长、主任、老师、学生、教学助理、工人、家长义工将近三十人进行交流，学习他们的学校管理经验，了解他们的办学特色，短短的五天真真实实地令我开了眼界。香港人的温文尔雅、知书达理、待客有道、乐于助人给我留下了很深的印象，香港教育的中西融合、管理精细、办学多元以及教师们的勤奋好学，对学校强烈的责任感、归属感，对学生的多元智能开发教育、服务教育等都带给我许多感悟，许多启迪。

一、多元文化的体现

学习期间，时时令我感慨的是香港教育的特色。作为社会制度、价值取向、文化底蕴都与大陆多有不同的香港，其教育最大特点表现为多元。我想，也正是这种多元文化，使香港充分显示教育与经济、社会相融的内在生机和魅力。

（一）香港办学主体的多元化

香港圣文德天主教小学的张校长告诉我们，该校是教会办的一所津贴学校，香港学校的办学主体有教会、商会、团体等，但由教会办的小学在香港占了一半，这是因为教会办学少了盈利的嫌疑，多了教会孩子做人做事的方法和信念，因而在家长中的信誉度较高。

（二）办学思想的多元

在香港圣文德天主教小学的学习考察中我越发坚信：校长有思路办学就有出路，校长有境界育人就有眼界，校长有实力教师就有魅力，校长有作为教育就有地位，校长有气度学校就有知名度。张校长知性、睿智、干练、大方，从谈话中得知，该校的校长选用原本一直是校长世袭制，即校长退休就由副校长担任校长，而她打破了这个传统制度，从外校聘到该校已有七年，带领老师们拿到了一个又一个光荣的奖项，并得到了众人的认可。她告诉我们学校的校训是“谦诚、智慧”四个字，就是要让大家时刻提醒自己：有谦逊的心、诚实的心就会获得智慧，就会让身边的人愿意与你交往，愿意帮助你，愿意教你。她每年给教师、学生制定一个目标，大家就围绕这个目标制订好课程、教育等计划，所有的活动都围绕这个目标去开展。如去年的目标是“学会学习、学会生活”，今年的目标是“以灵律己、以爱待人”。我们可以从师生的对话中，从校园的文化氛围中，从班级的墙报中感受“以崇高的理想克制自己，以真诚的爱对待自己、对待他人”的精神文化。

（三）校本课程的多元

香港校本课程的多元来源于“老师是教育的主体”这个理念。课程主任邝主任告诉我们，校本课程有基础性课程、拓展性课程和发展性课程，有的由书商提供，有的由校际联合开发，更多的是由本校科组老师主动合作编写，例如常识、普通话、中文等课本。每学年下学期的中段时间学校就要筹备新学年的教学课程，大的发展项目由校长与课程主任、科组长一起讨论研究，提前构思，再交由科组老师共同编写课程，而改进教材内容的工作则直接由科组内教师通过检讨会商讨后再落实完善工作。书商提供的课本也是由学校主管行政、科组老师共同通过书商推介审议会的评估环节，最后才确定选用的。如今，该校已积累了许多编写校本课程的丰富经验，在听课的过程中，我们都留意到该校的校本教材以鲜活实用的素材、图文并茂的装帧深受孩子们的喜欢。而这些教材都是老师们用每周26～30节课以外的业余时间无偿编写的，这不得不令人叹为观止，为之而感动。

（四）社会助教的多元

第一天午餐时间，我们随张校长一同来到食堂，同学们早已有秩序地排好了队伍，一些和蔼可亲的女士正在维持纪律，还有几个来回穿梭在学生中、不断地鼓励学生把饭菜吃干净。张校长介绍，这些都是家长义工，她们早早来到学校，整理学校书刊，指导个别学生阅读、搬饭箱、维持纪律、收餐具，下午帮忙看管学生等，刚才她们还负责清点为四川地震灾害募捐的数额。家长们以校为家，是学校帮教工作的主要力量。在之后的时间里，我经常看到义工忙碌而快活的身影。我还在英语、音乐等课堂上看到外教、心理辅导师的身影，也认识了在科组科研活动中做记录员的助教先生。通过了解得知，原来香港教育局每年都拨款给学校请额外的助教人员，并定期委派社工、心理辅导等专业人士深入学校教学第一线给予特殊学生、学业困难学生专业的指导。社会助教的有效帮助，更好地诠释了教育的过程就是为师生服务的过程，就是师生享受生命的理念。

就是这样，圣文德天主教小学的多元化教育使这里用争鸣代替了独尊，竞争代替了钦定，解放代替了禁锢，学校也因此而生机勃勃。

二、焕发生命力的校园

校园是流动着的少年乐土、青春驿站。与课间人声鼎沸的广州学校相比，香港的校园舒适安静，学子也似乎更自由宽松。西方有一句谚语：你听你忘记了，你看你记住了，你做你学会了。在圣文德天主教小学，这可不是一句空话，我们在听课时发现，学生在玩中学，在乐中学，在做中学，其创造力、思维力、个性潜能在课堂上发挥得淋漓尽致。

（一）互动的普通话课堂

香港回归后，香港教育界大力推广“普通话教学”，用普通话教学，可以增强香港青少年的民族自豪感和归属感。圣文德天主教小学从三至六年级专门开辟了一个普通话班，这些班的大多数学科老师都使用普通话教学，而学生则使用普通话交流。我们听课的五E班也许是普通话最好的一个班，因为师生全程用普通话交流，语言的准确和流利程度一点都不比我们学校的孩子逊色。在香港课堂教学中，我感受最深的就是师生的互动。课堂上，李老师千方百计吸引学生参与教学，当他宣布以小组为单位、合作创编小品来演绎自己所理解的成语时，学生跃跃欲试，展开想象，谈古论今，从皇宫的真假公主、现实生活中的失业到四川汶川的大地震都成了成语故事里的场景，再加上李老师睿智诙谐地进行适时点拨，整个课堂生动、轻快、活泼、富有内涵。

（二）热情大方、善于交往的学生

由于香港曾是英国殖民地，学生也接受西方礼节的教育，这种中西交融的礼仪教育让香港的女生变成小淑女，男生变成小绅士。我们在圣文德天主教小学深深地感受到那浓厚的友善和真诚，几天下来，我们也像该校的老师、学生那样学会了鞠躬或点头问安，因为，不管我们出现在哪里，都可以看到学生的笑脸，离得远些的孩子喜欢向我们招手问好，离得近些的学生主动走上前向我们鞠躬问安，有些孩子还把我们的名字牢牢记住，一见到我们就和我们聊天，一点都不怕陌生人。一个三年级的小女孩和我聊得很开心，她天真地一连问了我好几个问题："你从哪里来的？你当校长都做些什么？你是怎么当上校长的？你印象中最深刻的老师和学生是谁？"她还好奇地问我是否介意她问一些隐私的事情。在征得我的同意后，她认真地叫旁边的几个男生掩住耳朵，旁边的男生也很懂事，很快走开了。原来，小女孩的问题是："你和你丈夫关系怎样？""你丈夫爱你吗？"这真是一个聪明、懂事、善于与人交往的小女孩。

（三）成功的英语课

英语课的成功在于它的分层教学，有效地给予学习困难学生更多的关注和辅导。低中年级的英语课重视学生的语音知识、单词的认记、懂得听故事并理解其意思，从而提高学生阅读和理解英文故事的能力。因此，这个阶段的学习在课堂上除了外语老师，还会出现助教或外教，一起实行分层教学，尽量关注到每一个孩子的学习情况。五、六年级的英语课则重在语法知识的掌握、口语能力的训练以及写作能力的提高。圣文德天主教小学注重差异性教学，他们实事求是，承认学生的差异存在。也为了让优秀的学生更加有成功感，为了让学困生走出低谷，体验成功，变得自信，学校根据学生已有知识水平实行分组教学，在同一节课上，同一个年级按照学生的差异性分成 red 组、yellow 组和 blue 组，同时进行不同程度的英语教学。听课中，我们不约而同地发现越是教学困生的老师就越有经验，越教得生动活泼。事实胜于雄辩，该校的英语学困生也因此进步不少，分组教学得到了家长的理解和认同。

（四）走进孩子的心灵

孔子曰："亲其师重其道。"可见，师生关系是引发学生学习兴趣和提高学习质量的关键因素，师生情感是师生心灵相通的纽带和桥梁，为师就要先走进学生的心灵。在圣文德天主教小学教学楼的外壁上有许多五颜六色的校园画，很多是师生一起涂鸦的作品。尤让人忍俊不禁的是校长专栏中贴满了密密麻麻、大大小小的全校师生头面众生相，“头”是从照片上剪下来的，“身体”则是画的，很夸张很幽默，个个神态十足、活灵活现。这种师生间平等聚首艺术化的花名册，让老师们走进了孩子的心灵，整个学校就像一个温暖的大家庭。据了解，对于新生入学后如何与新教师加速融合，该校也做了很有意义的事：将每一位新老师儿时及成长过程的照片逐一张贴在专栏上，让新生消除对新老师的神秘感，缩短双方的距离，增强新教师的亲和力。

三、环保特色促发展

学校没有质量就难以生存，没有特色就难以发展。圣文德天主教小学以环保教育为特色，开设了“常识”校本课程，学生的动手操作和探索实践能力在不断提高，学校每一届都获得香港绿色学校的冠军，有机耕作实践活动曾获得中国科技创新大赛十大创新奖。谈起学校的环保工作，主管行政的李永健主任津津乐道，热情十足，对校长抓住机遇、打造环保特色的英明决策赞不绝口。我们了解到，该校无论硬件还是软件都渗透着环保教育，例如，把空调排水管的水通过管道接驳方式引流到植物灌溉中去；利用风车发电进行种植工作，利用剩菜倒入“肥料再造箱”制造天然化肥；师生的膳食以天然清淡为主，以少盐少油为主，倡导学生尽可能把饭菜吃完，不浪费食物。又如，学校成立学生环保团队，以学生为头营造全校环保的氛围，环保大使会在“再生园”带领学生开设一些环保小作坊；“小农夫”、“园艺组”成员会在周五打理学校农场，还会拿有机农作品劳动成果去义卖，将筹得的款项捐给灾区。在这些活动过程中，老师给予学生充分的信任，而这些活动也让孩子们懂得一分耕耘一分收获，懂得自觉履行保护环境的义务与责任，成绩不好的孩子也积极参与这些有意义的活动，并没有因学业不好而失去信心，因为他们在这个环保小天地中找到了自己的价值所在。

四、学习是为了更好地服务社会

香港的课堂没有过多的教学技巧，但他们注重从学生的需求出发，从社会的需求出发。在圣文德天主教小学，校园活动和社区活动非常丰富，课堂不是孩子学习的唯一场所。每天下午放学后，学校所有的活动都免费向学生开放，例如星期二，学校开展童军、红十字会、公益少年团、警讯少年团、交通少年团、环保绿色团体等制服团体活动，星期三开展与社会需求接轨的特殊技能教育，星期五开展中国笛子班、园艺班、舞蹈班、书法班、戏剧、乒乓球、篮球等兴趣活动。团体活动不仅成为该校一道亮丽的风景线，也成为学生校园生活中不可缺少的一部分，还能弥补学生在课堂所受教育的不足，充分发挥其各方面的潜能，使学生们通过这些团体活动学会了生存技巧，懂得了什么是服务，懂得了如何服务社会、服务他人。该校开展的德育活动也扎实有效，例如，每天早上以低中高年级部为单位的训辅活动办得非常有特色，该校紧紧围绕四川省汶川大地震中可歌可泣的动人故事，展开“改写人生”、“假如你是被压在石头下的女孩，你会选择截肢还是死亡？为什么?”、“除了捐款，你还可以为灾区的同胞们做些什么?”的教育大讨论活动，让学生懂得天灾无情，人间有爱，十三亿人口的大国，只要齐心协力，必能战胜一切困难。

五、教师发展是永恒的话题

教师是学校发展的第一资源和再生资源，教师发展在哪个地方都是一个永恒的话题。香港同样重视教师的专业化发展，香港教育局规定了每年有几天作为教师发展日，对其进行教育技术技能的培训和考核；此外，虽然老师们一周要上25～30节课，但在学校的热情鼓励下，教师们仍很乐意利用课余时间进行学历进修、专业技能培训、同伴互助等学习。

邓小平有言：“发展才是硬道理。”作为国际大都市、东西方教育交汇点的香港，其教育有如东方之珠般的魅力，吸引着我们去学习，去借鉴。圣文德天主教小学谦逊好学、团结进取、廉洁高效的教师团队给我们留下了深刻的印象。我相信，圣文德天主教小学会不断革故鼎新，明天的发展必将更加美好！

2008年6月

开学第一天

今天，我开始当学生了！很幸运，我成为广州市小学校长高级研修班30名学员当中的一名。

2012年9月17日，“做卓越校长、办优质名校”——广州市小学校长高级研修班的开班典礼在广东第二师范学院隆重举行。东山实验小学的邓矿明校长代表学员发言后，广州市教育评估和继续教育指导中心的邓静红主任作了重要的发言和指示，她脱稿侃侃而谈，思路清晰而缜密，令人叹服。最后，学院的肖建斌院长对我们研修班寄予殷切希望，希望我们从当领导的角色转变为当学员的角色，每天抱着“我要学习、我要进步”的心态去进修，那么每天都会有意想不到的收获！

第一天给我们上课的是我非常崇敬的教授、学者——季苹老师。她讲课虽没有激昂、华丽、动听的语言，但是语言朴实、诚恳，就如同她做人做事一样。在她平静而优雅的讲述中，我静静地聆听，细细地体会，脑中总有灵光在闪现，心中总涌动着一股难以名状的激动……有几句话特别震撼我的心灵。例如："社会性和人性的平衡和谐发展，这是人幸福生活的一个源泉，因为人有虚假自我的时候，也有真实自我的时候，我们要关注学生发展就要加强对学生人性发展的关注。"我们教师所做的就是要善于发现学生的兴趣爱好，善于挖掘他们的潜能，发展他们的特长。又如："关注学生人性发展其中一个关键的因素就是培养学生健康的自我品格，能够对自己形成丰富的认识，能够正确评价自己并让自己的评价略高于现实，表现出自主性、自发性、探索性、协商性、整合性等特性。"同样，我思考着，校长在学校管理工作中，更应该是一位人性丰富的人，他（她）应该做到：从不否认教师的能力，甚至对于老师的评价也可以略高于现实；校长的第一思维首先就是爱教师的教育，只有真正做到爱教师，教师才能在这种爱自己的氛围中去爱孩子，教会孩子爱自己，爱他人；爱的教育就是这样在校园内良性循环，让大家都来关注爱的教育，关注师生生命成长。

我觉得季苹教授无论是在上午"在学校发展自我诊断中制定学校发展规划"的讲座，还是下午"有效教学与课堂改进"的讲座中，都离不开对人性发展的教育和师生生命成长的体验，只有建立在以师生为本的前提下，学校教育才能获得有效、健康、可持续发展。这让我更坚定我校"以师生的自主发展为本"的办学理念。面对接下来的十天学习，我信心百倍，愿自己在学习中不断反思，在学习中不断感悟，与各位专家的思想激情共舞！如何理解学校发展，如何制定发展规划，如何实现有效教学……我的心中已豁然开朗了。

再次感谢海珠区教育局的领导给了我这么好的学习机会！

2012 年 9 月 17 日

对尊重的感悟

今天发生了一件事，让我忽然来了灵感，好想说说"尊重"二字。

尊重别人是一种美德，受到别人尊重是一种幸福。

尊重别人不代表你的懦弱，蔑视别人也不能表示你的强悍。

人生本是一出戏，人与人之间原本也是一场游戏，游戏自有游戏的规则，想要和谐相处，闯关成功，那必定要遵循这游戏的规则，如果有人最先破坏了这一规则，那么必将在这场游戏中首先出局。

尊重是相互的，为了个人的目的不惜损害他人的利益，是不道德、不可取的行为。想要别人尊重你，首先你要尊重别人，不要把自己的快乐建立在别人的痛苦之上，尊重是做人最起码的准则，违背了它，在不久的将来，你会受到惩罚。我也相信，不知道尊重别人的人，在人生的道路上是走不远的，逞一时之快、自私自利的人，是不会受到大家的欢迎与认可的。

我喜欢尊重人的人，不只对上司尊重，对下属也应该如此。做人要厚道，胸襟应坦荡，受到帮助说声“谢谢”，做了错事说声“对不起”。其实尊重别人很容易，尊重了别人，别人也会尊重你，即使那个人是你不喜欢的，也请你尊重他的语言，把他（她）的话当成“话”来对待。

我不轻易怀疑一个人的良心、动机，也希望我身边的人友好与纯粹，我所交往的同事、朋友都能放心地与之相处，而无须时刻充满戒备。尊重他人，其实也是尊重自己，拥有“尊重”这种美德，也会拥有真正的幸福。

2012 年 9 月 18 日

再学《国家中长期教育改革和发展规划纲要》

两年前，国家颁布了《国家中长期教育改革和发展规划纲要》，这一纲要为接下来十年的中国教育发展指明了新的方向，明确了“优先发展、育人为本、改革创新、促进公平、提高质量”的教育改革发展的工作方针。今天再次听肖建斌院长解读纲要，带给我们更多的是对义务教育改革和发展的思考。

当肖院长说到“教师应有序流动”时，大家都不约而同地说好，但同时也表示说起来容易，做起来难。我觉得归根到底就是教育资源和福利待遇的不均衡直接导致教师难以实行流动制。昨晚，几个区的校长一起吃饭时，聊到工资待遇问题，发现差异居然很大。某区的校长谈起教师节说，区教育局没有给老师慰问金。而我所在的区全体教职员工还能在教师节拿上 200 元慰问金。虽说这慰问金十年来没涨过一分钱，但是比起没有慰问金的那些区，我们已经很幸福了。同在广州城，各区的福利待遇差别都如此大，教师如何有序流动？如今虽然取消等级学校，统一改为义务教育规范化学校，但是麻雀学校、薄弱学校仍然存在，教师如何有序流动？或许，没有家庭负担、思想境界高的教师愿意到农村支援山区学校，但试问，能坚持待下去或者说长期待在农村地区当老师的有几人？绝对很少！为什么？因为教育资源分布的不均衡！针对这些问题，《纲要》制定了义务教育的改革与发展的三大举措，其中包括减轻学生课业负担，建立学生课业负担监测和公告制度，还要充分利用家庭教育、社会教育与学校教育的合作教育，加强对学生人才培养……

规划是死的，人是活的。如何将《国家中长期教育改革和发展规划纲要》赋予新的历史使命和强而有力的生命力？正如肖院长所说，需要我们认真学习领会规划纲要精神实质，制定本校的规划，引领师生认真实施规划。

2012 年 9 月 19 日

走进闫德明的品牌学校王国

再次见到闫教授，他还是那么年轻，那么儒雅。虽然早在八年前就听过他的品牌学校讲座，但时隔多年，时代赋予了品牌学校更新的特点和更丰富的内涵。闫教授今天的课不仅仅带给大家深度的认识，还融合了许多新的元素，让大家带着思考静静聆听。学校品牌是一种识别符号，学校品牌也是一种文化载体。文化是品牌的灵魂，品牌是文化的载体；文化与品牌的结合是灵与肉的结合。学校文化丰富了学校品牌的内涵，学校品牌展现了学校文化的魅力。学校品牌还是一种公众认知。闫教授说，一所学校能否成为一个品牌，不是由学校自己决定，而是由公众决定的。这里的公众是指与学校相互联系、相互影响的个人、群体或组织的总和。综上所述，学校品牌是一所学校在长期的教育实践过程中逐步形成并为公众认可、具有特定文化底蕴和识别符号的一种无形资产。如果把学校品牌喻为一座“冰山”，那么，显性的识别符号就像浮在水面的“冰山之尖”，隐性的文化底蕴就像藏于水底的“冰山之基”，而公众认可则是这座“冰山”的“生存环境”。三者彼此依存并有机结合，学校品牌这座“冰山”就形成了，“无形资产”也就累积起来了。

2012 年 9 月 19 日

走进江南新村第二小学的体育文化王国

今天早上起得很早，感觉没睡醒，但是想着昨晚没写完的日志，我振作精神打开了电脑，继续记录自己的点滴思绪。闫教授的“冰山”观点意义深远，使我开始思考如何寻找促进我校发展的新生长点，如何打造属于自己学校的品牌特色。我们学校是一所体育特色鲜明、散发着人文情怀与现代气息的广东省一级学校，是区内唯一一所体育实验学校。多年来，历届校长和教师不断传承和发展体育文化，坚持“以师生的自主发展为本”的办学理念，在“文化引领、创新发展、提升内涵”等实践中不断学习，不断积淀丰厚的办学思想、多元的教育资源，形成了独特、优质、稳定的体育文化办学特色。

我现在不断在想，任何一个年代、任何一个时期的体育文化都离不开追求艺术的美、智慧的美，体育求“更快更高更强”，也须求“更美”。北京奥运会开幕式的美轮美奂、中国文化的博大精深令全世界为之叹服，观众在欣赏体育比赛时自觉地超越狭隘的民族、国家立场而上升到以审美的眼光去观看运动员展示的速度之美、高度之美、力量之美、技巧之美和精神之美。我校一位到英国曼彻斯特足球学校留学的体育生给老师来信说，从来没想过练足球还要去进修人体艺术和学跳芭蕾。无独有偶，最近我巧遇一位初一就去美国留学的学生，在我校读书时是一个艺术特长的市优秀三好学生，可她去了美国读书后居然要恶补体育和艺术学科。很明显，外国学校非常重视体育和艺术两者融为一起的文化教育。中外的文化差异根源在于观念文化的不同。所以，如何让学校的体育文化回归生本，回归自然，回归社会和谐的美，让隐性的“文化底蕴”能够展现学校文化的魅力，将是我下阶段重点研究的。

2012 年 9 月 19 日

德育贵在务实

今天很荣幸，我近距离地聆听了广东省中小学德育研究与指导中心首席专家李季教授精彩的一课——“德育创新与学校品牌营造”，我受益匪浅，同时深刻认识到当前德育为先、育人为本、创新德育、百家争鸣的现代德育创新的大好形势。李季教授在讲座中指出，一个学校的德育文化创新必须从高端开始，以核心理念为指导，以优势资源为基础，发挥长板效应，制订出整体计划，铸造出属于学校自身的特色品牌，才能更好地为学校发展服务。李季教授还向大家详细展示了广东省中小学近年来涌现出的一些特色德育品牌，不仅提高了我的德育理论素养和创新意识，还开阔了我的文化视野。

但是，与此同时，我也清醒地认识到，德育工作贵在务实，如何提高德育工作的有效性，防止德育工作的空、大、虚，这些都需要我们找准学校内发展的立足点、着眼点、着力点，扎扎实实地做好思想政治工作，就像李季教授所说的“立足校本资源开发，着眼学校特色发展，着力培育学校精神”，这样才能推进德育工作的有效性。否则，经营学校品牌只是一句空话。当然，学校德育工作要注重方法的创新，学校德育也需要用丰富的语言去包装、表现它的特色和亮点，学校德育的创新需要专家的指导和理念的提升，这些我都不否认。

2012 年 9 月 19 日

成功的校长背后必须要有一批身心健康的师生

今天上午听了深圳大学师范学院李晨之教授的“基于本校课程的综合实践活动课程开发”，让我深受启发和感动的是，他站在了祖国的未来和孩子的发展这个高度全面考虑综合实践活动课程的开发与发展，而在这个过程中，校长的课程领导力非常重要。李教授在课上展示了温家宝总理和孩子们一起写字的一张照片，让我们得到了不少启示，温总理的坐姿端正规范，而孩子们都是弓着背、低着头写字，只看到一个个孩子的额头而已；一个老人家腰杆居然比年轻的孩子挺得还要直，这说明什么？照片里除了一个学生没戴近视眼镜，其他都是戴眼镜的，这又说明什么？可想而知，我们的孩子还没成人，身体素质已经在下滑了，这是多么可悲的事情啊！为什么会这样？我们的教育工作者真的要反思啊！李教授说，综合实践活动就是要让孩子多亲近大自然，多体验在社会中劳动、实践，鼓励他们做他们想做的事情和该做的事情。是啊，现在我们的孩子活动太少了，他们都被无形的学习压力压抑着自己的创新思维，我曾经写过一篇《让童心为学校新教育而跳》的文章，表达的就是这个意思。为此，作为校长，我关注的是师生的健康发展，我认为教师的健康发展是第一位的，唯有教师发展了学生才能发展，才有学校的可持续发展，因此我关注师生的身心健康，尊重他们的生活，给师生营造最大的发展空间，更引导大家主动参与丰富的文体活动，让他们拥有健康、快乐的幸福课堂、幸福生活，这也是我们学校体育文化特色强校的灵魂所在。我们的老师也要努力创造条件，如编写孩子有兴趣、适合孩子发展的校本课程，开展有教育意义的综合实践活动，教会孩子们多元的学习方式，让孩子们全身心去体验，寻找自己的学习乐趣、生活乐趣，获取有价值的学习方法，成就自己有意义的人生、幸福的人生！

无独有偶，下午广东第二师范学校培训处的龚孝华处长所讲的“做成功校长，过幸福生活”倡导的也是这种大智大爱的成功校长精神。他认为要做一个成功的校长除了有主动的精神，还得有一颗进取心、宽容心和平常心。仔细想想真的是这样，当我们主动去做事情时，心情是最愉快的，思维是最敏捷的，点子是最丰富的，解决问题的办法是最多的，效率也是最高的。进取心是每一个追求进步的人所应该具备的，校长更要对教育事业孜孜以求；宽容心是一种包容的智慧，体现为有涵养、有思想、有情怀且大气，宽广的心胸能化敌为友，出奇制胜；拥有平常心也就是我们要有一个良好的心态，这样就可以提高我们的抗挫折能力，让我们有力量的源泉，能够从大喜大悲中走出来，从容面对所有的事情。能做到这一切，我们才能成为一名成功的校长、幸福的校长。

这次学习不仅让我们开阔了视野，提升了自身的理论水平，同时也让我们清晰地认识到自己的价值与使命，诊断出制约学校发展存在的问题，从而探讨解决方案，提升学校品牌。回到工作岗位后，我定会用在这里学到的各种理论去指导自己的工作，倡导老师们用一颗进取心、宽容心、平常心去对待身边发生的事情，使他们能够感受幸福，分享幸福，并引导他们走进孩子们的世界，让孩子们童心飞扬，放飞梦想，使学校真正焕发生命与活力！

2012 年 9 月 20 日

享受并热爱自己的工作

又到了写学习心得的时候，很不愿意这么晚才写，但是又很无奈，白天学习紧张而充实，晚上又要忙自己单位的工作，然后忙到十一点多的时候才能静下心来好好思索今天学习的内容。我理清了头绪，开始写学习心得，虽然简短的心得不一定能表达我的全部感悟，但至少我觉得这次校长高级研训班的学习是非常有价值的，我收获颇丰！

上午，广东省教育研究院副院长黄葳教授分析了五个发达国家教育管理改革的趋势，在这种国际背景下，中国的教育管理改革又该何去何从呢？我觉得黄教授分析得非常透彻，中国地大物博，但人口数量、人口素质的制约是经济难以赶超发达国家的重要因素之一。为此，以质量为核心，走内涵多样化发展道路将是我国教育管理改革的关键。只有这样，才能促进基础教育优质均衡发展，否则教育公平和学生的成功教育始终都是空话。对于基础教育的小学教育，我觉得这个质量不仅是学业质量，更是做人的道德品质和素养，我们不仅要夯实教学过程的质量监控，更要学习英国教育制度中倡导的：在教育中强调纪律性和严格性，对差生、捣乱生和尖子生分别提供特殊帮助。黄教授说得好，因为教育并不是给人们用以谋生的工具，还应当让他们拥有幸福的生活，具备幸福的本领。

下午，广东第二师范学院成教院熊焰院长为我们带来了开心、轻松、不同凡响的精彩一课，她先给我们带来一段快乐七敲操，让大家 have a good time！然后，提出了一个值得深思的问题："你们认为现在学校应该改进什么呢？"当时我脑海里立刻浮现了一个答案：我觉得现在学校最应该改进的是人的思想境界，提升师生乃至学校的精神！是的，自从学校推行人事制度改革以来，绩效工资的分配制度触及了大多数老师的利益，学校推行改革可谓举步维艰，虽然现在随着时间推移似乎慢慢淡化，但是教师们的心里总有一个解不开的结。正如我和一位一直纠结的老师交谈时，他还说这样的改革所带来的刺痛怎么能说过去就过去呢？也就是说还有根刺在大家心里。后来，改革的步伐又加大了，又出现了岗位设置和聘任制，这次就再也不平静了。由于评聘分开，聘的职位极少，造成我校已评的二十多人就去争那六七个位置。这样你争我夺，犹如千军万马闯独木桥，学校以往的积极主动、拼搏上进的精神和教师之间的团队合作荡然无存，人与人之间变得斤斤计较，对职业的价值取向随之改变，对工作缺乏热情，急功近利，甚至出现职业倦怠等现象。两年的时间里，老师如果不能及时升迁，压力就会更大了，因为新的老师又来了，特别是那些年纪大的老师，等到后起之秀冲上来，自己被挤了下去，工作再怎么努力也无济于事了。身为校长，我很想和那些竞不上岗位的老师好好谈谈，但是每当看到他们那失落的样子和懈怠的工作态度，我十分心痛并纠结。熊教授说得好，世界上唯一不变的就是变。变是永恒的，哲学的。有位竞不上岗的老师曾经对我说："赖校长，虽然我竞不上，心里很失落，有怨气，但是请你放心！我还是会继续做好我的教育工作的，这个我可以向你保证！"这位老师守住了教师职业道德的底线。

相信今天一起学习的校长们都很同意熊教授的观点，我们的人生尽管有很多不如意的地方，但是我们选择了教书育人，那么就算伤心是难免的，也要对工作一往情深；我们的工作态度决定了我们的工作心情，选择态度比选择工作更为重要。而作为校长，我笃信一点，就是校长要懂得大爱大智，要有信仰，要慈悲为怀，要德高为范，绝不可搞阴谋诡计。这样的校长才是真正有气度、能干一番事业、能让自己幸福、也能让师生幸福的人。正如昨天龚教授说的，校长就是那所学校教师的"风水"，教师就是那个班学生的"风水"。下课后，我还专门请教龚教授解释其含义，她笑嘻嘻地说："校长每天开心幸福，教师也就跟着开心幸福，教师每天心情愉悦，学生自然也开心健康！"

熊教授讲座的结束语可以作为我人生进步的勉励句：工作是我们生命中一种必需的活动，与其被动地参与，还不如充分去享受它，所以，热爱自己的工作吧！

2012 年 9 月 22 日

提升学校精神靠的是校长的有效领导力

今天有幸听了中国浦东干部学院、华东师范大学教育系的郑金河教授的讲课，感觉胜读十年书。学校发展中遇到的一个个瓶颈问题经常困扰着我们，我一直很纠结，很想知道症结所在和解决的办法。今天听了郑教授的课后，我不禁豁然开朗，也开始冷静地反思，自我诊断，客观地认识自我，尤其是自身的领导力问题。

当校长不知不觉已经有十二个年头了，多年来事业的顺利和小小的成功让我形成了许多思维定势和缺乏上进的意识，我经常说黔驴技穷，其实这是一种对自己不负责任的掩饰。有一句话说得很对，对于一个想成功的人来说，最可怕的可能就是过去成功的经验。在这个教育变革的年代，已有的知识和管理经验已远远满足不了如今学校必须改进和提升有效管理的事实。我不能再去埋怨老师和我这个校长不合拍，不理解现行改革的制度、体制，那是因为我没有深入到教师中倾听和调研，没有好好地进行动员、政策解读和引导；我不能再去埋怨教师群体中总有人发出不同的声音，因为这表明学校教师民主意识强、自主水平高、专业水准硬。正如郑教授所说："知识分子的特性就是自尊心强，学历越高自尊心越强，民主参与管理越迫切，想说话、想表达的意愿强烈，对校长管理水平也提出许多新的要求。"其实，这恰恰是件好事，正如邓小平同志所说的：领导有效管理进程中最怕的不是七嘴八舌，而是鸦雀无声。群体中有不同的声音，证明老师关心学校，关心这个团队，那么校长应该庆幸，应该因势利导，把重心往下移，善于倾听，善于分析，善于做思想工作，把大家都团结到集体中来；校长要大事着眼，小事着手，实行精细化管理，要有承担责任的勇气、高瞻远瞩的远见、脚踏实地的务实作风，更要有良好的道德水平，相信老师们一定会追随着你，一定会心往一处想，劲往一处使，朝着共同的目标不断迈进。

我享受着这最后一天研训的学习，更期待着今后的一切！

2012年9月22日

遥远的北京不遥远

今天从早上5:45起床一直到搭乘前往北京的航班，时间都非常紧凑，我们到北京机场已经是下午1:30了。

啊！首都北京，我们来了！本来大家还美美地想，趁着今天下午不用到小学参观，还可以逛逛北京胡同，体验北京的人文景观、民俗风情，结果却是出乎意料的。

我们五个组分别住在不同的宾馆，去不同小学跟岗的小组组员都乘坐同一辆中巴车，这一辆车分别载着我们这五个小组去不同的宾馆，并由司机带着组员一起去办理住宿登记、交费等，这些事本应由导游做，结果全部由司机代劳。

我们跟着大队伍，等前面的小组下车找到旅店，接着寻找下一个旅店，这样折腾了将近六个小时，把北京城逛了一圈，天已经完全黑了。晚上将近八点，我们第五组才到达崇文区禧龙宾馆，酒店设施很差，连放行李箱的地方都没有，厕所又没有门，厕所和洗澡房还是感应的，有灯光的时候就有水，没灯光的时候就停水，这一阵有水一阵没水的滋味，真是让人不好受。第一次出差住得那么差，感觉很糟糕。

这一路走来，虽然北京就在眼前，但感觉北京又是那么遥远。但是这一路走来，大家“患难”见真情！很感谢一路上关心我的各位校长，虽然辛苦，但我们一路欢声笑语。谢谢谭燕香校长的烧烤香肠，让我尝到了从没有过的香和甜！感谢汤伯沂校长对大家的悉心体贴，为大家送上十几瓶矿泉水和好吃的香蕉！谢谢吕燕娜校长美味的德芙巧克力，让我快饿扁的肚子有了一线生机！真像专家说的，每一次学习都会有新的收获，因为我会遇到不同的学员、到达不同的地方、得到不一样的感受。我们虽然很累，但是我们很开心！这让我看到遥远的北京的曙光，光明小学，明天我们来啦！

2012 年 9 月 24 日

光明·我能行，我能行·光明

我最初认识光明小学就是从光明小学前任校长刘永胜的那本《为了光明的明天》开始的，那时我刚刚当上校长。“我能行”是光明小学的办学特色，我还记得当时经常借来鼓励孩子们的八句话——“相信自己行，才会我能行；别人说我行，努力才能行；你在这点行，我在那点行；今天若不行，争取明天行；能正视不行，也是我能行；不但自己行，帮助别人行；相互支持行，合作大家行；争取全面行，创造才最行”。它充分体现该校教育的内涵及实施途径。这种“我能行”教育模式，其宗旨是：让每一个学生都有获得成功的体验，从而自信、自尊、自爱、自强，满怀信心地迎接明天。

今天，我们第五小组的全体成员终于来到这所京城名校的东城校区（本校区），在校长助理的带领和安排下，我们上午观看了学生做广播体操并听了数学、语文两节课，参观了整个校园；下午查阅了学校的行政管理、教育教学、德育工作、安全管理、外事接待工作等档案资料，对该校有了一个初步的印象，感受较深的有以下两点。

一是传统与现代的交融。现任校长廖文胜原是重庆巴蜀小学的校长，基于对学校发展需要一脉相承这一基本规律的深刻认识，他强调传承和发扬“我能行”教育理念，并提出以“光明·我能行，我能行·光明”为目标和“以德为先”的核心教育思想，丰富了“我能行”的内涵，提出“我能行”是受教育者与教育者主客观双方相互影响、共同促进，从而实现的我能行，将光明小学“我能行”教育提升到一个新的高度。如，我们今天所看到的光明小学整座建筑大楼经过去年的抗震加固工程装修，焕然一新，传统的文化理念和现代的布局配合默契，使学校儒雅又不失朝气。又如，每个课室门口都有一个流动式的宣传画架，上面贴满了学生在暑假期间的主题活动的收获或是学校主题教育活动的过程性资料和照片，通过这个流动式平台，各年级的学生可以相互阅读，相互学习，相互交流，收获满满的自信和成功。再如，据教科室周老师介绍，学校正在探索一种团队式的管理，他们改变过去校长下有副校长，副校长下有主任，年级里有主管行政，下再有级组长的这样一种单一的、层级管理的模式，而把一些年级部称为团队，由团队的组长负责全面管理的一种类似扁平式的管理模式。这样的模式能让教师直接参与学校管理，在工作上更能发挥其自主性和积极性，同时也能让校长迅速地了解教学第一线的情况，及时作出正确的分析与判断。

二是健康与智慧的尽情挥洒。孩子们特别喜欢广播操，因为这不仅仅是在做广播操，更像孩子与孩子之间的游戏，在玩中锻炼身体，在玩中磨炼意志，更在玩中培养友谊。做完广播操，一般人会认为学生该退场回课室了，但是光明小学的孩子们在老师的指导下完成了一个又一个的合作游戏，老师先让男女生都做十个俯卧撑，并运用这个动作开展两人游戏，整个过程中老师很注重提醒孩子们的安全和合作意识。我观察到一个细节，光明小学的学生中有很多体重超标的孩子，这可能与家庭环境优越有密切关系吧，看得出很多孩子很早就进入青春发育期了。或许学校正是基于这一点，更是基于重视学生的体育锻炼，促进学生身心健康发展，学校在每次的广播操都会指导学生玩些有意义的健康游戏。其次，上午的两节课虽然没有很精美的教学课件，但是老师上得非常朴实和有效，听说这些老师都是轮着上接待课的，这一来不仅锻炼了老师的基本功，二来还让更多的学生自信参与接待课的体验，体验课堂学习中的“我能行”。在老师的引导和点拨下，孩子们善思、善学，与老师一起共度愉悦、轻松、有趣的高效课堂。

虽然该校有很多值得我们学习的地方，但也有让我们感到失望的地方。作为学习体会，我也想把它表达出来。我们原以为该校校长和副校长都外出不在学校，谁知，我们发现他们整个下午都在办公室，但他们一点表示也没有，甚至在过道里见到我们这些带着“广州校长研训班”标志性挂牌的“人”连招呼都不打一个。我们知道外出跟岗学习给校方添了不少麻烦，我们不奢望他们热情的招呼接待，但是在我们这个礼仪之邦，尤其在天子脚下的北京现代一流的学校，最起码的礼节——“打声招呼、寒暄几句”总该有吧。难道是因为我们不是什么首长，不是什么重要人士就不需要问好了吗？这是对人最基本的尊重啊！有什么样的校长就有什么样的老师，有什么样的校长、老师就有什么样的学生啊！这让我们这些都见过了校长的学员们沉默了。

2012 年 9 月 26 日

班主任工作的“到位”

当第一缕晨光出现在北京的上空，我们又开始了一天的学习。今天，光明小学为我们安排了班主任工作例会的观摩。整个会议由学校德育主任郭主任主持，根据上两周组织学习的一篇文章《班主任的六到位》展开交流，分享一点自己认为最有效、最深刻的“到位”行为。郭主任安排了最后排的班主任先来交流，大家便滔滔不绝地拉开了话匣子，每位老师的发言都相当到位，各人有着不同层面的理解，简明扼要，一针见血，很有水平，很值得班主任学习和借鉴。他们有的谈“孩子早读的准时到位”，有的谈“了解新接班学生工作的到位”，有的谈“课间管理到位”，有的谈“监督到位”，有的谈“培养小干部到位”，还有的谈“关爱到位”等。

该校的各位班主任都善于从自己的职责、班务管理或学生教育问题去思考、去实践，更多的是研究班主任的工作，使自己的工作更到位，更有效。其中，有个老师提到了关爱的到位，这关爱不仅仅可以是一种正向的关爱，有时在教育一些特殊学生时采用冷处理办法，也称之为“反向关爱”，那也是一种关爱，是一种很有智慧的关爱。教育学生，正确使用关爱的方式、方法是关爱能否到位的重要因素。还有，一位班主任提到“培养小干部要到位的三个要点”。她说，培养小干部是培养孩子们对集体的荣誉感和责任感的途径，要培养班干部一是要让他们懂得自己的职责和义务，然后指导他们管理班级和培养他们良好的工作态度。二是班主任要支持这些小干部的工作，要善于在班集体中评价、表扬和鼓励他们，协助班干部批评和教育违纪学生，这样才能使老师从繁重的工作中解脱出来。

班主任工作是学校所有管理工作中最基础的工作，更是所有工作的落脚点。事实上，班主任的工作也是杂七杂八的，但是只要善于抓住班主任工作的细节，把它们一一落实到位，那么班主任的工作可以促进整个班级文化的建设，可以促进一个大团队乃至整个学校的校风建设。

短短的一个小时，大家经历了思维的不断碰撞，收获很大。相信，育人为本，以德为先的“光明·我能行”思想，将指引学校不断开创最好的未来。

【题外话】今天很开心，广东省第二师范学院的郭凯教授兴致勃勃地参与了我们一天全程的学习活动，让我们感到格外亲切和温暖。他对我们小组成员体贴关怀，帮助我们和对方学校进一步沟通，同时对本次的跟岗学习提出了很多具体、有效的指导意见。晚上，他在区组织部部长同学的盛情邀请下，到一家很有文化意义的酒店——咸亨酒店进行晚宴，我们小组很荣幸也一并前往，一边畅饮名酒——黄酒，一边畅谈教育文化，这真是一次难忘、难得的友情与真情的交融，文人雅士的精神盛宴！

2012 年 9 月 26 日

学者型、研究型的智慧校长

——记光明小学廖文胜校长

在光明小学的最后一天，我们终于见到了廖校长，并和他进行了深度交流。廖校长是原重庆巴蜀小学的校长，于 2009 年 2 月接任光荣退休的刘永胜校长，从巴山蜀水来到了北京，出任光明小学的校长。他面庞黝黑、思维敏捷、语言睿智、作风严谨民主，是一个受人敬佩的现代学者型、研究型的校长！

（1）重视调研。从交流中，我们了解到，光明小学是一校三址，东城区也就是我们这几天所在的校区是老校区，也是生源较好的校区，而南校区生源大多是普通老百姓的孩子，因此，廖校长说，办好南校区的教育，对于中国的中小学教育具有普遍意义。办好差学校，更是教育者的使命。于是他来该校之后常做的一件事就是做调查、调研。廖校长组织教师对南校区的孩子做了大量的调研，如有多少孩子没有独立的房间，父母的学历、工作状况，在家经常打骂孩子的家长占多大比例等。当调查显示有 60% 的孩子生活在经常受父母打骂的家庭中时，他们立即商量对策解决这个问题。这就是光明的教育，他们把问题作为教育的资源充分利用。

（2）传承与创新。对于学校的办学特色“我能行”，廖校长说这是前任校长刘校长在中国的首创，也是中国教育的一面旗帜。而到了他这一任，他更多是在深化认识，以“自信”为核心。他辩证地提出，一个人之所以能行是有前提的，当一所学校、一个集体乃至一个社会光明的时候，你能行！“你能行”是为了什么？是为了追求人类的光明，追求社会的真善美。所以廖校长在尊重历史的前提下，提出了“光明 · 我能行，我能行 · 光明”的理念，并以“培养健康、智慧、充满希望的人”为育人目标。

（3）校园文化是由内而外的。当谈到校园文化时，廖校长认为，校园文化是学校教育思想的体现，如果对学校的教育思想教师还没有理解并内化为自己的教育教学观念，没形成教育体系，学校宁可不做表面文章。这是廖校长的独特之处。难怪经过抗震加固后的光明小学，墙面还是一片空白。

（4）团队管理的探索。廖校长认为人需要群居生活，这样才能健康成长。为什么一些学校辛辛苦苦地培养一些骨干教师，到头来这些骨干教师并没有为学校作出多大的贡献，那是因为这些骨干教师没有把自己的智慧融入到学校这个大集体中去，导致墙内开花，墙外香，甚至给学校发展造成阻碍。任何一个骨干教师的成长都离不开背后团队的支撑。针对这个问题，廖校长说，一个校长成功的关键不是你个人有多么的优秀，而是你能否带出一个成功的团队。他认为校长应该关注教师的内心，心不调则事不顺。要引领教师“关注自我”，这里不是自私的意思，而是要老师们沉下心来把自己看清楚，假如对自己都不认识，又如何去关注学生、关注集体呢？也不可能对外在的道德要求有一个健康正确的认识。他指出：“一个健康的人才是幸福的人！”现在的光明小学实行团队管理，才刚刚起步，工作比较辛苦。因为教育效益更多的应该从学生的角度去看，往往各学科老师都说本学科很重要，而学生需要的是同向的教育，各年级段也存在教育不协调的问题。因此，光明小学将一校三址分为九个团队，每个团队都有一个团长、两个管理助理做引领，一起办公，实行扁平化管理。他们在学科上还有学科组，学科组只负责分析教材，不参与行政管理，这在一定程度上解决了各方不协调的问题。

（5）重视课堂的生成。廖校长认为只有听课才能关注到老师的第一需要。他认为听课不能只看流程，重要的是看智慧的影响力。廖校长说隔行如隔山，校长不可能熟悉每门课程，如果发言，可能会误导老师，所以他听课以后，不轻易发言，只讲公共问题，不讲具体意见，这观点不无道理。但是他听完后会考虑教师对学生的影响力，引领老师们研究团队课堂特色，会和老师们一起针对问题分析，尤其是培养学生的创造性思维。

（6）关注老师的健康。廖校长认为，学校再困难，也要关注老师的健康。他下决心在校舍十分紧张的情况下给教师腾出了两个餐厅，让教师能够踏踏实实地坐下来吃饭，享受一份安宁。因为无论什么时候，教师的身体都是重要的。

在交流中，我们小组的校长们也问了不少问题，廖校长耐心地一一分析解答，我把其中一些睿智的观点集锦如下：

（1）中国的课程改革方向是对的，但是这过程可能会走一些弯路，怎样使课程更科学、更合理是需要不断探索的，这个过程需要我们教育工作者去支持。有时方向比方法更重要，或许现在教育应该到了一个最需要寻找光明的时候了。我们老师们要善于研究如何在改革中的夹缝里找到空间去推进改革。

（2）一位好的老师要和蔼可亲，在学术上可以较真，但是与人相处一定要真诚和尊重对方，因为哪怕你再出色，大家都是平等的，所以有话要好好说。

（3）要鼓励老师大胆改革，因为失败和成功同样重要！失败的人才更容易取得进步！

（4）做教育应该慢慢来，不要着急，校长要读懂老师、读懂学生。

（5）备课要先备文化容量，从让老师们喜欢读书开始。每个人都喜欢读书了，才能教得好。其次才是备课的技术层面。

（6）上课要有激情，没有激情就没有活力。

经过深入的交流，小个子的廖校长在我心目中渐渐高大起来，他在和我们交谈时还不忘表达这几天一直忙而没能接待我们的歉意。他不仅充满睿智，还非常平和、谦逊，是一位很人性化的校长。我不禁对我那天写的文章中提到“校长的不礼貌、不尊重”而感到内疚，或许在十八大会议召开前，学校的安全工作真的使校长忙得不可开交，所以在学校也顾不上和我们打声招呼。与此同时，我也想起了在江南二小的全体行政人员、师生们，前段时期我校有很多会议、表格填报、行政事务工作，为了让我省心、安心地学习，各位行政人员团结合作，把学校的工作安排得井井有条、妥妥当当，我才能舒心地学习，满载而归，真的很感谢他们！

2012 年 9 月 28 日

与老师们分享学习收获（一）

在国庆假期回校的第一个教师学习会议上，我对全体教师表达了我的感谢，既感谢区教育局给我一个大好的学习机会，让自己大有所获；又感谢两位副校长带领教师团队团结合作，把握了正确的大局观，将学校各项工作有效整合、有序推进。正是大家的通力合作，我才能排除干扰，静下心来安心学习。我也和大家分享了此次学习培训的体会。

一是角色转换，无论你是什么职位，校长也好，教师也好，在学习时就是学子，在专家面前就是学生。要带着“学生想要学习”的心态去学习，你才会学得积极、学得主动，才能有收获。

二是专家讲课，需要静下心来思考，并联系自己的工作实际。专家讲课，讲授的理念较多，不静下心来倾听，很容易打瞌睡。专家讲得生动的，大家如果只是嘻嘻哈哈，时间很快过去，一堂课下来留在脑子里的知识没有多少。只有联系工作乃至生活实际，边听边思考，学习的印象才会更加深刻，才能促使自己做到学以致用。

三是跟岗学习，需要自己善于观察与发现。但凡名校都不一定把好的办学经验和做法全盘托出，就算介绍经验也只是很表层的，而非实质的东西，听课也只是提供很常规的课例而已。所以跟岗学习一定要多问，多思考，多观察，多写随笔，善于捕捉和发现好的教育方式、管理模式等，这样才能有效提高学习质量。

我还和老师们分享了李晨之教授讲课课件里面的一些照片，如“温总理和同学们一起写字”的照片和“一位家长让自己孩子把垃圾扔进垃圾桶”的照片，让大家一起分析，一起思考，一起分享教育智慧。我相信老师们一定会学以致用，多鼓励孩子们积极参与社会公益劳动。例如，我们大队部组织学生进行垃圾废品的义卖，将一部分款项捐献给南武一名患病的中学生，一部分作为孤寡老人的节日慰问金等；我们还组织学生开展“日行一善”教育活动，教育孩子们做正确的、应该做的事，教给他们真本领和大智慧。这样的体验教育，不仅丰富了孩子的课余生活，也让他们体会到行善的快乐。

和大家分享李教授课件里面的一段英文：

I hear, and I forget;
I see, and I remember;
I do, and I understand. Why?
If you hear, you maybe forget;
If you see, you maybe remember;
If you do, you can understand.

我们教育孩子应该知行统一，正如温总理答记者问时说到的一句话：“做比说更重要!”

2012 年 10 月 9 日

与老师们分享学习收获（二）

今天是世界粮食日，对于很多人来说不看报纸可能不知道这个节日，但是对于一个教育工作者而言，应该知道。教师应该善于敏锐地捕捉教育契机。出早操前，见到大队辅导员张老师，我说起这节日，她很默契地点头。学生做完操之后，她站在舞台上，把文明班评比工作与世界粮食日的教育宣传有机结合，教育更多的队员加入到爱惜粮食的行动中来。

下午的教师学习是进行 2011 学年第二学期的教学质量分析，教导处李主任在以往用“标准分”评价的基础上增加了“达成系数”的统计，这相比过去的质量分析更加科学，更能正确诊断学校的教学现状和在区里面的位置，帮助教师更有针对性地找出薄弱环节和更有策略地改进教学方法，提高教学质量。这次教学分析让老师们明确了方向，发现了问题，找到了办法，是一次高水平、高质量的教学质量分析。

我也向老师们再次明确表示教学质量就是学校的生命线，也是体现教师职业生涯价值的生命力所在。世界上唯一不变的就是变，对于每一个教学质量有进步或者处于高位的成功教师来说，最害怕的可能就是成绩停滞不前，要保持良好成绩，再求得进步不容易；而对于处于劣势的老师来说，学校公布质量分析结果之后，可能有一个情绪低落的时期，思考的问题也比往常多很多，但是这些老师的教学质量会有更大的上升空间。我向大家提出要求，一是要守住良心底线，每位老师要做好本分，千万不要为了取得高分或博得学校表扬而加重学生学业负担，不得实施无用的题海战术而教出高分低能的学生，不得通过有偿补课、有偿家教来提高教学质量，成为误人子弟的千古罪人；二是职场需要积极进取的心态，正如熊焰教授说的那样，教育需要激情，需要全情投入，我们的工作态度决定了工作心情，决定了工作表现，也决定了你的教学质量！所以我们教书育人时要选择积极进取的工作态度。

在体育科张老师介绍游泳竞技训练的经验之后，我还安排了几个重要的工作，比如本周海珠区申报广东省推进教育现代化先进区的督导评估迎检工作等。为了让大家放松心情，我也学知性美女熊焰教授，和老师一起做快乐的七敲操。通过快乐的七敲操大家心情更加舒畅了，心情舒畅了，工作也更认真了，相信学校的工作也能更容易落实。

2012 年 10 月 16 日

心灵健康才配当老师

对于虐童事件，老师们一致表示震惊和气愤。每个老师都是很好的教育评论家，分别从人性、道德底线、现行社会制度到法律法规等多个角度发表言论，不过在讨论中能联系自己的工作实践来谈的却寥寥无几。

虐童事件时有发生，我不禁去想这些“变态教师”的家庭背景是怎样的？他们又是怎样被教育出来的呢？常言道：有什么样的家庭教育就会教育出什么样的孩子；有什么样的老师就会教育出什么样的孩子。这样的变态老师一旦没有被发现，继续任教，将会教出多少个心灵扭曲的学生啊！而这些学生长大成人又将会成为家长，甚至成为教师，他们又会教出什么样的学生……这个恶性循环的后果，我真的不愿再想下去了。刚出来工作，为人之师时，我总羡慕那些能说会道、琴棋书画样样精通的教师，觉得他们很有才华，站在孩子面前很有魅力。后来，做了行政人员，我真切体会到有良心的老师胜过有才华的老师，有良心的老师才会爱学生，只有爱学生才会爱自己的职业，才能拥有大智慧去做好教育教学工作。再后来，我更觉得能独当一面虽是真本事，但能够团结共事才是大智慧。如今，我仍然笃信大爱大智是教师的至高境界，但站在管理者的角度，如果让我这个校长来选拔新教师，我认为心灵健康者才配当教师。

保护未成年人就要关注孩子的全方位教育，与此同时也要关注教师的心灵健康！政府应该建立“心理教育”的民生工程，定期委派心理咨询师、社工、爱心团体进驻校园，定期开展师生的心理辅导课程或活动。并建立相应法律法规，定期检测教师的心理状态，对心理状态处于不稳定的或者长期出现“变异”的老师要早预防、早介入、早治疗、早隔离，甚至允许他们改行。人的本性随着社会的不断前进，并非一直停留在“人之初、性本善”的阶段，如果不建立相关法律法规去约束，就会有更多的虐童事件发生，如此下去，我们还谈何下一代的健康？谈何生命？谈何国富力强呢？保护未成年人就始终都是一句软而无力的空话！

2012 年 10 月 30 日

海教杯青年教师评比让大家重新审视自我，挑战自我

——教师学习中的讲话节选

哲人塔列斯刻在太阳神庙外说了一句传世名言：“人啊，认识你自己！”我们老师清楚地明白一切的成功在于自己的追求，一切的奇迹在于自己的创造。海教杯的参赛让大家再一次重新审视自己，认识自己，我们要拿出学习、学习再学习的勇气，并自信地说：“我能行！”我们表扬那些敢于站在众人面前展示课例的老师，更敬佩那些能勇于挑战自己、超越自我、主动承担区的参赛任务的老师，他们是语文科吕秋萍、英语科徐娟英、科学科许广玲、体育科刘福利四位老师。

在这里，我想继上次参赛动员后再谈谈我的两点看法，一是请参赛的老师要放下思想包袱。比赛在即，参赛老师身心压力大，睡眠时间也难以保证，你们要调整好自己的心态。参赛是对自己学习、工作生涯的美好追求，就算没有拿奖，你们参与了、努力了，就肯定有收获，肯定有进步，不必感到遗憾，你们在大家的心目中就是最棒的！二是学习从来不是孤立的。我们是一个团队，参赛的老师你们绝不是孤军奋战！学科组的老师、行政后勤人员都是你们强有力的坚实后盾，他们会甘当陪练，帮忙代课，我相信大家都会在你们需要帮助的时候伸出援手。比赛时，大家也要彼此鼓励、彼此祝福！在这个团队里，不仅你们参赛选手有收获，对于其他老师而言同样如此。每一个老师通过这样的磨炼，这样的实践，这样的思维碰撞，会不断产生智慧，不断前行。最后我预祝参赛选手们在辛劳中有欢笑，在艰辛中有收获！

2012 年 11 月 6 日

新的触动，新的力量

这些天，我有幸参与同福西一小、康乐小学、金碧一小、大江苑小学和土华小学的德育绩效评估工作，心灵有了新的触动、新的力量。虽然这些学校都不是区里很出名的学校，其中康乐小学还是一所民办小学，但是，也许是这些学校团队的凝聚力吸引了我；也许是他们认真进取的积极态度打动了我；也许是他们面对艰辛与困难仍迎难而上的精神感动了我……是的，还有很多很多，多得让我感动，让我反思，更让我有了紧迫感，让我的内心不能平静，因为我发现了很多新的东西，很多值得我学习的东西。人啊，不进则退。我总把目光局限于我的学校、我的体育王国、我的课堂，总以为自己已经很努力，很尽心，也做得比较好了，其实这样的思想很肤浅。如果安于现状，关注和学习少了，那么求知的路也就停下来了。

同福西一小的简校长是一位很随和、很有亲和力的校长，他在客观分析校情的同时总想多点时间告诉我们评估组成员他们的老师有多好，学校有多棒！就是这样一位充分认同教师、信任教师的校长，才能把一个在横街窄巷内的两个校区的学校办得如此有声有色，还办出了德育特色——团队援助成长服务队。借助这个平台，老师拥有阳光心态，将幸福传递给孩子，共创和谐校园。

康乐小学的吕校长是一位来自湖北黄冈中学的优秀教师，刚到校两个多月，话不多但字字箴言，对康乐小学的未来发展大计已经在筹划之中，是一位很有理论水平的校长。康乐小学地方不大，却能容纳超过 1 700 名的学生。学生都非常淳朴，也很有礼貌，见到我们都很热情地扬起小手和我们打招呼，我们则不断地回礼。虽然学生流动性很大，归属感不强，但是这所学校的教师队伍相对于别的民办学校却很稳定，吕校长还说，办学校就是要创出品牌，办出成效，就是要让公办学校的老师也往民办学校跑。

金碧一小是一所很有发展前景的学校，校园文化充分体现“以文载道，尚美立德”的德育理念。该校在德育工作中呈现的亮点也非常引人注目，一是以“以文载道，尚美立德”的德育理念引领人，从理念层面提升师生的道德价值观，再影响家长，改变过去干群、家校、社区关系紧张的局势；二是以“厚于德，诚于信，敏于行”的广东精神凝聚人，校长在加强师德、师风、师能建设方面花了不少心思和做了不少工作，在校本培训方面采取了有力的措施，让教师思考，从而形成正确的育人观；三是以生活化、回归童心本真的德育活动熏陶人，提高教育实效。吴校长到这所学校虽然只有短短的两年多时间，但她很有思想，也很有办法，有计划、有目标地逐步让金碧一小的文化内涵更加厚重，更有人文精神。在她的领导下，学校班子成员团结、合作、高效，令人羡慕。

大江苑小学新换了绿茵草地，显得一派欣欣向荣。尽管校安工程的痕迹明显，但是学校还是抓住了改造的契机调动了一切有利、有力的资源，有条不紊地建设各专用场室。梁校长是一位管理经验非常丰富的校长，在和她交谈的过程中，我学到了不少“人本管理”的方法与策略，她善于挖掘校内鲜活的教育个案正面教育老师和学生，与老师们一起分享，一起感悟；她善于树立师生身边的好榜样，让育人工作达到潜移默化、润物细无声的良好效果。家校合作成为该校的一大亮点，有效发挥了家长参与学校民主管理，参与教育活动，为学校出谋划策的教育作用。整个评估过程，那些家长义工很认真地配合学校进行拍照等工作。那些家长就像是专业摄影师，贴身拍照，密度和强度之大，几乎让我的眼睛不敢闭上。

土华小学是一所地处市城郊农村，办学条件、师资力量都非常有限的学校，但是罗校长一直坚守“立德、博学、和谐发展”的办学理念，带领全体师生在促进学校德育工作的发展中做出了努力和成效。

时间永远向前进，知识永远学不完，评估让我开阔了视野，让我获益良多。但我知道，在有限的时间内学习永远学不完的知识，需要学习的勇气，更需要欣赏的眼光。正所谓心有多大，路就能走多远。成长之路永远没有终点，我不愿当井底之蛙，我要重新审视自己，用心发现，在学习求知中不断提升自己。

2012 年 11 月 11 日

做一名快乐、有创意的老师，打造孩子喜欢、具有生命与活力的课堂

今天我终于来到了阔别四年的北师大，感觉校园没多少变化。我们的行程很紧凑，“海珠区小学校长专业化发展北师大研修班”开学典礼结束后我们就开始了培训。上午是由教育部小学校长培训中心副主任、北京师范大学校长培训学院的院长陈锁明教授和我们分享“今天，我们需要怎样的课堂”。其实陈教授头衔有很多，他还是教育部小学教育学会专业委员会的副理事长及秘书长，最重要的是他在北京师范大学本科毕业、研究生毕业、博士生毕业，最终成为北京师范大学的王牌教授，是我们慕名已久的专家、学者。

开课前，陈教授给我们播放了一个有关“人生慧语”的 PPT，让我们伴随着音乐，在赏心悦目的同时，不知不觉地感悟和明理。接下来的三个小时，儒雅的陈教授引经据典，和我们一起互动分享，大家收获很大，就如同我们李瑞湘书记说的那样，听之有悟，听之尽致，学有所思。陈教授给我的一个重要的启迪是，

作为一名老师，要做快乐的老师，要做有创意的老师，更要做会学习的老师、勇于实践的老师。

今天，我们需要怎样的课堂呢？陈教授对此作了很好的诠释：我们需要交流的课堂，因为这是孩子们交换知识、交流思想的课堂；我们需要对话的课堂，因为这是孩子们敢说、能说、会说的课堂；我们需要快乐的课堂，因为这是师生体会共同快乐成长的课堂；我们需要思想的课堂，因为这是培养孩子们思维方式、思考习惯的课堂；我们需要学习的课堂，因为这是孩子们学会倾听、采集、应用信息的课堂；我们需要主动的课堂，因为这是孩子们积极思考、勇于探索的课堂；我们需要潜能的课堂，因为这是孩子们重过程、重生成、重挖潜的课堂；我们需要发现的课堂，因为这是培养孩子们观察、分析、判断能力的课堂；我们需要兴趣的课堂，因为这是激发、培养、保护孩子们兴趣的课堂；我们还需要多元的课堂，因为这是形式、主体、内容多元化的课堂；我们还需要平等的课堂……

那课堂到底是什么？陈教授说课堂应该是生命的课堂，是提升师生生命质量并持续发展的课堂；是生活的课堂，是学会生活、服务于生活的课堂；是游戏的课堂，是玩中学、学中玩的课堂。作为老师，我们要善于将时间还给学生，相信学生，发动学生，依靠学生，发展学生；要将学习权还给学生，让学生自己去发现；要将话语权还给学生，还要将探究权还给学生，因为自己经历过印象才会深刻。我们的基础教育就是要培养孩子解答问题的能力，更要培养孩子解决问题的能力；教育需要教给学生许多知识、概念，但更重要的应该是培养学生独立思考和做事的能力；教育就是要让我们的孩子对学习有兴趣，让他们最终能获得成功。为此，我们要赋予课堂更多的生命力和联系生活的体验，还要关注多维度。

一是课堂目标的三个维度。

“鱼”：知识。教什么样的知识最有价值和意义，要有选择。

“渔”：过程与方法。孩子学习的能力上去了，什么事都好办。

“欲”：欲望，孩子学习的情感、态度、价值观。孩子有学习的渴望，有动力，不怕孩子学不好。

二是教学内容处理上要把握三个维度。

“序”：知识是有前后顺序的，不论理科、文科都有此规律。

“量”：知识的容量包含多少？为什么有的吃不完，有的吃不饱？

“度”：知识的深度、广度、难度要把握好。

三是在课堂关系生成上关注三个维度。

“您”：将学生放在心上，将学生看作活生生的人，而不是容器。这是一位教师的教育素养（不仅仅是教学素养）。

“恕”：教师要有包容心，要宽容大度，不要总是埋怨学生，批评学生。“恕”就是“如心”，站在学生的角度替学生想一想，换位思考——这就是生本思想。

“活”：活教（不同文体有不同处理方法），活学（教学有法但无定法），活泼，活力。

听完陈教授的课，我不由地想，现在学生为什么厌学？很大程度是因为课堂没有新意，没有吸引力，学生没有兴趣，没兴趣就没有学习的积极性，学起来自然就会倦怠。所以我们老师要主动研究课堂，要从孩子的角度开始研究，主动走进孩子的真实世界，让问题成为学习的兴奋点。我们老师就是组织者、启发者、激励者、授业者，相信只有这样，我们每天才会有新的发现！最后陈教授以“课堂就是让孩子们的生命质量因我们而变得更加精彩”结束了这堂精彩的课。

2012 年 11 月 26 日

参与、互动、多步式 SIDR（思得）模式对我们的启发

今天下午，我再一次见到了楚江亭教授，他比四年前发福了一些，但是他的课仍然极具动感与活力。他采用互动的方式授课，一堂课下来，师生之间、学员之间都会变得更加亲密无间、团结合作、互为欣赏，让人听了意犹未尽；课后，你就会很自觉地思考，我们该如何规划学校的未来和发展。

正如楚教授说的，我们当校长的经常处于忙、盲、茫的状态，做的虽然都是学校的繁杂事务，但没能静下心来好好思考学校发展的目标、学校的优劣势、学校面临的挑战与机遇。校长没有发展学校的目标，做起事来就会像无头苍蝇一样，找不着北，更不要谈什么战略管理。没有战略，工作就被动，就会漫无目的地去办学，这样的办学效益即使不退步也只能在原地踏步。

如何让自己与师生、学校一同发展，一同进步？听了楚教授的课，我对此有了清晰的理解和明确的方向。校长规划学校，首先要有正确的办学目标，然后要对学校内外部和社区资源进行分析，关注学校每一个可以发展的细节，包括学校的优势、历史传统、发展机遇。楚教授通过一个“同心杆”游戏，让我们懂得如何规划学校的发展，校长必须要有变革意识和创新意识，要敢于打破固有的思维方式，把握好机遇，对学校的优势进行理性分析。这个过程，必须要有自下而上的家长、学生、教师的调研和研讨，也要有自上而下的目标理解、认识和内化的过程。我们不能作纸上的规划，而是要关注学校的细节，关注学生的需求，倡导儿童的视角，通过校本管理、社区参与、技术采用、专家指导来提高学校的自治能力，提高学校的综合办学水平。

2012 年 11 月 26 日

在北师大学习的第三天

今天上午参观了位于西城区宣武门附近的北京第一实验小学前门分校，一所于2007年9月，为了进一步满足人民群众对优质教育资源的需求而创建的新校。这是一所现代与传统相结合的学校，学校负责人韩桂新校长很有亲和力，每个学员问她问题的时候，她总是很耐心、很细致地回答。该校在我印象中比较深刻的地方有以下两点。

一是办学模式。这种分校和我们区学校合并后的分校意义不一样，这里的分校和总校的校长都是学校的第一把手，遵循着一种“实体独立、协议保证、行政监控、互动发展”的运作模式。据北京第一实验小学前门分校韩校长介绍，他们和总校的很多教育资源都可以充分共享，包括新的教师可以全脱产到总校跟岗学习；总校的特级教师、骨干教师到分校当青年教师的导师。通过这样的模式，分校的影响力逐年提高。

二是发展定位。学校的定位归纳起来就是“源于传承，立于创新，优在特色”。任何一所学校都会积淀着它丰厚的文化底蕴，需要校长引领师生去不断传承，不断发展。韩校长认识到北京第一实验小学这所百年老校不仅要传承文化，还要创新文化，更要通过特色办学不断提升学校的品味。

晚上，很荣幸，北京师范大学党委副书记王炳林教授为我们作了题为“党的十八大历史地位和理论创新”专题报告，他将理论结合实际，用了大量生动的例子具体阐述了十八大的三个历史地位，十个理论创新。

这十个理论创新意义深远，是我们今后发展不断前进的行动指南。这十个理论创新是：一是把科学发展观确立为党的指导思想；二是对中国特色社会主义的科学内涵作出了新概括、新阐述；三是小康社会从建设到建成，提出两个翻番的目标，标志我国发展阶段的新飞跃；四是提出了指导经济体制改革的新思想，突出强调创新驱动发展战略，揭示了经济改革新动力；五是提出健全社会主义民主协商制度建设是民主政治理论创新和制度创新；六是提出三个倡导，培育社会主义核心价值观，引领文化建设，用社会主义核心价值体系引领社会思潮、凝聚社会共识；七是在社会建设上，更加重视民生问题的解决，办好人民满意的教育；八是突出生态文明建设，建设美丽中国，构成“五位一体”战略新布局；九是丰富发展了“一国两制”的理论；十是丰富发展了党的建设理论。其中第六点，针对教育，提出了三个倡导，从国家层面提出倡导富强、民主、文明、和谐社会；从制度层面提出倡导自由、平等、公正、法治社会；从个人道德层面提出倡导爱国、敬业、诚信、友善。作为教育工作者要积极培育和践行社会主义核心价值观。此外，第七点提到的办好人民满意的教育，要求人民教师要把立德树人作为教育的根本任务，培育学术社会责任感、创新精神、实践能力；要让每个孩子都能成为有用之才。为此，学校要加强教师队伍建设，提高师德水平和业务能力，增强教师教书育人的荣誉感和责任感。这荣誉感不仅体现了教师应有的使命感，更体现了爱护教师的人文关怀，只有人文关怀下的教师，才能懂得自尊、自爱、自省、自律，谨记教书育人的真理。

王炳林教授是法学博士、博士生导师，首都高校马克思主义研究会副会长，马克思主义理论研究和建设工程专家。在晚上近三个小时的报告里，他幽默风趣，大家的欢笑声此起彼伏；他深入浅出，引经据典，让大家受益匪浅，赢得了大家的热烈掌声！

2012 年 11 月 27 日

观念超前的卓越校长卓立

上午参观完学校已经十二点四十分了，回到北师大已经是下午一点多了。吃完饭我们又马不停蹄往课室赶，因为今天下午给我们讲课的是北京市史家小学终身名誉校长、北京市特级教师卓立校长。2005 年我参加全国首届校长会议时听过他的报告，如今将近 70 岁高龄的卓校长，身体仍然健朗，说话声音洪亮，中气十足。当了四十多年的校长，他的办学观念非常超前，办学经验非常丰富，是一位非常有才华、非常有创新精神的校长。他与我们大家一起分享了他的人才观、教育观。他勇于创新，创办了很多全国的第一个，比如数字化校园、红领巾电视台，我们现在才开始使用的触摸屏平板电脑，他早在三年前已经使用了。他还和我们一起分享创建绿色学校、科技校园、艺术校园、和谐校园的办学理念，重点谈了和谐教育。他认为和谐就是尊重和包容，和谐就是服务，和谐就是关爱，和谐就是使孩子们得到全方位的发展；和谐是一种态度，一种情感，一种方法，一种习惯，一种思想，一种信仰，一种人生的追求，也是教育的崇高境界。和谐教育是实施素质教育的一种办学模式。所以卓校长在学校管理中实施和谐管理，在教师队伍建设中实施和谐教育。他用心做事业，不断挑战自我，超越自我。他用和谐教育统领全校的教科研理念，用专题研讨固化教科研成果，用课题引领教科研思路，用论坛变问题为课题，用学习型组织拓宽教师视野，使史家小学真正成为师生共同成长的和谐乐园。

我想，和谐教育是一个不断发展、不断深化、紧跟社会形势的精神体系，人事制度改革、岗位聘用的管理工作给学校的和谐管理、和谐教育都提出了新要求，但与此同时也给学校注入了新思想、新方法、新活力。和谐教育是每一所学校所向往的，也是每一所学校的努力方向，我愿成为和谐教育管理的学习者和践行者！

2012年11月28日

在北师大学习的第五天

今天上午，北京师范大学教育学部部长、北京师范大学教育基本理论研究院教授、博士生导师石中英教授主讲了“中小学价值教育的理论与实践”，价值教育的核心是解决好培养什么人、怎样培养人的重大问题。石教授通过大量的事实让我们理性认识到价值的内涵、类型与秩序，价值教育的目的、主题和内容。

在谈到“人的价值的8个主要来源”时，我们都很有感触。这8个来源包括家长、社区、学校、同伴群体、大众媒体、社会组织、宗教团体、生活遭遇与价值体验，其中，家长和学校对孩子的价值教育影响最大。家庭的教养直接影响到孩子，孩子的行为很多都是通过观察、模仿家长养成的，如果父母自身是个不负责的人，经常做出不良行为，那么孩子同样会出现这样的问题，而且到了小学也很难改变这些毛病。所以往往孩子刚入小学时，老师需要花时间去观察和研究孩子的行为习惯，因为不知道家长对孩子的价值观教育是怎样的。而学校对孩子的价值的影响也是举足轻重的，如果教师在班上经常讽刺孩子、挖苦孩子，班上的孩子也会学着老师去讽刺、挖苦别人；如果老师喜欢听孩子打报告，那么这个群体就会有很多喜欢打小报告的学生。有什么样的老师，就有什么样的孩子。老师还要关注学生和什么人交往，因为物以类聚，和什么人交往，他们所形成的价值观都会有一定的共同点。现在我们老师的难题就在于，我们生活在资讯非常发达的社会，我们不知道外部对孩子影响有多深，很难知道现在孩子的价值取向。因此，我们老师在施教时要善于观察，善于研究，要关注孩子的价值教育。课堂教学是实施价值教育的重要途径，老师就要营造一个尊重、宽容、鼓励学习、融洽、互相信任的课堂氛围，千万不能出现挖苦、讽刺、放弃的课堂。最后，家校合作是提高价值教育效果的重要条件，老师要争取家长的理解，达成共识，共同发挥各自的优势，合力提高孩子的价值教育。

下午，北京师范大学教育学部教育管理学院博士姚计海教授给我们带来了很吸引人的“校长与教师的心理沟通”一课。很多校长都觉得，如今越来越难与老师沟通。姚教授解释这是因为我们缺乏对教师的心理健康问题的关注。姚教授说，孩子的心理健康往往是由两种人带来的，一种是家长，另一种就是教师。我们教师千万不能做让孩子心理受伤的点火人，同样，我们当校长的也不能去做让教师心灵受伤的点火人。是啊，我们所面对的老师都是独具个性的人，所以听了这一课，我想我需要做的事就是和教师们进行有效沟通，而前提是开放思维、尊重和理解。开放思维就是要求校长用发展、独特、系统的眼光去看待教师；尊重就是接纳教师的现状以及其价值观，尊重不尊重自己的教师，尊重和自己意见不一样的教师；理解就是要学会换位思考，体验教师的内心世界，对一些犯错误的教师通情达理地给予宽容，多站在教师的角度体恤教师工作的艰辛，从而更好地与他们进行有效沟通。对于个别与自己观点不一样的教师，我们要善于倾听，也要善于表达，像莎士比亚说的“接受他人的观点，保留自己的判断”。相信，这样心与心的沟通肯定能换来校长与教师之间的其乐融融，这就是所谓的沟通无界限。

2012 年 11 月 29 日

云平台在学校的应用

最近在学校，经常听计算机科组周老师和李慧敏主任说到云平台、云计算，作为校长，我也不能这么落伍，总得认识一下新名词。因此，借助周老师发来的云计算 PPT 等学习资料，我也上网查找了相关资料，开始对这些新名词有了初步的认识。“云计算”是业界将要面临的一个重大改变，各种云平台的出现是学校信息化管理理念的创新，也是提升现代教育技术的重要环节之一。顾名思义，这种平台允许开发者们或是将写好的程序放在“云”里运行，或是使用“云”提供的服务，或二者皆有，我们有时可以简称“平台”。怎么称呼它不重要，重要的是这种新的支持应用方式有着巨大的潜力。

在电教组成员的努力下，我们学校以云平台为创建理念，在学校互联网站的基础上建立校内网（http://10.23.70.2），并链接 OA 无纸化办公系统、相册管理系统、校本教学资源库、视频中心、语文数学作文等外接资源库、校园 BBS、数字图书馆等，实现了云储存、云课堂、云阅读、云办公、云点播的网络服务。其中，云储存成为我校网络资源服务的一大特色。学校的资源库服务器向每一位教师提供了网络硬盘，给每个学科配备了一个移动硬盘，开辟了共享及级科组、个人用途的存储空间，用来存放电子办公文件和教师自行开发的教学课件、课程资源，并实行选择性资源共享。学校在不断提高硬件配备的同时，也在进行软件资源的建设工作。学校在购入“智乐园教学资源库”、“中教教学资源库”、“三学苑教育资源库”软件的基础上，新增加“德炫资源库”（炫动课堂教学资源库、珠海海岸线小学数学资源库）软件，这些网上资源平台有效提高了学校教育教学资源管理、校园网以及家校合作教育的实效性，充分发挥了现有资源的作用，从而保障了教师教育教学的有效性。

2012 年 12 月 4 日

让班级文化成为学校一道健康、亮丽、正能量教育的风景线

今天，我和全体老师一齐到各班课室走了一圈，对课室内的班级文化进行了一次打分评比，这是我们学校班级文化评比的最后一环，昨天大队委和家委会的成员也已相继投上自己神圣的一票，现在就等我们老师自己的自评和互评了。其实，评比不是最终的目的，评比是为了促进大家对班级文化重要性的再认识，增强班级的凝聚力，加强班级的相互交流。

这一圈走下来，发现我们的老师和孩子创意无限！我们仿佛置身于教育长廊中，一块块丰富多彩的学生作品展示台（墙），一个个布置精美的图书角、一张张激励进步的笑脸红花、一句句温馨的提示语……让所有的老师都赞叹不已！每一个角落都体现了师生们无限精彩的创意和纯真的童年气息。这其中有不少是正副班主任课后、下班后共同创造的劳动结晶，有老师与学生的共同参与，也有家长智囊团的积极参与。大家用智慧的头脑、勤劳的双手描绘了一幅幅属于自己班级文化的蓝图，充分展现了班集体的力量、班级的个性。老师们很善于发现和充分利用教室空间，多方面发掘教育资源，精心设计和布置，努力为学生创造了一个良好的学习环境，使教室变成知识的海洋，体现出班级的精神和个性，形成独具个性化的教室文化。班级文化建设活动的开展不仅营造了良好的班级文化氛围，更为学校增添了一道亮丽的风景线。真的很感谢老师们的辛勤付出！感谢老师们对学校每一项工作的大力协助！不管是年长的，还是年轻的老师，一个个都那么棒！那么有创意！

不过，我边看边思考，首先，男教师会不会潜意识里不太关注班级文化，他们是否认为搞这些墙壁文化太幼稚？因为他们所任教班的班级文化建设与女教师的相比真的有一定的差距。其次，由家长全包办的班级文化能说明班主任巧干吗？我们班级文化建设的主角到底是谁？是师生还是家长？最后，我们如何让优雅整洁、和谐健康、极具人文童趣的班级个性文化延续下去，让它诠释着师生的奋进、自信和快乐，而不仅仅为了学校的评比？

2012 年 12 月 11 日

人心齐，泰山移

常言道：人心齐，泰山移。这话一点不假！人心齐，大家就算忙也是开心的，也是主动、积极的。人心齐，大家认识的高度是一致的，目标是一致的，办法是最多的，工作效率也是最高的。今天，我终于松了一口气，学校在省现代教育技术实验学校的中期评估终于高分好评地顺利通过了，这里真的要感谢学校的行政班子，他们的实战力量发挥起来真的无穷大，尤其主管这项工作的李慧敏主任，工作大胆又创新，头脑灵活，完成的工作常常令人眼前一亮！还要感谢我们的电教组组长周老师，他学以致用，把省、市培训的学习内容都用上了，虽然困难重重，但他始终用一颗热情的心对待自己的工作，心态平和、端正，也正是这样的心态让他更快学到了以前不常接触的知识，更出色地完成学校资源库等建设工作。更要感谢我们的老师，他们在承受繁重的教学任务、巨大的教学质量压力的同时，除了配合学校开展多姿多彩的校园文化生活，还为学校的这次评估工作做了不少前期准备，真的辛苦他们了！看到上了年纪的老师同样那么用功、勤奋，着实让我感动，也令我一鼓作气，排除万难，争取把评估工作做实、做细、做好！正是大家齐心协力，所以评估组组长、省督学车慈晖局长充分肯定了我校实验工作的四样好，一是我校从理念上、态度上，从领导到教师都能积极参与省现代教育技术实验学校工作，硬件条件也是本组受评学校里面最先进、最好的一所，满足实验工作的物质条件；二是学校网络建设比较好，也是本组最好的一所，和海联路小学相比各有特色，我校家校合作密切且特色鲜明，校本资源库共享空间容量大，学校教师使用率高；三是学校资源库很有特色，能利用云空间的理念，创建云平台的服务，方便个人开发资源和共享资源，提高教学效率；四是教师的应用水平比较高，具备较好的信息技术素养，教师的培训力度大，教育技术中级水平通过率高。专家的评价是对我们实验工作的鼓励和鞭策！相信在今后的日子里，“教育面向现代化，面向世界，面向未来”不再是一句空话！现代教育技术是教育教学工作中必不可少的现代教育教学手段，我们要在实验进程中选准突破方向，融合教育技术，认真开展校本课题研究，让教育技术提供给师生一种健康、自主、有潜力的学习方式、生活方式，让我校的现代教育技术应用进一步在校内外乃至全市推广，使我校现代教育技术管理水平迈上一个新的台阶，促进学校全方位的高效持续发展！

2012 年 12 月 13 日

名师成长，内力外力一个都不能少

今天有幸参加了番禺德兴小学的广东省雷晓晖教师工作室的挂牌仪式，因为我校许广玲老师是工作室成员，我也受邀参加，并再次感受这动人的一幕。

我仿佛回到了三年前，和在我校雷婷工作室作为广东省第一批省教师工作室的挂牌仪式上心情一样激动，但是感悟多了些许。首先，培养一个名师多么不容易啊！需要学校这块肥沃的土壤，需要专家的精心指导，需要团队的充分认可，更需要个人优秀的专业水准和不懈的努力。十八大的报告中提到，德才兼备，以德为先。为此，作为名师之名不仅在于才，更在于德的充分体现，在于德才兼备，学高身正。

其次，名师在学校整体发展战略中的地位不可低估，因为名师就是学校的一面旗帜，对所有教师都有激励作用。为此，正如邓静红主任说的，名师就要引领工作室成员积极开展教育科研，进行能促进个人持续发展的项目研究，形成个人独具魅力的教学风格，才能成家、成名。工作室成员也要珍惜学习机会，具有奉献精神，参与课题研究，解决现实教学中的难题，课题研究往往会激活一批青年教师，带动一批青年教师甚至中老年教师。名师具有参谋顾问的作用，他们积极参与到学校的发展建设中，使学校能够在继承发展中持续前进。

最后，名师也要不断充实与更新成长的“动力源”，扎根于课堂，不然很快就会过了名师的“有效期”。今天，雷晓晖老师说的一番话让我启发很大：“我深深地认识到，只有扎根于课堂，与孩子们一起进行真实的、原生态的、回归儿童本真的学习，这样的学习才是有生命力的，才是我们名师所追求的。”

如果你是一名名师，请记住两条：对你工作的学校心存感激，因为是它造就了你或即将造就你，同时，永远不要无视属于你的思考的权利，永远不要放弃属于你的行动的机会！名师不仅要善于充分利用学校给予的一切资源，更要把握机遇，勇于战胜自我，超越别人。要戒骄戒躁，做到“腹有诗书气不傲”，要更加虚心学习，坚持向同行学习，向学生学习，向书本学习，向实践学习。我相信，只有这样，才能使自己拥有更高的思想境界，取得更高的学术成就，使影响力辐射到各兄弟学校，惠及更多有教育追求的教育工作者。

2012 年 12 月 18 日

筑梦、翱翔

圣诞老人给了我一个重量级的礼物，让我的美梦终于在圣诞节这天起航。广州市基础教育系统新一轮“百千万人才培养工程”启动仪式于2012年12月25日上午在广州大厦隆重举行。广州市教育局屈哨兵局长、华南师范大学刘鸣校长、广东第二师范学院肖建斌院长、广州大学董皞副校长分别热情洋溢地发表了重要讲话和表达了对学员们的殷切期望。作为新一轮培养对象的我，心里既高兴、兴奋，又有点惶恐不安。高兴是因为自己又一次得到了学习与进步的机会！兴奋是因为这次新一轮的学习是有史以来定位最高、品位最高的一次学习旅程！惶恐不安是因为不知道自己是否具备参与这么高层次培训所要求的学习能力和素养；能否有克服学习困难，处理好学习与工作之间矛盾的能力和坚毅的意志力！就如同教育专家培养对象广州市天河区教研室徐海元主任所说的，我只是一个教育的行走者、攀登者、守望者，但是，我相信培训改变知识，培训改变固有的定势思维、改变学校的面貌，改变教师、学生、校长的命运！为此，我一定会珍惜这次的学习机会，努力学习，提升教育智慧，做一个幸福的教师！为孩子们的终身幸福而教！让我的教育理想飞得更高、飞得更远！

2012年12月30日

充实而有节奏的工作会让人不断进步

这个学期过得十分充实，眨眼又到了学期末，上周五下午我本打算在学校的家长会上发言，却接到广州市教育评估中心的电话，傅立群主任说这次市依法治校示范校评估总结大会我必须参加，因为我们第二评估组的众位专家都出差了，要我代替组长发言表态，本来还想请假不参加的我这时只好答应了。再次拾起评估资料，让我不禁想起了在11月19~23日的五天，我们评估组组员相处的日子。这个小组，就我“一朵金花”，因此大家对我照顾有加。我不得不说，男性和女性相比，思维更加敏捷、开阔。参与这次评估，我不仅更深刻地领会到依法办学、依法执教在学校教育中促进师生生命成长的重要意义，也在这些专家身上学到了很多东西。彭铁英组长专业、睿智大气；邵允振处长儒雅博学；杨玛太校长幽默诙谐，他每天给我们讲一个教育故事，最经典的是《两只乌龟》的故事，令人一想起就忍俊不禁；陈旭东老师干练勤劳，统计工作效率很高。我呢，经常聆听他们的对话，同时也不断地加以思考，有时还得马上记下来，不然大脑里的点滴记忆很快就荡然无存了。四十多岁再来学习，真的有点吃不消，但是想想，如果等到年龄再大些才来学习，那时反应就更迟钝了。学无止境啊！星期五上午，我终于顺利完成了彭组长授予的总结发言任务。最后的一个表态环节，由于我们小组只有我一个人，没办法在现场商量讨论，我只好通过发达的通讯技术不断和组长、组员通电话，代表评估小组表完态后，我马上从佛冈赶回学校准备下午学校的家长会……

2012 年 12 月 30 日

辛劳中伴随笑语，艰苦中收获硕果

——校长专业化发展北京师范大学研训班学习总结

第二次游学北京师范大学，聆听专家高水平的讲座，在感激、感动、感悟、感恩中不断提升自己。2012 年 11 月 25 日至 12 月 1 日这七天里，我带着局领导的信任与关心，带着一种“从师”的虔诚，也带着要“学有所得”的信心，和区内其他兄弟学校四十多位校长一起开始了校长专业化发展北京师范大学研训班学习之旅。见识在游学中增长，情谊在活动中加深，辛劳中伴随笑语，艰苦中收获硕果，这就是我七天学习生活的写照。

一、任务

开班动员讲话时，局党委书记李瑞湘同志寄予期望，希望我们能听之有悟，听之尽致，学有所思，要我们好好享受学习的快乐。虽然如此，我还是感受到前所未有的困难。北京师范大学方面给我们这次培训立下了一个硬性的要求：①每天要写一篇在学习中发展的心得，上传到一个公共邮箱；②要在第四天写一个发生在自己身边的教育故事，透过这个故事写出自己的反思和启示；③回广州后要写一篇学习体会；④要制作一个校内报告的 PPT。和上一次的培训比较而言，这一次的任务还是比较重。除了两餐是集体餐以外，其余都要自己解决，好在领导体恤我们，给每个老师准备了北京师范大学的饭卡，里面有 200 元钱。每天从酒店到北师大上课走路要将近三十分钟，为了节省时间，我每天中午都在课室里休息。北京城区塞车比广州还要严重，为了准时到学校听课参观，我们有两天 6:00 起床，6:15 分就乘车出发了。每天的行程都安排得满满的，有一天晚上还要上课，好在专家的课很精彩，我们没空打瞌睡，不过要高质量地完成作业还是有难度的。后来不少校长对此提出建议，培训方面不再要求大家每天都写一篇学习心得。但我想，这可是一个很多人梦寐以求的学习机会，不及时动笔写下感悟，学到的知识就会遗忘得快，“写心得”绝不是我的困难。于是，我还是坚持每天写一篇学习心得，并把学习收获记录在我的个人博客上，让大家都能分享我学习的快乐。

二、收获

（一）听有所悟

我们听了八节精彩的课，每个教授都是诙谐睿智、思想深刻、个性独特、才华横溢、与时俱进的。经过专家演绎的教育故事，都会变得感人十足，给我们带来久违的感动。也许，感动是那琴弦，需要演奏家的手去轻轻拨动；也许，感动是那平静的湖水，需要微风轻轻拂起微澜。是的，教育就需要感动和感悟，所以，我们静静地聆听，从中汲取知识的精华，内心却波澜起伏，感动不已。

北京师范大学校长培训学院的院长陈锁明教授和我们讲“今天，我们需要怎样的课堂?”我得到的一个重要启迪是，作为一名老师，要做快乐的老师，要做有创意的老师，更要做会学习的老师、勇于实践的老师，上孩子喜欢、充满活力的课!

楚江亭教授的“学校发展规划与实施”，让我们清楚认识到校长必须要有变革意识和创新意识，要敢于打破固有的思维方式，把握好机遇，对学校的优劣势进行理性分析。这个过程，必须要有自下而上的家长、学生、教师的调研和研讨，也要有自上而下的目标理解、认识和内化的过程。我们不能作纸上的规划，而是要关注学校的细节，关注学生的需求，倡导儿童视角，通过校本管理、社区参与、技术采用、专家引领来提高学校的自治能力，提高学校的综合办学水平。

北京师范大学党委副书记王炳林教授为我们作了题为“党的十八大历史地位和理论创新”的专题报告，他将理论结合实际，用了大量的生动例子具体阐述了十八大的三个历史地位，十个理论创新。其中第七个理论创新提到的是“办好人民满意的教育”，要求人民教师把立德树人作为教育的根本任务，培育学术社会责任感、创新精神、实践能力，要让每个孩子都能成为有用之才。为此，学校要加强教师队伍建设，提高师德水平和业务能力，增强教师教书育人的荣誉感和责任感。这荣誉感不仅体现了教师应有的使命，更体现了教师的人文关怀，只有有人文关怀的教师，才懂得自尊、自爱、自省、自律，谨记教书育人的真理。

北京市史家小学终身名誉校长、北京市特级教师卓立校长是一位当了四十多年、将近70岁高龄的校长，但他仍然身体健朗，说话声音洪亮，中气十足。他的办学观念非常超前，办学经验非常丰富，是一位非常有才华、非常有创新精神的校长。他与我们大家一起分享了他作为校长的人才观、教育观，还和我们一起分享了和谐校园的办学理念。他认为和谐就是尊重和包容，和谐就是服务，和谐就是关爱，和谐就是使孩子们得到全方位的发展。我边听边思考，卓校长说得真好，任何一个时期的学校教育都需要和谐，和谐教育是一个不断发展、不断深化、紧跟社会形势的精神体系。如今，人事制度改革、岗位聘用的管理工作给学校的和谐管理提出了新要求，但与此同时也给学校注入了新思想、新方法、新活力。所以，和谐教育应该是每一所学校所向往的，也是每一位校长办好学校的努力方向。

石中英教授主讲了“中小学价值教育的理论与实践”，学校对孩子的价值教育也是举足轻重的，如果教师在班上经常讽刺孩子、挖苦孩子，班上的孩子也会学老师去讽刺、挖苦别人；如果老师喜欢听孩子打报告，那么这个群体就会有很多喜欢打小报告的学生；有什么样的老师，就有什么样的孩子。老师还要关注学生和什么人交往，因为物以类聚，人以群分，和什么人交往，他们所形成的价值观就会取得什么样的共识。现在我们当老师的难题就在于，我们生活在资讯非常发达的社会，不知道外部对孩子影响有多深，很难知道现在孩子的价值取向。就因为如此，我们老师在施教时要善于观察，善于研究，要关注孩子的价值教育。课堂教学是实施价值教育的重要途径，老师就要营造一个尊重、宽容、鼓励学习、融洽、互相信任的课堂氛围，千万不能出现挖苦、讽刺、放弃的课堂。

姚计海教授给我们带来了“校长与教师的心理沟通”一课。他认为孩子的心理健康往往取决于两种人，一种是家长，另一种就是教师。我们教师千万不能成为让孩子心理受伤的点火人，同样，我们当校长的也不能做让教师心灵受伤的点火人。我们所面对的老师都是很有个性的，所以听了这一节课，我想我们需要做的就是和老师们进行有效沟通，以开放思维、尊重和理解为前提。开放思维就是要求校长用发展、独特、系统的眼光去看待教师；尊重就是接纳教师的现状以及其价值观，尊重不尊重自己的教师，尊重和自己意见不一样的老师；理解就是校长要学会换位思维，体验他人的内心世界，宽容一些异己或犯错误的教师，多站在教师的角度体恤教师工作的艰辛，从而更好地与他们有效沟通。对于个别与自己观点不一样的老师，我们要善于倾听，也要善于表达，像莎士比亚说的“接受他人的观点，保留自己的判断”，相信这样心与心的沟通换来更多的是和谐。

沈立教授的“走在回乡的路上——回归中国经典教育”给我们带来了教育回归本真的全新视角，从七个字阐述人的价值观以善为核心，如同世界新经济的标志——谷歌公司的核心价值观是 Don’t Be Evil，即诸恶莫做！我们当老师的，不应忘记了教育的本质，应该培养学生良好的价值观、性格、道德，让他们愿意为全世界人民的福祉而学习。这七个字是善（人之初性本善）—字（三字经、千字文）—吏（治人者也当修身养性）—艺（艺术教而无艺，大学生毕业而没有技能）—经（中国具有永恒价值的经典书籍）—食（食品安全）—师（三人行，必有我师），这些回归本质的教育是不变的，都是必须坚持的。

迟希新教授带给我最精彩的一课“学校德育管理的误区与对策”，这最后一课带给我不少感悟与思考，例如，如果你是孔融让梨中的孔融，你会怎么做？如果学生回答我不会让梨，教师就打差，这样做对不对？我们老师应该做到用50种方法来教育一种学生，可糟糕的是很多老师正用一种方法来教育50种学生。再如，三角形教学课上，一位圆脸的男孩说三角脸也是三角形，老师竟然说你就是三角脸，结果学生都去看那个男孩。每个学生都有不同的想法，我们应该学会尊重不同的意见。还如，西方公民教育中有一句话是不麻烦他人，像日本地震之后，日本民众自觉地坐在电梯两边或自觉地站在绿化带附近，这是日本细节教育成功的体现。我们对学生的教育要从细节抓起，从关爱身边的人做起才行，不能从远的开始。我们要善于利用身边的资源对学生进行教育。

（二）看有所获

我们参观了两所名校：北京第一实验小学前门分校和中国人民大学附属小学，分别听了三节课和校长的办学汇报。为了早点看到这两所北京名校，我们那两天都起得很早。第一天参观的是位于西城区宣武门附近的北京第一实验小学前门分校，它是一所于2007年9月，为了进一步满足人民群众对优质教育资源的需求而创建的新校。这是一所现代与传统相结合的学校，学校负责人韩桂新校长很有亲和力，每个学员问她问题的时候，她总是很耐心、很细致地回答。该校给我印象比较深刻的是它的办学模式。该分校和我们区学校合并后的分校意义上不一样，这里的分校和总校的校长都是学校的第一把手，遵循着一种“实体独立、协议保证、行政监控、互动发展”的运作模式。分校和总校的很多教育资源都可以充分共享，包括新的教师可以全脱产到总校跟岗学习；总校的特级教师、骨干教师到分校当青年教师的导师。通过这样的模式，分校的影响力逐年提高。

第二天，我们收获很丰厚，尤其是我终于见识到了什么是大气的学校，大气的校长。一早我们就来到了中国人民大学附属小学，一睹这所全国最有名气的小学风采。果然，踏入彩虹校门，我看到的是一所最适合孩子发展，给孩子们一个蓝天的最美的文化校园、和谐校园。校园内每一处标志性建筑物就是一个教育故事，教学楼的每一块墙壁都见证着孩子们的成长历程。我们首先听了两节课，第一节是二年级的“角的初步认识”，第二节是融合了语、数、科、体、美等多个学科元素的校本课程“可爱的小豆豆”。这样的上课方式我是头一回见到，很新颖，学生上得非常愉悦，五位老师以有效课堂为基点，分别以“小豆豆”为题多角度、多维度地对孩子们展开学习指导，带给孩子们一节视野宽广、多维度思考、创新、生动的课。整个过程，师生共同享受这个课堂，共同提升知识的广度和教育实效，从此，可爱的小豆豆种在了孩子们的心坎上。毫无疑问，这是一堂非常优秀的课。接下来，郑瑞芳校长向我们介绍学校的办学历程。她一开始就说：“大家远道而来学习不容易，也很辛苦，因为我说得快，大家不好记笔记，我会把我的PPT毫无保留地给大家，所以大家不用急着记笔记。”在现在讲究知识产权的年代，这位大名鼎鼎的校长乐意传经送宝，乐意和大家分享，可以看出她是一位多么心胸宽广、多么大气的校长啊！

《道德经》上说，“上善若水，水善利万物而不争，处众人之所恶，故几于道”。意思是说，最高的善像水那样，水善于帮助万物而不与万物相争，它停留在众人所不喜欢的地方，所以接近于道。正是在对水的品质的感悟中，在对生命的理解中，郑瑞芳校长悟出了教育之“道”，提出了“正常儿童超常发展，超常儿童特质发展，特长儿童特色发展，特殊儿童正常发展”的育人目标。郑校长的娓娓道来体现了她的开朗和率真、阳光和执着、敢于担当和坚守，这些特质无不昭示着一位基础教育界“领军人”独特的个人魅力。所以她把“创造适合于儿童发展的教育环境”的办学理念发展到了极致，并体现到校园的各个角落，转化到中国人民大学附属小学教师们日常的教育教学行为之中；“理想、责任、仁爱、阳光、感恩、养成、创新”七彩德育教育，与七彩智育和七彩评价相得益彰，构成了中国人民大学附属小学丰富的内涵。郑校长说起学校的老师，说起那些宝贝学生，脸上就不由自主地流露出灿烂的微笑，就像一个“大孩子”。

为了减轻学生的作业负担，将学生的时间还给学生，培养他们独立思考、自主创造的能力，该学校给学生们留起了个性化的作业——做自己喜欢的事儿。从2010年寒假开始，郑校长取消了长期以来习惯以“本”为形式的寒假作业，改为由孩子们兴趣而定的“小课题研究”，让学生去研究自己喜欢的东西或现象。我们在会后参观校园文化的过程中也看到，五、六年级课室走廊两旁的墙壁上贴满了孩子们的小课题研究作品，一张张图文并茂的课题研究手抄本，制作得非常精美。

俗话说，一个好校长就是一个好学校。我参观了中国人民大学附属小学之后，觉得这句话还不够全面。的确，校长的素质高低关系到学校发展的兴衰成败。但是，一个学校的可持续发展更需要一支优秀的教师团队。校长不仅要创造适合每个儿童发展的环境，还要创造适合每个教师发展的环境，关注每一位教师发展的利益、价值和愿望。只有这样，教师才能在人文关怀中品味幸福，消除职业倦怠，幸福地工作；只有教师幸福地教，学生才能幸福地学。

三、反思

诚然，学习是艰苦的，冷而干燥的天气虽然让南方人有点不适应，但是我们区教育局精心安排的一场场精彩的精神盛宴让我有些“乐不思蜀”了。学习是艰辛的，但我收获了新的教育理念，收获了成功的经验，也收获了学习的快乐。

2012年是值得感动、感恩的一年，我很光荣地成为广州市基础教育系统新一轮“百千万人才培养工程”的名校长培养对象之一，圣诞老人让我的美梦在圣诞节这天起航。作为新一轮培养对象的我，心里既高兴、兴奋，又有点惶恐不安。高兴是因为自己再次得到了学习与进步的机会！兴奋是因为这次新一轮的学习是有史以来我最为重视的一次学习旅程！惶恐不安是因为不知道自己是否具备参与这么高层次培训所要求的学习能力和素养；能否有克服学习困难，处理好学习与工作之间矛盾的能力和坚毅的意志力！但是，我是一个教育的行走者、攀登者、守望者，我相信培训改变知识，培训改变固有的定势思维、改变学校的面貌，改变教师、学生、校长的命运！为此，我一定会珍惜这次的学习机会，努力学习，提升教育智慧，做一个幸福的教师！为孩子们的终身幸福而教！让我的教育理想飞得更高、飞得更远！

2012 年 12 月

精神世界的信仰、力量和纯真

一部好的片子会让人有所思考、有所感悟，在历经两个小时的享受后，还意犹未尽，反复从中琢磨，寻找丢失了的自己，以及在心中对自己说过千百次的永远不要放弃的希望。

李安的《少年派的奇幻漂流》当然做到了，这确实是一部深得我心、难得的好片子。故事讲述的是一人一虎在海上漂泊 227 天的奇幻旅程，是一部震撼心灵的冒险故事。影片超凡的视觉效果给观众带来了不一样的视觉体验，让我沉醉于一幅幅精美的画面中无法自拔。之前一直对张艺谋、霍建起这样的导演把握镜头和画面的手法比较有感觉，但这一次，李安惯用的讲故事的手法给了我很大的惊喜，《少年派的奇幻漂流》画面的精美呈现，让我就算是在梦中也会再一次惊叹。

一、用心中的希望去感受生命之美，沐浴信仰之光

对于我，信仰是一个可敬的名词，它可以让人感受到美好和希望，因为有了信仰的支撑可以承受生命中的不能承受之轻；但是也因为信仰，会让人怀疑，自己是否真实存在过；也会因为信仰，害怕自己套在一个圈子里绕不出来，生活在虚幻世界中。生活真得依靠信仰才能继续吗？大多数人没有答案，少年派在祷告和神对话的时候，我一字一字地跟着他念对白，我相信总有一些力量是必然存在的。随着年岁递增信仰越来越不神秘，它其实就是一次次与自己的对话，让人认清楚自己的内心。李安说，他对信仰有一种好奇，还有一种渴望。这也是他拍摄《少年派的奇幻漂流》的原因之一。

二、老虎就是你我每个人心中的恐惧，它无处不在

少年派和老虎一起漂洋过海，一开始少年派想置老虎于死地，最后他发现如果没有老虎，自己根本就不可能活下去。茫茫的大海上，其实老虎就是人的恐惧，如果没有恐惧，没有时时刻刻的警惕，那就只能是等待死亡。对于老虎的恐惧一直刺激着少年派，让他可以暂时忘记孤独。在我们每个人的生活中，都非常需要这样的老虎，如果一直生活在安逸之中，你就会变得懒惰，如果有一个东西

或者一个声音一直在刺激着你向前走，那人生会有更大的进步。李安说，恐惧鞭笞着自己不断地求改进，因为没有比恐惧更强烈的感受了。少年派在恐惧中学习，我们也是在恐惧中一步步向前。

三、人生就是不断地放下，然而痛心的是没有好好地告别

少年派和老虎一起漂流了227天，一起经历了各种苦难，可是安全到岸的时候，老虎头也不回地走进了森林中。虽然有点残酷，缺乏温情，少年派难过地哭泣。但这是真实的存在呀，没有回头的告别，才是人生常态。我们一生中会遇见很多人，在这些人中，总有一些人无声无息地走出了我们的世界。我们觉得遗憾，因为我们曾经在一起经历过人生中那么多的美好，不管是亲情、爱情还是友情，而这些遗憾就变成了省略号刻画在彼此的生命中。

四、我们怀疑所有的美好，又拒绝承认现实的残酷

每个人都有软弱的时候，但是当你认识了自我，就应该学会与之相处：有些东西虽不合理，却必须相信，有些东西并不牢固，但必须依靠。少年派讲述的故事夹杂着许多个人的美好想象，也有很多人们不愿意去相信和感受的真实残酷，但我愿意去相信，去感受，不管是美好的想象还是真实的残酷。因为总有一个细节，会让我感动。

李安说，这部片子表达的是一个纯真丧失的过程，少年派小时候受到保护，可是出海以后，面对的都是野性的东西，是一个抽象的世界，但是对纯真的怀念，会是一种长久的情怀。不管生存的环境如何，那份纯真的心始终不渝，这非常宝贵。

谢谢李安，让我们知道精神世界的信仰、力量、纯真尤其珍贵。

2013年2月17日

得人恩果千年记

在我的家庭教育中，长辈们自小就给我灌输了“得人恩果千年记”的感恩思想，爸爸妈妈更是从小就教我要懂得知恩、感恩、报恩，所以我一直都怀有一颗感恩的心，对所有帮助过我的人，不管他是有心或无心，直接或间接，小恩还是大恩，我都会感激他，并一直记在心里，有机会一定会报答。而且，我也一直愿意尽我所能，帮助需要我帮忙的人。

但是有一次，我彻底愤怒了！我一直竭尽全力帮助了多次的人，居然一点都不懂得感恩。在我人生最为重要的一次历练中，她不尽力也就罢了，却故意歪曲

事实，甚至联合对我有意见的人一起重重地踹了我一脚。当今社会，有的人为了上位，要做这些事一点都不出奇，但是我为什么那么心痛，以至于每每想起都会埋怨当初自己对她的厚爱、迁就，甚至过分的宽容。心痛源于极大的讽刺，心痛源于自己把一个一点都不珍惜我的帮助，转身还要深深伤害我的人当作朋友！虽然我不奢望每个人都能做到“滴水之恩，当涌泉相报”，但这样的结果还是让我非常失望，让我不得不反思。

时间一天天过去，春节的气氛明显地淡下来了，街上的乞丐似乎也少了很多。想起，过节那段时间，路边形形色色的乞丐不断地用悲惨的故事换取路人的同情，走过的那一瞬间，我不由地为他们心生怜悯，掏出钱给他们，心想让他们早点结束乞讨，早早和家人团聚，过个快乐的春节。有那么一刹那，我也会质疑，他们不是有手有脚吗？为什么不去工作，非要这样在街上扮可怜来博取同情呢？有一次宝贝女儿说的话让我顿悟：“或许他们有难言之隐，我们给些钱或许能帮上一点忙。”是啊，别人做了什么事，我们管不着，我们只要做好自己觉得应该做的就可以了。

只要做好自己的本分，问心无愧就够了，对别人我无法强求，但是我会继续“得人恩果千年记”！

2013 年 3 月 3 日

祝福江二[①]，祝福师生

开学的第一次集中学习，我与大家分享了这样一件事：情人节那天，我和先生去爱琴海西餐厅吃饭，坐在对面的一家三口引起了我的注意。母亲一副贤妻良母形象，儿子白净高大，可能是个高中生。每道菜拿上来的时候，这位母亲总是先把菜分成一小份一小份，再摆在父子俩面前，让他们食用，父子俩一副理所当然的样子，只顾低头吃，完全不顾那位还在分菜的母亲。我不禁思考，这样养尊处优的生活究竟会培养孩子什么样的思维方式和生活方式呢？是认为做父母的就应该这样为儿女付出吗？做妻子的就应该这样为丈夫服务吗？我不敢再往下想了。

继而我播放“中美孩子家务清单对比”和“一个德国人图示中西文化差异”的幻灯片给老师们看，让大家一起思考：教师如何站在学生生命成长的视角树立正确的教育观念，帮助学生找到自己擅长或是最适合自己发展的领域。不管是学校的行政人员还是教师，其领导力内核都应是“沉静”，而不是噱头。教学质量

① 江二：指江南新村第二小学，简称江南二小或江二。

是学校的灵魂，是学校的生命线，让学生成才是我们老师的责任，更是我们永恒的追求和理想。有些老师接了个好班，取得了好成绩，但并不能代表他们就是最棒的，敢于接手差班，抛弃浮躁，尽自己最大的努力为学生搭建平台，更能证明一个老师的优秀。我们要用自觉和爱兑现执行力。作为一名教师，学校里的一分子，首先就要积极认真地遵守学校的规章制度和完成学校安排的各项任务。如果不能遵守学校的规章制度和完成学校安排的任务，就算有再多的创造力、再多的工作热情也不会创造出好的成绩。工作是我们生命中必需的活动，与其被动地参与，不如充分享受它，热爱它。只有这样，自己在工作中想到的办法才最多，学到的知识才最多，工作效率才最高。美国教育家苏娜丹戴克说过一句话："告诉我，我会忘记，做给我看，我会记住，让我参加，我就会完全理解。"荀子说的"行之，明之"也是同样的道理。学校的成功需要我们将新的教育理念转换为有效的教育教学实践，需要我们把应该做的工作做实、做细、做精；需要我们把人们熟知的日常教育技能学习致用，吸取教育过程中长期积累的教育经验。

我和老师们共勉，希望大家都遵循这样的工作原则。一是"亲"，建立教师团队之间的亲密和真诚。我们也希望孩子们要"亲其师，信其道"，如果一个老师不懂如何真诚待人，与同事协同合作，那他如何让同事信服？他的才干知识也很难传授给学生。二是"敬畏"，敬畏我们的教育事业。事关未成年人教育的任何事情都不能掉以轻心，教育无小事，所以我们教育工作者每天都要如履薄冰地完成好每一个任务，对待工作中的每一个细节，都不能有丝毫的疏忽。三是"感恩"，对学生心怀感恩。感谢学生给予我们这个与他们一起成长的环境和成功的平台，如果没有学生，我们再好的教育理想、教育追求也没人去倾听，没人去理解。正是有了学生，我们的知识、理想和追求才能通过他们不断地传递。学生用他们六年的时光陪伴我们，和我们共同成长，这份信任，怎能不让人感动，不让人感激？

最后，我献上祝福，新的2013年，祝福江二，祝福师生！希望我们大家传递更多的正能量！只要大家的心是凝聚在一起的，敬畏自己崇敬的事业，尊重自己的专业精神，内心对工作充满激情，赋予孩子有感染力的正能量教育，相信大家的事业都会更上一层楼！

2013年3月10日

如何不让校园踩踏事故的悲剧重演

3月5日上午，利用短短的一节课，我们召开了主题为"如何不让悲剧重演"的班主任例会，研讨的话题围绕湖北襄阳老河口市薛集镇秦集小学的踩踏事故展开。

18 位班主任一下子拉开了话匣子，大家结合自己的工作实践提出了许多见解和建议。

谭艺文老师说学校的集体活动很多，安全工作尤为重要，学生出操时班主任的到位很重要；唐玲玲老师说每接一个班，每换一个课室，她都要考察课室的周边环境，教学生灵活地应对一些安全事故，并成立安全监察小组，强化安全措施；吕秋萍老师笑称，课间打铃上课前和午休前这些时间她总要想办法把“野马”变成“蜗牛”，好让那些孩子静下心来上课、午睡，同时减少因奔跑发生的意外；罗敏玲老师说安全工作要抓重点，一些重点位置（栏杆、专用场室、体育设施、操场等）的安全预防教育工作要落实，要教学生自救的方法；冯艳芬老师归纳了三点，一是学生的秩序和自救，二是老师的敏锐力和危机意识，注意观察和善于抓住契机教育，三是学校教育教学设施的安全保障；吴欣老师提出在对学生进行安全教育的同时也应该教育家长，让家长支持和配合学校的安全工作；闫路阳老师建议在课间开展有意义的益智文娱活动，孩子有正事做，就不会顽皮地干些危险的事而出意外了；李红老师从加强学校安全设施设备方面提出建议，并提出“学生受伤时班主任如何处理”的问题。纵观上述，大家的献计献策都离不开两个关键词：“到位”和“方法”——学校设施设备的安全保障到位、管理人员的责任到位、正副班主任的工作到位、指导学生安全自救要找准方法等。

作为学校的安全第一责任人，校长要时刻关注学校的安全工作。这不仅仅是因为校园安全事故对学校造成不良的影响，如果造成人员伤亡，还会让我们良心不安，悔恨终生。意外事故很多时候防不胜防，但是人们常说未雨绸缪，学校还是可以通过加强管理、加强教育防止安全事故的发生。例如在秦集小学的惨剧中，如果宿舍楼的保安没喝酒，能每天按时打开门；如果学生在下楼梯时能讲秩序，讲文明；如果学生在下楼梯时有值班老师引导分流，疏导人流，指挥得力，注意礼让；如果学生平时接受过应对突发事件的演练，懂得当有人倒下，其身边的人应该怎么提示后面涌来的人群……但没有如果。这一起踩踏事件需要引起我们每一个教育工作者和家长深思，我们必须树立责任意识、生命意识、安全意识，对学生加强教育、引导，帮助他们掌握必要的自护自救本领。学校的安全设施更要为老师们的精细管理保驾护航。

教育无小事，需要的就是管理者和教师的勇气、爱心、智慧和耐心！

2013 年 3 月 10 日

领略一种另类的思考

今天，我的学习之旅再度起航，有幸和众多学员一起走进东莞中小学教师进修学校开始为期一周的“百千万人才”名校长培养项目的学习。下午王红副院长作了简单的动员后，大家期待已久的学术报告“教育人性化的实践性思考”终于开始了。扈中平教授，一位很有思想张力和独到见解的教授，他着重讲述了人性中的“利己”、“求真”、“向善”、“爱美”、“喜新”、“自由”、“性”等基本内容与教育人性化的实践策略。幽默诙谐的话语、声情并茂的演讲将大家引进了一个看问题的全新视野，并引起大家的阵阵笑声。从他的讲课中，我得出了一种有别于以往甚至是有点另类的思考，重新审视至今一直倡导的雷锋精神。雷锋精神的本质或许并不是“毫不利己，专门利人”，因为利己是一种本能，是一种自身的需要，他只是把帮助别人作为一种实现自己人生价值的方式，帮助了别人也快乐了自己，他收获的是一种精神上的满足。扈教授提出，如果传统的中国道德教育忽视了人性的本真，把“道德”和“利己”对立起来，这样不利于引导学生正确理解道德的本质。不过，我对扈教授的一些观点还是有所保留的。比如，我认为不能一味强调追求人性的“利己”、“求真”、“自由”这些元素，否则人性中的诚信、善意地说谎、乐善好施、大公无私等良好品质就会荡然无存。其实，很多时候，专家总是带着一种批判的眼光来看问题，甚至为了支撑其个人观点而否定另一方，哪怕另一方不乏正确之处。为此，听者要善于思考，善于分析和判断。

诚然，教育人性化与道德教育并不相违背，是可以统一，达成一致的，但需要教师的教育智慧，需要我们把这种理念和追求落实到教育工作中来。

2013 年 3 月 12 日

心灵驿站

离开居住的城市，离开熟悉的学校和师生，到一个新天地去学习，这种离开不仅仅是一种单纯的空间转换，还是思维方式、学习方式的大调整。要想真正学有所获，就必须使自己站在一个全新的视角上。

今天上午，著名学者、华南师范大学基础教育培训与研究院院长吴颖民教授根据他多年的实践与研究，与我们一起分享了“给未来教育家的八条建议”和“国内外优秀校长的胜任特征研究”，对名校长培养对象寄予了深切期望，并提出了八点建议：①不断坚定教育信念，勇于追求教育理想，有了对价值的追求，才有对学校的准确定位；②注重理论修养，更注重理论指导下的教育实践；③倡导研究工作状态，创造一种人文的工作氛围；④努力让自己有开拓的视野；⑤要勤于学习，也要勤于思考，尤其是独立思考；⑥适时提炼自己的观点，发出自己的声音；⑦珍惜学习的机会，放大学习的价值；⑧努力为广州基础教育转型升级作贡献，用转型的思维方式来看待现在的工作与实践。

下午，我们可爱可敬的主任童宏保主任创设了一个宽松、愉悦、富有文化品位的“个案分析及世界咖啡”的课堂，让我们有了一次分享知识、激发创新思维、集思广益的深度会谈。各小组围绕“名校长的特征”阐述各自独到的观点，我们小组成员的思维有宽度，更有高度，当三轮互动、听取各组观点之后，我们小组再次归纳和完善我们的意见，由组长叶丽诗校长陈述我们小组的观点。我们认为就名校长的特征综合而言，他（她）有一个系统、有个性的教育思想，文武双全、技艺双馨，主要体现在以下五个方面：一是品质——修养、素质（德、纳、爱、诚）；二是领导力——规划力、判断力、执行力、沟通力和协调力；三是态度——执着、坚韧、勇气、耐心；四是意识——自我提升与发展的意识、创新意识、危机意识、批判和民主意识；五是健康——身心健康以及阳光心态。最后我们小组由王晓芳校长作了一个精确、高度概括的点评，称赞大家刚才精彩的发言足以归纳出名校长的所有特征！

晚上，我们看了一部有争议的美国电影，名字到现在我还不知道，但是看了之后不由地想起扈教授谈及的人性化教育。影片中有一堂很特别的课令我印象很深刻，“船长”教师站在讲台上让孩子们也走上讲台上换一个角度看这个世界，让他们从这个高度看世界的每一个角落，鼓励他们用诗歌去“唱”出自己的感受。“船长”教师教育孩子们要勇于放飞自己的梦想，鼓励每一个孩子发扬个性，学会独立、自信、骄傲，更懂得用勇气去追求自己需要的东西。可是遗憾的是，一位孩子因为自己的梦想得不到父母的认同与支持，而无奈地选择了不归之路，从此离开他的伙伴，离开他的戏剧之梦，更永远离开了他的父母。

看到这里，我不得不说，这是传统教育与创新教育、新一代与老一辈的思想较量。50年代的美国，“船长”教师的这种变革虽获得孩子们全身心的拥护，但同时也不可避免地得到来自校长、家长等“保守派”的阻挠。我个人认为，首先，在当今缺乏信仰、理想与激情的迷茫年代，迫切需要传统教育的变革和创新，但并不能只是教师思想与行为的变革，而是应该自上而下，从政府、教育行政部门到学校、家长都必须统一思想，达成共识。其次，我们教师教会学生有理想、有追求、会创新固然重要，但是我们希望给予孩子更多的是正确的价值观。如果只有“生命诚可贵，梦想价更高”这样的价值观，过分强调“利己”、“自由”，不顾后果，那么受伤的不仅是自己，还包括自己的亲人。例如剧中就出现“那个小孩为了个人的追求欺瞒父母参加戏剧”、“为了自保而出卖他人”这样的事情。最后，在现代教育中，老师不仅仅要教育孩子，还要争取家长的支持，甚至还要教育家长。当戏中的“船长”老师已经知道那个孩子的家长极力反对，作为老师，他不仅要做孩子的思想教育工作，还应该及时和家长沟通，取得他们的理解，这样产生的教育合力或许就不会让孩子走向极端，不会发生最后的悲剧。

是啊，创新教育不是关起门来搞教育，是一种协同的正能量教育，是一种关注孩子生命和谐健康成长的灵魂教育！

2013年3月13日

将亲文化进行到底

今晚，这里星光灿烂，我们新一批“百千万人才”教育专家、名校长、中学名教师培养对象在华南师范大学基础教育学院导师团队的带领下，激情澎湃，热血沸腾，齐聚东莞中小学教师进修学校（培训大本营）的操场举行了一场精彩的文艺汇演。我们名校长班亮出的节目是由张校长编排并领唱、唐校长改编歌词、集体朗诵的《相亲与相爱》——“天下相亲与相爱，动身千里外，心自成一脉，今百千万进行时，我们同期望，美好感觉在，仰教育之高，循名家之道，身在温暖的怀抱，生命的脉搏，成长多骄傲，桃李园中的微笑，校长出名自粤海，这华师盛会，五羊的祥瑞，相亲与相爱。”导师们在王红副院长的领导下带来神秘节目，现场掌声雷动，歌舞升平。最后，晚会在火辣辣的《江南 style》舞曲中落下帷幕。

晚会上大家尽显才华，尽情玩乐，关系更为密切。一连几天的培训学习，虽然吃得不是很好，但是能充分感受到大家彼此的真诚和亲近，每一个细节都感受到导师们给予学员们的关心与热忱服务，坐在课室里享受的是滋养生命的精神盛宴。

晚会也预示着我们第二期的集中培训即将结束，这几天学习的点点滴滴，专家的精彩讲课给我们留下了很深的印象。广州大学社科部党总支刘树谦书记讲完“老师有礼，教仪天下”后，我们乘坐电梯时就遇到了很多绅士和淑女，原来大家都学以致用。礼仪是一种大智慧，一种高品位，一种良好的教养，也是一种美。我认为这也是王红院长强调的亲文化中很重要的元素之一。心理咨询专家郑希付教授的“压力与情绪管理”一课让大家的幸福指数猛增，我们认识到保持愉悦的心情，上课就不会觉得累。郑教授通过大量的典故和实例让大家学会管理自己的情绪压力，找到情绪与压力释放的正确方法。他的妙语连珠不时引发大家的笑声。

王红副院长每一次讲授“从中美比较看中国基础教育——聚焦教育教学目标与绿色教育”都有新意，我想这是因为每一次王红副院长都把亲、敬畏、感恩的理念和文化带进课堂，所以她向我们展现出来的东西总是引人深思！每一次都能让我有新的发现、产生新的观点。王红副院长展现的许多观点和事例都能引起我们的共鸣，我们真的需要借鉴美国实实在在的基础教育教学目标：“培养学生善学、好学的品质，批判性思考的习惯和面对问题解决过程中莫衷一是的情形时乐此不疲的情怀，从而在知识、能力和情感等诸方面为中学后教育做好充分准备。”“净化”和“绿化”教育不容易，不仅需要勇气，需要智慧，更需要坚守！我们期待，我们实践，我们要勇于向“应试教育”挑战，创新教学目标，创新教学理念，创新教学方法和手段，发挥学生的想象力，激发学生的创新思维，培养学生的社会责任感和合作交往力。与此同时，建立一系列不同的评价机制，不断鼓励和引导学生，长此以往，我相信，我们的基础教育一点都不会比美国差！

学习仍在进行中，三天的培训我们都很珍惜，我们团队也一定会相亲相爱、团结共进，并将这种亲文化进行到底！

2013 年 3 月 14 日

心之所想，事之所成

作为吴小兰校长的卓越实践导师，今天上午，我很荣幸地被邀请到她所挂职的学校——建设大马路小学，参加她的“广东省教师工作室”挂牌仪式暨“中小学英语学科发展国际化 PRT 项目”研讨会活动。早在 2 月 19 日华南师范大学的第一次见面时，吴校长就给我留下了很深刻的印象——善思、好问。后来，大家因为忙于各自的工作而仅限于 QQ 和博客上的交流，所以，今天我怀着期待的心情和我校英语科的四位老师一起早早地来到了建设大马路小学。很巧，这所小学恰好就是几年前我和科学老师带学生来参加科技比赛的学校。

热情的礼仪队员用熟练的英文和我们打过招呼后把我们带进了操场，这里早已人声鼎沸，热闹非凡，因为学生英文活动“跳蚤市场”正在进行中，全部义卖所得的善款将作为广州市红领巾基金。为了筹得善款，每一个孩子都在乐此不疲地推销他们的物品，尽管有些孩子的英语口语不是很熟练甚至出现错误，但为了传递爱心，孩子们都愿意开口用英语努力和别人交流。我们觉得这样真情实感的情景学习，坚持下去，必定会让孩子们乐学英语、活用英语。令人感动的是吴校长领导下的教师团队也积极参与其中，随时指导、鼓励孩子们。师生的热情感染着所有在场的教育工作者，大家也纷纷献上爱心，淘上一两件小玩意，我淘的是一个“福”字剪纸。

接下来，就是“中小学英语学科发展国际化 PRT 项目”实验学校的挂牌仪式、吴小兰教师工作室挂牌仪式以及英语课例研讨活动。我觉得最精彩的讲话属于两个人，一是华南师范大学基础教育培训与研究院常务副院长王红教授，第二个就是吴校长。王红教授虽不是英语老师，但比很多英语老师都更懂英语教育，她说英语学习不在于反复地练，而在于让孩子掌握正确、灵活的学习方法。吴校长字字句句都充满着对教育理想的追求，充满着对学校发展的美好期盼，充满着对老师团结合作的赏识。她是一位很有思想、追求、能力的年轻校长。利用会前和会后的时间，我参观了校园环境。吴校长来这所学校才短短的三个月，可学校面貌已经焕然一新。学校以英语学习为契机，在走廊、楼梯等墙壁上恰到好处地贴上英语谚语的温馨提示语，在进行道德情感教育的同时也形成了良好的英语教育氛围，培养了学生的国际化素养。仅仅三个月，吴校长不只是在指导学校向前发展，同时也在努力地为师生搭建平台，创造更多的发展空间，以自己的实际行动引领着建设大马路小学的全体师生不断努力前行。这种自信心、这种奋进的精神实在难得，也值得我敬佩，值得我学习！

相信在吴小兰校长先进办学理念的引领下，建设大马路小学的教育之路会走得更宽，更远！祝愿吴校长“心之所想，事之所成”！

2013 年 4 月 3 日

“用心”注定“有为”，更成就孩子们的幸福

我们名校长 104 工作室的成员一行六人在理论导师童宏保博士的带队下，怀着虔诚的求学态度来到了实践导师陈伯良校长所在的东风西路小学进行为期一周的跟岗学习。

童博士说得好，这既是学习，又是培训；既是跟岗，又是一种体验；他期待我们学员们这一周能放下学校工作的思想包袱，把自己完全融进学生的角色中，全过程参与，零距离接触，用心去体验。大家通过亲密共处，能进行更多的互动交流和分享，通过学习、反思与总结，能全方位地向以陈校长为首的东风西路小学的管理团队学习。

由于面临着学校班子的换届，我对这次的跟岗学习渴望且珍惜。在跟岗学习前，我给自己定下了几个目标：寻找治校的策略，寻找教学的创新，寻找成功的主因，寻找和谐的根由。带着责任和问题，今天，我终于走进了这所名校，一睹这所学校的风采。第一天，我记下了一些令我印象深刻的片段。

七点四十分，我已经到达东风西路小学的东风校区门口，校门前的马路早已被一辆辆送学生的车围得水泄不通。踏入学校，里面是截然不同的另一番感受，那就是学生们一张张天真而灿烂的笑脸，宁静中却带着无限生机的校园景色。孩子们一天的校园生活就要开始了。经过广播室，播音员正忙着准备升旗仪式的音乐。

八点三十分，天公不作美，下起了小雨，为此学校通过直播方式进行室内的升旗仪式，陈校长对我们的跟岗学习热情地致欢迎辞。随后，几名干练、有礼、落落大方的队干们引领着我们，分别向我们介绍了东风西路小学“国家时事新闻”专栏，少先队队部室的功能建设及队干服务，还有关注人文和细节教育的心理辅导室。每个队员都如数家珍，讲述得绘声绘色。令人感动的是他们并不是在

背稿子，而是真的在说自己的故事并且乐在其中。当我们让其中一名队员作自我介绍时，突如其来的问题却没有难倒她，她居然讲起和自己姓名有关的一些典故。我不禁感慨，学校的丰厚文化熏陶、开放视野培育下的学生综合素质就是强，难怪东风西路小学已经培养了好几届的“羊城小市长”。

九点二十分，陈校长向我们介绍学校的发展历程。一所有着四个校区、六十四个班、三千五百多人的大校，陈校长肩上挑的是常人难以承受的重担！我听完陈校长的介绍后，不禁对这位能力超常、睿智可亲的校长肃然起敬，对他成功的办学经验也有了一些了解：一是敢为人先，他率先打造广州市规模最大的一校四区的公办小学，还多方争取市区政府部门对教育的支持，攻克了多个前任校长没办法解决的难题，把学校旁边的大型停车场征为学校教学用地；二是传承与发扬，他认真探索合并校管理之路，注重传承与发扬，形成了尚德、多元的办学理念，建立了“一核心、双主体、三结合、四渠道”的德育模式，实施发展学生素质的“五个一”文化工程（懂得一套待人接物的礼仪，写得一手工整美观的好字，讲得一口流利标准的英语，培养一项爱好或特长，掌握一门驾驭信息技术的技能）。在这样的文化培育下，难怪东风西路小学的孩子们个个都那么自信！那么讨人喜爱！

十点三十分，校长的办公会议让我对以陈校长为首的东风西路小学管理团队有了进一步的了解。会议议题由办公室主任梁主任收集各校区的研究工作再草拟出审核单提交到办公会议上，各部门的主管副校长分别提出议题、想法、做法及其预期的效果，再听取大家的意见。在此期间，陈校长都在很认真地边听边记录，充分听取大家的意见并加以点评，对一些有争议的问题权衡利弊，择优执行。从每一位副校长的发言中不难看出，陈校长给了他们一个充分展示自己的管理平台，让他们各显身手，各尽其职。我的这个想法在下午三个校区的参观中得到充分验证，他们几位副校长都不约而同地表示陈校长给了一个很好的平台放手让他们去大胆管理，夸奖陈校长的大智慧和个性魅力，把四个校区管理得井井有条。整个校长办公会议民主高效，体现了各位校长的理念和管理能力。

下午，我们还分别参观了双井、盘福和流花三个校区，几位校长、主任以及老师们的敬业精神令我们感动。

一天的学习很快结束，陈校长的句句箴言给了我不少启示：“校长的有为和无为，用心和不用心注定了教育的成功与否。”“校长要把学校教育作为事业来做，为师生的发展而铺路！”是啊，陈校长拥有教育的真诚与智慧，拥有容纳百川的胸怀与敢为人先的办学气魄，这种为学生、为老师、为学校孜孜以求的“用心”注定了他的“有为”！更成就了孩子们的幸福追求！第一天就有如此丰厚的收获，感谢陈校长！感谢班主任童博士！感谢陈校长领导下的管理团队为我们精心准备的学习行程和悉心的照顾！期待着明天……

2013 年 4 月 8 日

多元的班主任学习平台

一所名校之所以出名，我想，首先是因为校长拥有先进的办学理念，能用教育理念点燃师生的激情，引领师生发展。其次是因为校长先进的理念、思想能成为管理层的教育追求，成为全体教师的行为价值准绳。到东风西路小学跟岗学习的第二天，我再一次被陈伯良校长先进办学理念下的价值文化感染。

今天，学校精心安排了两个学习内容：上午，参加东风西路小学全体班主任与白云区贤丰小学班主任手拉手的交流活动；下午，在双井校区进行全校数学科教研活动。两个交流活动都把陈校长的办学理念贯彻得淋漓尽致，可见，陈校长“尚德、多元”的办学理念，已经浸润每位副校长、中层主任乃至老师们的心田。我很欣赏今天上午的班主任交流活动，因为它实施了多元办学理念下的教师队伍培训模式，为班主任的多元学习提供了良好的互动平台。这个学习的“多元”体现在以下三个方面。

一是培训内容新颖。主管德育工作的夏健君副校长介绍，构建这个学习平台是为了让班主任懂得珍惜、学会感恩、智慧育人、幸福工作。为此，学校选择了不同地区、不同层次、有代表性的学校（区一级、市一级、省一级的公办学校、民办学校）作为学习交流的平台。前期，夏校长和德育主任做了充足细致的调研，确定了学习的主题，编写了《他山之石可以攻玉——东风西路小学班主任培训活动手册》，然后向班主任们说明学习目的和意义，再带领班主任走出校门参观，与对方学校班主任面对面地交流，回学校后分享学习感悟。据了解，上个月，东风西路小学已经带领班主任到深圳蛇口学校进行了一次成功的交流学习。

二是多元感官体验。通过校长介绍、班主任访谈、观课、校园巡视等活动，我对该校有了比较全面的了解，深深感到，东风西路小学选择了贤丰小学作为班主任交流的平台是非常明智的。因为白云区贤丰小学作为一所民办学校，却有着可以与公办学校媲美的优质教育资源，环境优雅，书香充盈，文化走廊上师生的书画作品、教师的粉笔字诗词练笔随处可见，让人赏心悦目。该校的语文老师均是一个人任教两个班，还兼任一个班的班主任，如此艰巨的教学任务和繁重的班主任工作却丝毫没有降低他们的工作责任心和工作质量，他们还是照样亲自出好每一期的课室墙报，一丝不苟地出好黑板报，照样参与少先队的“美丽对角”创意评比活动。各班的班级文化不仅可以与我们公办学校相比，甚至比起我们江南二小的一些班级更注重人文性、艺术性和知识性。最令人欣赏的是，校园里每一个孩子都洋溢着幸福、纯真的笑脸，都非常真诚、有礼地主动向老师问好。此外，在这样的工作强度下，该校照样参加白云区教育局的教学质量抽测，教学成绩在全区名列前茅。学校的体育、艺术特色也十分鲜明，参加他们全校性大课间活动的每一个老师都不由得伸出大拇指夸奖老师和孩子们，不停地拍照留念。因为这大课间活动的设计凝结了全校老师的创意和智慧，彰显了老师们的多才多艺。从全校性的跑操到各年级的特色操，全体师生都全心投入，连高年级的男女同学都一样认真，每个动作都用心做到位，真的很不简单，精彩场面令人震撼！这样的多感官体验带给我的感触也是最深的，获得的感悟也是多元的。

三是零距离沟通与体验式互动。正如陈伯良校长昨天与我们学员分享的：学校在“双体系”教科研活动中，很注重老师的学习记录和积累，这是老师们结合工作实际反思和提升自我的一个重要过程。所以在这次交流活动中，学校专门为班主任设计了培训活动手册，里面对班主任如何学习作出了明确的指引。例如，了解对方学校的校长姓名、办学理念，访谈时向对方学校班主任提出“班级管理最成功的是什么或困惑是什么？”“与家长沟通的情况”等问题；又如，听课时应该记录施教者亮点即成功之处，记录学生的独特见解和发现，记录自己听课中闪现的灵感，观察师生的文明礼貌情况等。这样的指导能启发班主任更好地与对方学校班主任进行零距离沟通与体验式互动，达到良好的学习效果。

2013 年 4 月 9 日

教育需要什么

午睡过后，竟然下起了滂沱大雨，一霎间，天灰蒙蒙的一片，大雨像天塌了似的铺天盖地从天空中倾泻下来。我不由得为在操场两旁午睡的孩子们担忧，这么大的雨，没伞根本就不能回教学楼上课。他们哪会想到，六月天真的是孩儿脸，说变就变呢？

于是，我拿起雨伞，疾步走向操场。下楼梯时，我看到五二班利智勇等几名足球小将急急忙忙地拿着雨伞，冲入了雨中，接送被暴雨困在午睡室里面的老师和同学。这令我不禁再加快了脚步，心想，这平时被我训了好几次学习不积极的孩子这时候却成了班上的大英雄。孩子们乐于助人的精神就在此时此刻，不断地传递，不断地感染其他同学，许多孩子不断地加入到接送同学的队伍中来。同学们一看到我，开心地喊道：“校长，你也来了！”虽然一来一回的接送，自己半边身已经湿透，脚上穿的一双名牌皮鞋早已全部进水，但是孩子们做好事的那种乐此不疲、积极主动的态度，让我感到无比欣慰和自豪！接送完五年级的孩子，我又赶去离教学楼近一些的二年级午休室，此时，老师、家长也加入到接送队伍中来了……

记得肖川博士曾说过“教育就是服务”，我们教育工作者所做的就是让学生更多地体验到被人关注、被人爱护的温暖与幸福，更多地体验到自由探索与成功的快乐与自豪，更多地感受到人性的光明与和煦，感受到仁慈、宽容与敬业的力量。老师正能量的传递能让每一个孩子内心深处的善良得到弘扬，身上蕴藏的潜能得到唤醒。或许他们成绩并不是那么优秀，但是他们拥有善良的心；或许他们并不高大，却有坚定的意志和强烈的责任感。今天孩子们的雨中送伞，传递的正是教育的正能量！由此可见，真正的教育不一定是在课堂上，也绝不仅仅是讲道理和传递知识，更不仅仅是开发孩子的智力，而是把自己精神的能量传递给孩子，维护孩子的心力，让他们成为一个内心强大的人，一个能承担后果、应对变故、改善自身和环境的人。孩子们，老师和你们一起加油！努力！

2013 年 6 月